监狱生活卫生管理实务

乔成杰 宋 行 主编

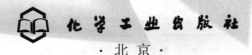
·北京·

本书在厘清罪犯生活卫生管理的属性和功能的基础上，依据相关的法律法规，系统梳理了我国罪犯生活卫生管理的基本制度和流程，对罪犯生活秩序管理、饮食管理、防疫与疾病治疗、心理卫生管理等内容进行了具体阐述，并初步探讨了罪犯生活卫生管理创新的内容和路径。

本书主要供在职民警培训用，也可作为司法警官院校刑罚执行专业、监所管理和教育矫正等专业的教学用书，亦可作为在职民警工作指导用书。

图书在版编目（CIP）数据

监狱生活卫生管理实务/乔成杰，宋行主编. —北京：化学工业出版社，2014.5
ISBN 978-7-122-20102-7

Ⅰ.①监… Ⅱ.①乔…②宋… Ⅲ.①监狱-卫生管理-中国 Ⅳ.①D926.7

中国版本图书馆 CIP 数据核字（2014）第 051481 号

责任编辑：旷英姿　　　　　　　　　　　文字编辑：李　瑾
责任校对：陶燕华　　　　　　　　　　　装帧设计：王晓宇

出版发行：化学工业出版社（北京市东城区青年湖南街 13 号　邮政编码 100011）
印　　刷：北京永鑫印刷有限责任公司
装　　订：三河市宇新装订厂
787mm×1092mm　1/16　印张 11¼　字数 254 千字　2014 年 7 月北京第 1 版第 1 次印刷

购书咨询：010-64518888（传真：010-64519686）　售后服务：010-64518899
网　　址：http://www.cip.com.cn
凡购买本书，如有缺损质量问题，本社销售中心负责调换。

定　价：45.00 元　　　　　　　　　　　　　　　　　　　　版权所有　违者必究

编写人员名单

主　编　乔成杰　宋　行
副主编　李　鑫　刘　晨
编写人员　（按姓名笔画排序）

王　平　王海宁　邢小龙　乔成杰
刘　晨　孙光林　李　鑫　杨双寿
宋　行　张　伦　林芬杰　郑建桥
徐希国

监狱生活卫生管理实务

序
PREFACE

在监狱服刑的罪犯虽然是触犯刑律的罪人,但作为公民,除被依法剥夺的权利外,仍享有公民的基本权利。依法文明和科学地安排罪犯的服刑生活,保障罪犯的饮食、就医、休息、卫生和健康等基本权利,既是保护人权的基本要求,也是监狱的职责。罪犯生活卫生管理作为监狱一项基础而重要的管理活动,对实现刑罚目的具有重要的现实意义。

目前,我国罪犯生活卫生管理工作面临着许多新情况和新挑战,如罪犯的生活卫生水平如何与我国社会经济发展水平和社会公众的心理预期相适应;如何进一步引入社会力量提升罪犯生活卫生管理的专业化、规范化和精细化水平;监狱的生活卫生管理工作如何服务罪犯矫正并尽量克服长期监禁对罪犯生理心理的不良影响等。诸如此类问题的解决,既依赖于监狱行刑法律制度的顶层设计,也离不开监狱实务工作者的思考、实践和探索。本书是基于实践的视角,在深入剖析罪犯生活卫生管理的属性、系统梳理总结罪犯生活卫生管理制度和实践经验的基础上完成的。

乔成杰同志长期在基层监狱工作,宋行教授任职于江苏省司法警官高等职业学校,两人在监狱理论研究上均具有较强的功底。近年来,两人优势互补,在化学工业出版社的支持下,编写和出版了《监狱执法实务》、《监狱安全管理实务》和《监狱人民警察管理实务》等实务读本。

实践是具体、繁杂而又丰富多彩的。《监狱生活卫生管理实务》既立足于监狱管理实践,又注重理论支撑,对监狱的生活卫生管理工作具有较强的指导意义。综观全书,我觉得在以下几个方面很有特色和创新。

一是理论和实践相结合。该书首创性地系统阐述了罪犯生活卫生管理的属性、功能和原则,提出了罪犯生活卫生管理的"四个属性",即矫正、处遇、服务和强制属性;"四个功能",即监狱秩序维持、罪犯权益保障、刑罚目标实现和法治价值表达功能;"五个原则",即依法、人道主义、处遇、安全和社会支持原则。本书同时对罪犯生活卫生管理的发展趋势、创新路径等进行了阐述,观点中肯,理念新颖。书中系统梳理和提炼了管理制度和流程,便于读者在实务中借鉴。

二是布篇合理,具有系统性和层次性。该书第一章为概述,第二章到第五章分别为罪犯生活秩序管理、罪犯饮食管理、罪犯疾病预防与治疗管理、罪犯心理卫生管理,第六章论述了未成年犯、女犯、少数民族罪犯等特定类型罪犯和新入监罪犯、出监罪犯、被禁闭罪犯的生活卫生管理。每章均阐述了管理要求、管理制度和管理流程。

三是信息量大。书中收录了部分案例和拓展阅读的内容,文字和图表并用,增加了可读性。附录比较齐全地搜集了有关罪犯生活卫生管理的资料。本书特别关注罪犯的心理卫生,将罪犯的心理卫生纳入监狱生活卫生管理范畴,这是对传统生活卫生管理认识的重大突破。

罪犯的权利保障,彰显一个时代和国家的政治品格。罪犯生活卫生管理工作要服从和服务于罪犯顺利回归社会的监狱行刑目标,既要体现监狱的惩罚属性,更要关注罪犯的基本权利保障和罪犯的身心发展。因此,罪犯生活卫生管理绝不是罪犯服刑生活的简单安置,而是要依法管理、规范管理、精细管理。《监狱生活卫生管理实务》一书在这方面做了有益的尝试,值得肯定和鼓励。目前我国还没有专门、系统研究监狱生活卫生管理方面的著述。本书的出版发行填补了这一领域的空白,丰富了监狱学理论体系。该书不仅可作为司法警官类院校刑罚执行等专业的教学用书,也可作为新录用民警的培训用书,亦可作为在职民警培训和工作指导用书。

欣然为序!

江苏省司法厅党委委员、厅机关党委书记

魏晓林

2014 年 3 月

前言

服刑罪犯的待遇已成为衡量一国法治水平和文明程度的一个重要标准。南非前总统曼德拉对曾经关押他的监狱工作人员说："监狱可让一个国家的犯罪率不断下降，同时监狱的贡献还在于他们对待罪犯的方式。我们要强调两个方面，一个是监狱管理的专业化，一个是对人权的尊重。"我国监狱长期坚持社会主义人道主义，以改造罪犯为宗旨，切实保障罪犯的生命健康权、合法财产权和其他未被剥夺的权利，推进生活卫生管理工作的法治化、科学化和社会化建设，尤其在《中华人民共和国监狱法》颁布实施后，罪犯生活卫生管理水平和绩效明显提高，初步形成了具有我国特色的罪犯生活卫生管理体系。

当然，由于受我国传统的重刑法律文化影响，罪犯生活待遇问题往往会成为社会公众关注的热点问题。使罪犯的生活卫生水平与我国社会政治经济发展水平、民众心理、刑罚属性和罪犯人权保障相适应，是做好罪犯生活卫生管理工作的前提条件。监狱生活卫生管理必须切实保护罪犯的基本权利，服从和服务于改造罪犯的监狱工作宗旨。同时，生活卫生管理具有矫正功能，也是刑事执法行为，必须遵循相应的法律规范并积极引进社会力量，寻求社会支持。

本书依据我国现行的法律法规，立足罪犯生活卫生管理的实践，秉持服务罪犯矫正、保障罪犯权益、维护监狱安全的理念，倡导罪犯生活卫生管理的专业化、规范化、精细化和社会化支持，系统阐述了罪犯生活卫生管理的内涵、属性和管理原则，编写了罪犯生活秩序、饮食、疾病预防与治疗、心理卫生、特定类型罪犯生活卫生管理等内容，并初步探讨了罪犯生活卫生管理的发展趋势和创新路径。

本书由乔成杰、宋行任主编，李鑫、刘晨任副主编。参加编写人员有：杨双寿、郑建桥（第一章），张伦、王海宁、林芬杰（第二、第三章），邢小龙、王平（第四章），徐希国（第五章），孙光林（第六章），李楠、肖仕民、王伟帮助搜集了有关资料。全书由乔成杰、宋行统稿、修改和最后定稿。

本书在编写过程中，得到了江苏省司法警官高等职业学校和江苏省高淳监狱的支持，要特别感谢江苏省高淳监狱党委书记、监狱长于丰华同志，他长期担任监狱主要领导，有丰富的实践经验，他以严谨、务实的态度和开放的思维对本书的编写进行了指导，并给予多方面的支持。江苏省司法厅党委委员、厅机关党委书记魏钟林同志仔细阅读了文稿，提出了很多意见并欣然为本书作序，令编者深受鼓舞。

本书主要供在职民警培训使用，也可作为司法警官院校刑罚执行、监所管理和教育矫正等专业的教学用书，亦可作为在职民警的工作指导用书。

由于时间紧，可供参考的资料较少，加之水平有限，书中疏漏之处在所难免，敬请读者批评指正。

编　者
2014 年 3 月

目 录 CONTENTS

第一章　罪犯生活卫生管理概述　1

一、罪犯生活卫生管理的概念与
　　属性／1
　（一）罪犯生活卫生管理的概念／1
　（二）罪犯生活卫生管理的主要
　　　　内容／2
　（三）罪犯生活卫生管理的属性／2
二、罪犯生活卫生管理的目标和
　　功能／4
　（一）罪犯生活卫生管理的目标／4
　（二）罪犯生活卫生管理的功能／5
三、罪犯生活卫生管理原则／7
　（一）依法原则／8
　（二）人道主义原则／9
　（三）安全原则／10
　（四）差别化原则／11
　（五）社会支持原则／12
四、罪犯生活卫生管理规范／13
　（一）《中华人民共和国监狱法》／14
　（二）《监狱服刑人员行为规范》／15
　（三）《监管改造环境规范》／16
　（四）《监狱建设标准》／17
　（五）《罪犯生活卫生管理办法
　　　　（试行）》／18
五、罪犯生活卫生管理者／21
　（一）罪犯生活卫生管理者的
　　　　素质／21
　（二）罪犯生活卫生管理者的
　　　　职责／22
六、罪犯生活卫生管理监督／24
　（一）监督主体／24
　（二）监督内容／25
　（三）监督方法／25
七、罪犯生活卫生管理创新／27
　（一）目前罪犯生活卫生管理存在
　　　　的问题／27
　（二）罪犯生活卫生管理创新的主
　　　　要内容／28

第二章　罪犯生活秩序管理　30

一、罪犯生活秩序管理的基本要求／30
二、生活设施和物品管理／31
　（一）罪犯生活卫生设施管理／32
　（二）罪犯生活物品管理／32
三、个人卫生和生活环境管理／34
　（一）罪犯个人卫生管理／34
　（二）寝舍内务管理／35
　（三）狱内公共环境管理／35
四、罪犯生活行为管理／36
　（一）罪犯作息时间和休息娱乐
　　　　管理／36
　（二）罪犯就餐管理与消费管理／38
　（三）罪犯会见、通讯（信）和邮
　　　　汇管理／39
　（四）罪犯生活场所安全管理／43
　（五）罪犯生活卫生行为考核管理／43

第三章　罪犯饮食管理　46

一、罪犯饮食管理的基本要求/ 47
　（一）安全/ 47
　（二）规范/ 47
　（三）适度/ 47
　（四）质量/ 48
二、食堂基础管理/ 48
　（一）罪犯伙食实物量管理/ 48
　（二）食堂财务管理/ 49
　（三）食堂设施与环境管理/ 50
三、食品管理/ 51
　（一）食品采购管理/ 51
　（二）食品加工管理/ 54
　（三）食品分发管理/ 55
　（四）罪犯饮水管理/ 56
四、食品从业人员管理/ 57
　（一）食品从业人员的配备/ 57
　（二）食品从业人员的培训/ 58
　（三）食品从业人员规范/ 58
　（四）食品从业人员的考核/ 59
五、饮食安全管理/ 59
　（一）食品安全管理/ 59
　（二）食堂安全管理/ 64
　（三）食物中毒应急预案与处置/ 64

第四章　罪犯疾病预防与治疗管理　67

一、罪犯疾病预防与治疗管理的基本
　　要求/ 68
　（一）依法开展/ 68
　（二）预防为先/ 69
　（三）健全组织管理体系/ 69
　（四）纳入属地管理/ 69
二、监狱医疗基础管理/ 69
　（一）监狱医疗机构建设/ 69
　（二）监狱医疗质量管理/ 79
　（三）罪犯体检管理/ 80
　（四）罪犯病（亡）鉴定管理/ 82
　（五）罪犯医疗文书管理/ 83
　（六）社会医疗资源利用管理/ 85
三、罪犯公共卫生管理/ 86
　（一）疫情监测与处置/ 86
　（二）传染性疾病预防与治疗
　　　　管理/ 88
四、罪犯疾病治疗管理/ 93
　（一）非传染病和慢性病管理/ 93
　（二）罪犯就医管理/ 94
　（三）罪犯急救管理/ 98
　（四）罪犯用药管理/ 100
　（五）病犯康复管理/ 101
五、罪犯健康促进/ 106
　（一）健康教育管理/ 106
　（二）劳动卫生管理/ 107
　（三）罪犯猝死预防/ 110

第五章　罪犯心理卫生管理　112

一、罪犯心理卫生管理的组织和从业
　　人员/ 113
　（一）罪犯心理卫生管理的组织/ 114
　（二）罪犯心理卫生从业人员的素
　　　　质要求及培养/ 115
二、罪犯心理健康教育管理/ 116

（一）罪犯心理健康教育的
　　　目标 / 116
（二）罪犯心理健康教育的内容和
　　　形式 / 117
（三）罪犯心理健康教育的
　　　管理 / 118
三、罪犯心理评估和心理咨询
　　管理 / 119

（一）罪犯心理评估管理 / 119
（二）罪犯心理咨询管理 / 121
四、罪犯心理危机干预管理 / 123
（一）罪犯心理危机信息的采集和
　　　排查 / 123
（二）罪犯心理危机的处置和
　　　流程 / 124
（三）罪犯心理危机干预管理 / 125

第六章　特定类型罪犯生活卫生管理　　126

一、未成年犯、女犯和少数民族罪犯
　　的生活卫生管理 / 126
（一）未成年犯的生活卫生
　　　管理 / 126
（二）女犯的生活卫生管理 / 127
（三）少数民族罪犯生活卫生
　　　管理 / 128

二、出入监罪犯和被禁闭罪犯生活卫
　　生管理 / 129
（一）新入监罪犯生活卫生管理 / 129
（二）出监罪犯生活卫生管理 / 131
（三）被禁闭罪犯的生活卫生
　　　管理 / 133

附录　　135

附录一　中华人民共和国监狱法 / 135
附录二　监狱服刑人员行为
　　　　规范 / 141
附录三　囚犯待遇基本原则 / 143
附录四　囚犯待遇最低限度标准
　　　　规则 / 143
附录五　中华人民共和国监狱建设标

准（建标139—2010） / 153
附录六　监狱罪犯生活卫生管理办
　　　　法（试行） / 160
附录七　外国籍罪犯会见通讯
　　　　规定 / 163
附录八　《中华人民共和国精神卫生
　　　　法》节选 / 165

参考文献　　167

第一章
罪犯生活卫生管理概述

罪犯生活卫生管理是监狱狱务管理的重要组成部分，它对于维护罪犯合法权益、矫正罪犯恶习、促进罪犯改造、维护监狱安全稳定和体现一国行刑文明具有十分重要的作用。近年来，我国罪犯生活卫生管理工作与监狱整体工作一样，取得了长足发展，生活卫生管理突破了简单和传统意义上的服刑人员吃、喝、拉、撒、睡、就医等日常性生活事务安排的范畴，不断发挥着矫正功能，关注罪犯身心的全面健康发展，促进罪犯顺利回归社会。

一、罪犯生活卫生管理的概念与属性

生活是指为生存而进行的各种活动，是人类这种生命体的所有日常活动和经历的总和。广义上的生活是指人的各种活动，包括日常生活行动，工作、社交等职业生活，个人生活、家庭生活和社会生活。

卫生即卫护人的生命，维护人的健康，一般指为增进人体健康、预防疾病，改善和创造合乎生理、心理需求的生产环境、生活条件所采取的个人的和社会的各项措施。

管理是在社会组织中，为了实现预期的目标，以人为中心进行的协调活动，通常包括四个方面的含义，即管理是为了实现组织未来目标的活动；管理的本质是协调；管理工作存在于组织中；管理工作的重点是对人进行管理。一般认为，管理的要素包含制定、执行、检查和改进等；制定就是制定计划（或规定、规范、标准、法规等）；执行就是按照计划去做，即实施；检查就是将执行的过程或结果与计划进行对比，找出偏差；改进是针对检查中发现的问题进行纠正或者根据条件、内外部环境的变化，制定改善与预防措施或者调整计划，并总结和推广经验，进而形成新的规定或长效管理机制。管理是一个循环的过程，管理水平和绩效在计划、执行、检查、改进的不断反复与循环中获得提升，进而实现管理的目标。

（一）罪犯生活卫生管理的概念

罪犯生活卫生反映了罪犯在监禁状态下作为一个自然人、社会人和公民的现实生存状态，包括由监狱强制实施的劳动、学习等服刑生活安排；罪犯个人对自己生活卫生事务的处理；穿衣、饮食、居住、休息、就医等基本需求的保障和供给；罪犯心理层面与个人发展层面的适当满足，如罪犯的心理卫生、人格尊严、未来发展等。

我们可以将罪犯生活卫生管理定义为：监狱以保障罪犯身心健康、促进罪犯矫正为目标而对罪犯的日常衣、食、住、疾病防治、劳动卫生保护、心理健康促进等进行的计划、组织、协调和监督等活动。

（二）罪犯生活卫生管理的主要内容

从管理学角度来看，罪犯生活卫生管理包括管理主体（组织、机构和管理者）、管理客体（即管理对象）、管理目标、管理资源（如制度、技术、软硬件条件）与管理行为等。根据我国有关法律规定和监狱管理实践，这里将罪犯生活卫生管理的具体事务分为以下几个方面。

1. 罪犯生活秩序管理

主要包括对罪犯的住宿、被服、消费、娱乐休息、劳动、学习、洗（澡）理（发）等日常生活起居的管理。生活秩序管理具有全员性——针对每个罪犯；全过程性——贯穿罪犯的整个服刑期间；全天候性——存在于罪犯生活的每时每刻。罪犯生活秩序管理的内容庞杂而又具体。

2. 罪犯饮食管理

主要包括罪犯伙食实物量标准；食品采购、加工、存储、分发、安全管理；罪犯的膳食营养搭配、食谱安排、特定时间（节假日、高温期间）与特定类型罪犯（病犯、少数民族罪犯、从事重体力劳动罪犯）的饮食供应；罪犯食堂从业人员的培训和管理；食堂设施配备与管理等。

3. 监狱卫生和防疫管理

监狱人员密度高，容易发生疫情并传播各类传染病。监狱卫生与防疫管理主要包含疫情监测与应急处置、传染病防治与传染病犯管理、职业病防治与劳动卫生、常见疾病预防和罪犯健康体检等。

4. 罪犯就医管理

监狱要对有病的罪犯及时进行治疗。罪犯就医管理主要包括接诊（门诊、急诊）管理、治疗质量管理、病历档案管理、用药管理、外出就诊管理和保外就医鉴定等。

5. 罪犯心理卫生管理

长期的监禁生活会对罪犯的心理产生巨大影响，罪犯心理卫生健康促进显得尤为必要。罪犯心理卫生管理主要包括心理健康教育、心理评估、心理咨询、心理危机干预与心理档案管理等内容。

6. 特定类型罪犯管理

这里所指的特定类型罪犯包括未成年犯、女犯、少数民族罪犯、新入监罪犯和即将出监罪犯以及被禁闭的罪犯等。对这些罪犯的生活卫生管理既要遵循基本和普遍模式，也有其特殊之处，是行刑个别化、区别对待的具体体现。

（三）罪犯生活卫生管理的属性

一般认为，罪犯生活卫生管理具有矫正、处遇、服务和强制等方面的基本属性。

1. 矫正性

监狱生活卫生管理的矫正属性十分明显。首先，监狱生活卫生管理工作中的各种宣传教育、知识普及以及凝结在管理规章制度中的意志，对罪犯的思想行为转变发挥着潜移默化的作用。罪犯可以获得疾病预防、健康生活方式、心理保健、生活卫生法律法规等诸多知识和技能，有利于提高自身的法律素质、身心素质，改变不良行为习惯，增强社会认知能力。其次，以强制、封闭和半军事化为特征的狱内生活模式，对养成罪犯健康生活行为习惯、培养意志、塑造健全人格有着直接和明显的引导示范意义。从早晨起床到晚间就寝，从饮食穿衣到休闲娱乐，监狱都有详细的规范，明确罪犯应该怎样行为，不能怎样行为，长期坚持，罪犯正确的行为习惯、意志和认知得以固化。最后，随着心理矫治工作在调适与矫正罪犯心理、促进罪犯心理卫生方面的作用日趋明显，生活卫生管理的矫治属性更加凸显。据统计调查发现，不健全人格是导致犯罪的重要原因，30%~45%的罪犯不同程度存在心理问题或心理疾病。罪犯心理卫生作为罪犯生活卫生管理的重要内容日益发挥着科学矫正罪犯、促进罪犯顺利回归社会的功能。

2. **处遇性**

处遇含有吸入、处理、对待、治疗等意思。处遇也可以理解为处置、待遇，是监狱依法给予服刑罪犯的各种待遇的总称。监狱生活卫生管理的处遇性主要体现在两个方面。一方面，生活卫生管理的处遇性是由监狱的功能决定的，虽然监狱具有惩罚功能，但不能以恶劣的生活条件和低下的生活标准来惩罚、折磨罪犯，必须坚持社会主义人道主义，保障基本的生活卫生条件，落实基本的生活卫生待遇。例如，我国《监狱法》(《中华人民共和国监狱法》，简称《监狱法》)规定在特定情形下可以对罪犯实施禁闭，但相关规范对禁闭室面积、放风时间、伙食供应、睡眠时间、看病等均有严格和详细的规定，以保障罪犯的基本权利。另一方面，监狱生活卫生管理的处遇性与管理内容相对应。随着自由刑的发展和宽严相济刑事政策的施行，罪犯处遇调节内容不断增加，并与罪犯原始罪行、改造表现、身心状况密切联系。在保障罪犯基本生活待遇的前提下，通过生活卫生的处遇来促进罪犯遵守监规、积极改造，成为除法律奖励、行政奖励之外的重要激励手段和措施。比如，关押严重犯罪的长刑犯监狱，罪犯生活卫生标准较严；对短刑犯监狱、老病残监区，生活卫生标准可适当提高；对于未成年犯、女犯、少数民族罪犯、外籍犯等，在劳动、饮食、休息、宗教信仰、通信会见、住宿等方面给予一定的照顾；监狱对于一些表现好的罪犯可以适当增加监内休息时间和自由度，允许自主安排娱乐活动、加餐、增加狱内开账额度等。

当然，罪犯生活卫生的处遇性要坚持法定性原则，符合罪犯的伙食被服实物量标准、监狱建设标准、监管环境、改造规范等。罪犯生活卫生待遇要符合基本国情，要与监狱所在地生活水平相适应，并要尊重社会民众的心理预期。罪犯生活水平过低，体现不出社会主义人道主义，侵犯罪犯基本权利；生活水平过高，会造成社会公众心理不平衡，甚至"吸引"一些人故意犯罪进入监狱或罪犯刑满后不愿回归社会，这都严重破坏了监狱行刑的公信力。

3. **服务性**

狱政管理、教育改造、劳动改造是我国监狱改造罪犯的三大手段。监狱生活卫生管理是狱政管理的重要内容，它的服务性主要体现在以下三个方面。

(1) 服务于监狱安全　安全是监狱的底线和前提，没有安全秩序的保障，监狱就会陷入混乱状态，各项工作就无法有效开展。同时，监狱发生安全事故会严重影响社会秩序稳定，甚至在一定区域造成社会混乱。如果不能保证罪犯的基本生活卫生条件，容易引发罪犯暴动、骚乱、脱逃、袭警和监狱瘟疫流行等安全事件。从这几年国外监狱发生的罪犯暴动案例来看，伙食差、监舍极度拥挤、基本就医卫生条件得不到满足是重要的起因。同时，监狱食品安全、饮用水安全和防范内外疫情、职业病的任务也较为繁重。因此，做好罪犯生活卫生工作可以为监狱安全提供坚强保障。

（2）服务于监狱执法　生活卫生管理本身就是监狱执法工作的一部分，监狱刑罚执行的具体内容在很大程度上要依靠生活卫生管理来落实和细化。比如，作为被剥夺自由的罪犯，其在监狱生活中的空间受到严格限定，必须接受监狱指定的监区、小组、联号、监舍、铺位；罪犯的伙食实行实物量标准；罪犯在监内购物消费必须控制在规定的额度内。

（3）服务于罪犯改造　改造罪犯是监狱的主要职能，监狱生活卫生管理同其他执法工作一样也是为改造罪犯的目标服务的。这主要表现为：生活卫生管理提供了罪犯在服刑期间的基本生活卫生条件，使之安心改造；生活卫生管理通过行为规制、心理卫生促进等途径帮助罪犯树立正确的人生观、价值观、世界观，形成坚定的意志品质和正确的生活卫生习惯，健康其体魄和人格。

4. 强制性

我国《监狱法》对生活、卫生作了专门规定，刑法、刑事诉讼法等刑事法律中对监狱生活卫生管理有所涉及。此外，我国的食品安全法、精神卫生法、传染病防治法、职业病防治法等以及大量的行政法规、部门规章也是监狱生活卫生管理的重要法律依据。因此，监狱对罪犯实施生活卫生管理，是法律赋予的职权，具有行政执法的属性，由此也就决定了罪犯生活卫生管理具有一定的强制性。

二、罪犯生活卫生管理的目标和功能

目标是个人、部门、组织有意识的行为和活动所期望取得的成果。任何管理活动都有相应的管理目标，一般被纳入管理计划之中而成为管理的基本职能和要素。正如"目标管理"的首创者、管理专家彼得·德鲁克所言："并不是有了工作才有目标，而是相反，有了目标才能确定每个人的工作。所以企业的使命和任务，必须转化为目标；如果一个领域没有目标，这个领域的工作必然被忽视。"因此，管理者应该通过目标对下级进行管理，当组织最高层管理者确定了组织目标后，必须对其进行有效分解，转变成各个部门以及各个人的分目标，管理者根据分目标的完成情况对下级进行考核、评价和奖惩。

（一）罪犯生活卫生管理的目标

罪犯生活卫生管理工作应该实行目标管理。监狱及上级机关应该建立目标责任制，在年初制定罪犯生活卫生管理的目标和相关指标，并定期组织对监狱、生活卫生管理机构、监狱医院、监区等进行考核，将罪犯生活卫生工作纳入监管安全和各级领导绩效考核体系，考核结果作为评判监狱安全工作成效和领导班子业绩的重要依据。

罪犯生活卫生管理的总体目标是：依照有关法律法规，规范罪犯生活卫生管理，保障罪犯的合法权益，促进罪犯改造，提高管理水平和效能，不发生重大疫情、集体食物中毒、群体性职业中毒和群体性精神卫生疾病及其他重特大生活安全事件，努力降低罪犯病死率。

2009年司法部监狱管理局在北京召开了罪犯生活卫生工作座谈会，会议明确了下一步罪犯生活卫生工作的目标，即实现"两提高、一改善、一降低"——提高罪犯生活保障水平，提高罪犯医疗保障水平，改善罪犯生活卫生条件，降低罪犯病死率，全面推进罪犯生活卫生工作再上新台阶。

罪犯生活卫生管理的总体目标一般转化和描述为定性指标与定量指标。定性指标主要有：监狱能贯彻执行国家有关罪犯生活卫生的相关法律法规，罪犯生活卫生秩序井然，罪犯生活卫生权利得到切实保障；监狱有关罪犯生活卫生管理的制度健全，设立相应的管理机构，配备相关人员，健全罪犯生活卫生管理体制机制，建立突发事件应急处置机制；罪犯生活卫生设施齐全，严格执行伙食和被服实物量标准，重视罪犯心理卫生；罪犯生活卫生管理精细、专业、规范并能合理利用社会力量和资源等。

根据《司法部监狱管理局关于印发罪犯生活卫生年度统计报表指标口径及季度报表格式的通知》，罪犯生活卫生管理的定量指标主要有：罪犯传染病发病数和死亡数（率）；罪犯非传染病（含职业病）患病数和死亡数；罪犯生活意外死伤人数、罪犯食物中毒人次；精神病患病人数；罪犯全年住院人次；生活卫生专业技术人员和管理人员培训课时数；罪犯八项费用实际支出数；监狱生活卫生经费总投入数；罪犯生活卫生投诉人次；罪犯生活卫生满意率等。其中，罪犯生活意外死伤是指罪犯在生活场所因为各种意外情况导致的死伤，如不明原因的猝死，饮食不当导致的噎死、硬物卡死、胀死，寝舍火灾、地震、触电导致的伤亡，高处跌落、地面湿滑摔、冻、烫导致的伤亡等；罪犯生活卫生投诉，指罪犯及其亲属就监狱生活卫生管理有一定事实依据地向监狱、监狱上级机关、检察机关、监察部门、当地卫生行政主管部门以及新闻媒体等进行投诉、控告、检举；罪犯生活卫生满意率，是监狱及监狱上级机关以调查问卷、个别谈话等方式征求罪犯对所在监狱生活卫生管理工作的满意程度。

上述的每个定性指标与定量指标一般会被分解为月度和季度等阶段性指标以及针对特定内容与事项的细化指标，如高温严寒时节、汛期、农忙期、矿山井下作业罪犯、老病残犯监区等生活卫生管理的相关指标。

（二）罪犯生活卫生管理的功能

依法、科学实施罪犯生活卫生管理，对推进监狱整体工作具有较强的现实意义。罪犯生活卫生管理的功能主要体现在以下四个方面。

1. 监狱秩序维持功能

罪犯在监狱服刑，需要对自己的服刑生活有一个稳定的心理预期，同样，惩罚与改造相结合、以改造人为宗旨的监狱刑罚执行活动需要借助明确、具体的制度与行为来实施。作为与罪犯基本需求密切相关、监狱管理重要内容的生活卫生管理工作对于罪犯生活秩序、监狱改造秩序和民警工作秩序的维持功能是显而易见的。如果罪犯生活卫生工作薄弱甚至混乱，罪犯生活困苦不堪，势必引发罪犯骚乱、暴乱、脱逃以及为争夺生活卫生资源而行凶伤害。如果民警关于罪犯生活卫生的安排无规范可依，工作将陷入标准不清、要求不严、管理不紧甚至混乱的状态。同时，罪犯生活秩序本身就是监狱秩序的一部分，如果监内发生传染病疫情，出现集体食物中毒、职业卫生中毒、食堂锅炉爆炸、监舍火灾等人身财产伤亡事件，对监狱秩序将产生巨大的破坏。管理好食堂的刀刃具、病犯的药品，规范罪犯服装穿着，禁止持有危险品和违禁品，做好罪犯外出就诊的安全管理，促进罪犯心理健康等工作对保障监狱安全的作用也是明显的。

2. 罪犯权益保障功能

罪犯虽然是触犯法律的人，但除被法律明文规定剥夺和限制的权利以及因人身被监禁而无法实际行使的权利之外，其他权利必须得到与社会公民同样的保护。我国《监狱法》第七条规定：罪犯的人格不受侮辱，其人身安全、合法财产和辩护、申诉、控告、检举以及其他未被依法剥夺或者限制的权利不受侵犯。生命健康权、合法财产权、人格尊严权、申（诉）控（告）检（举）权利等构成了罪犯权利体系的主要内容，而这些权利的行使和保障都与监狱生活卫生管理工作密切相关。监狱提供法定的生活卫生条件就是要保护和促进罪犯的生命健康，维护罪犯的基本尊严。监狱对罪犯占有、使用、处置自己合法财产的权利予以保护，一些不宜由罪犯保管的财物指令交其亲属保管或由监狱代为保管，如果因监狱的原因导致财物灭失或毁损的，监狱应当予以赔偿。

> **案例链接**
>
> **"华南虎"事件主角周某入狱期间西装丢失向监狱索赔壹万元**
>
> 据媒体报道，曾因利用老虎年画和虎爪具伪造野生华南虎照片、虎脚印照片的镇坪县农民周某，已服刑2年6个月，今日刑满释放。
>
> 某监狱党委书记、监狱长王某某表示，今日出狱时，监狱将会派管教干部对其谈话，希望他出狱后，能够遵纪守法，做一个好公民。据王某某介绍，周某在即将出狱办理相关手续时，发现其从某监狱带来的两套西装找不到了，随即要求监狱方赔偿壹万元。
>
> 据了解，周某来时确实带来两套西装。由于狱中犯人不能穿便装，一般情况下，有家属探监时要将不用的衣物等带回家，但他留下了西装。由于周某曾几换监区，现在狱警找不到这两套西装。周某称他的两套西装都是别人送给他的，价值壹万元，要求监狱赔偿。监狱考虑到他即将出狱，昨日下午经过协商，同意给予适当赔偿。

3. 刑罚目标实现功能

监狱作为自由刑的载体，其主要存在价值和目标取向是促进罪犯改过从善、回归社会。一方面，生活卫生管理具有的矫正罪犯并服务罪犯矫正的属性，使得罪犯在接受生活卫生管理的同时接受了相应的行为规训。另一方面，监狱严格、压制的氛围和相对艰苦的生活卫生条件可以增加罪犯正面的刑罚体验，在人趋利避害本能的引导下，增加其尽快重返社会、不再违法犯罪的动机与决心。这对于社会上潜在的犯罪人员来说，无疑也是一种震慑和指引，进而实现减少犯罪的刑罚目的。

4. 法治价值表达功能

对待罪犯的方式比对待一般公民的情况更能反映一个国家和政制的品格与文明程度。监狱也是观察、衡量一个国家法治程度的重要而独特的窗口。罪犯在监狱内的生存状况和生活卫生待遇，是判断监狱刑罚执行法治程度的"试金石"。监狱通过依法、科学实施罪犯的生活卫生管理，传递和表达了尊重人权的法治价值。同时，相对于强大的国家机器，在监狱中，罪犯无疑处于弱者地位，其权利容易受到刑罚公权力的侵犯。对罪犯权利尤其是监狱内生存权利的保护，离不开对刑罚权力的限制和规范，这充分反映了权利对抗权力、权力保障权利的法治基本逻辑。

> **案例链接**
>
> ### 委内瑞拉一监狱太过拥挤发生暴动，19名囚犯死亡20人受伤
>
> 据外电报道，委内瑞拉官员2011年6月14日称，一所人员拥挤的监狱上周日爆发暴力冲突，骚乱造成19名囚犯死亡，20人受伤。这是委内瑞拉10多年来最为严重的监狱暴动事件。
>
> 非政府组织"委内瑞拉监狱观察"主任普拉多（Humberto Prado）说，埃尔罗德奥这所监狱太过拥挤，关押着3600多名囚犯，而这个设施只能容纳750人。

> **案例链接**
>
> ### 调查称英国囚犯不满监狱伙食：分量不够，难以下咽
>
> 中新网2012年7月4日电，据中国台湾"中广新闻网"3日报道，英国囚犯对监狱的伙食最为不满，他们普遍抱怨伙食量不够、不好吃或是吃的时候饭菜已经冷了。
>
> 英国政府一年花在犯人伙食上的经费大约为9100万英镑，平均每个犯人1000英镑。依照英国政府的规定，监狱的伙食必须有营养、多变化、烹调认真、分量足够。
>
> 不过，英国一个民间狱政监督组织调查发现，犯人多半认为伙食不够吃又难以下咽。有些人还抱怨，由于牢房太挤，有时候得坐在马桶上用餐，十分没有尊严。

> **案例链接**
>
> ### 美国加州数千名囚犯绝食抗议监狱环境恶劣
>
> 国际在线专稿：据美国《纽约时报》2011年7月7日报道，美国加州多所监狱中的数千囚犯近日绝食，抗议该州德尔诺特（Del Norte）县的佩利肯湾监狱（Pelican Bay）环境恶劣，那里的囚犯一天被关22小时。
>
> 加州管教和感化部（Department of Corrections and Rehabilitation）称，佩利肯湾监狱的囚犯从7月1日开始，拒绝食用州政府提供的食品，抗议恶劣的监狱环境。这所监狱是该州安全警卫标准最高的监狱，有的囚犯一天要被关22小时。随后，加州其他监狱也出现囚犯绝食事件。
>
> 最初参加绝食抗议的囚犯人数达6000多人，现在已经下降到1700人，包括佩利肯湾监狱的至少24名囚犯。他们很多人已经被关在那里数十年，已经做好饿死的准备。
>
> 发生绝食抗议的大多数监狱，条件都与佩利肯湾监狱类似。在这些监狱，囚犯通常被单独关在没有窗户、用隔声混凝土建造的牢房中。与人接触少经常导致他们陷入沮丧或者暴怒状态。

三、罪犯生活卫生管理原则

管理原则是组织活动一般规律的体现，是人们在管理活动中为达到组织的基本目标而

在处理人、财、物、信息等管理基本要素及其相互关系时所遵循和依据的准绳。罪犯生活卫生管理，既要遵循一般管理活动的共性准则，更要关注其特殊性。罪犯生活卫生管理的特殊性在于针对的是被剥夺自由的罪犯，围绕的是罪犯的衣、食、住、医、卫生保健等，在由计划、组织、指挥、协调及控制等职能要素组成的管理过程中，需要落实社会主义人道主义和区别对待的政策，实现"惩罚与改造相结合，以改造人为宗旨"的目的。罪犯生活卫生管理应当坚持依法、人道主义、安全、差别化和社会支持的管理原则。

（一）依法原则

在建设社会主义法治国家的大背景下，罪犯生活卫生管理应当体现依法治国的基本要求，对罪犯依法实施管理，努力做到程序规范、执法公正，克服和消除执法实践过程中的随意性，大到监舍、食堂、医院的建造，小到食品、药品、囚服、劳保、零花钱的发放，都要依法进行，做到有法可依、有法必依、执法必严和违法必究。

1. 推进罪犯生活卫生管理制度化建设

监狱实施罪犯生活卫生管理时，应积极推进以国家财政保障体制为基础的生活卫生管理制度建设，进一步夯实基础管理，重点解决和有效改善罪犯生活卫生水平、防疫条件和劳动保护措施。我国《监狱法》明确规定"国家保障罪犯改造的所需经费"，并将罪犯的生活费与监狱人民警察经费、狱政设施经费和罪犯改造经费等，一并列入国家预算，建立了国家财政保障的法律体系。同时，我国《监狱法》明确规定"罪犯的生活费标准按实物量计算，由国家规定"，"罪犯的被服由监狱统一配发"。因此，监狱要积极推进罪犯生活卫生管理的制度建设，推进现代化文明监狱的创建。

2. 加强生活卫生管理规范化建设

这主要包括：一是规范基础设施的建设和管理。监狱要认真落实《监管改造环境规范》、《监狱建设标准》，强化基础设施保障。罪犯生活卫生设施建设必须遵守国家有关的法律法规，符合监管安全和改造罪犯的需要，并与当地的经济、社会发展相适应，做到安全、坚固、适用、经济、庄重。二是规范日常生活卫生基础管理。监狱要制定涵盖生活卫生管理全方位、系统化、规范化的程序和流程，让管理有标准、有流程，让管理者知道"干什么"、"应该怎么干"和"要干到什么程度"，确保"各有其位、位有其责、责有所制"。建立检查评比制度，做到"日有检查，周有小结，月有评比"，积极营造"比、学、赶、帮、超"的良好氛围。三是规范医疗卫生基础管理。对监狱医院、医务室进行必备医疗设备的配置投入，并规范落实医务室的"三专三基"要求，即"专（兼）职医务人员、专用医疗场所、专用药品橱柜，基本就医制度、基本医疗规范和基本医疗台账"，制定罪犯精神疾病防治管理办法、罪犯传染病防治管理办法、HIV阳性罪犯集中收治管理办法等。四是规范生活卫生信息管理。罪犯生活卫生管理工作具有政策性强、业务繁杂、信息量大、变动频繁等特点，因而对信息处理要准确、及时、安全。随着现代计算机的广泛应用及网络技术的快速发展，借助先进的网络通信和数据库技术来实现罪犯生活卫生管理工作信息化已成为必然趋势。省级监狱管理局可组织力量开发罪犯生活卫生管理信息系统，建立罪犯健康信息库、疾病信息库、疫情信息库等。

3. 建立健全监督与考评体系

监狱要强化罪犯生活卫生管理的监督，建立公正、规范、高效、有序的监督体系，确保罪犯生活卫生的管理活动符合法律要求。监狱应实施有效的内部监督和制约，主动接受检察机关的法律监督。对在罪犯生活卫生管理中掌管财、物的重点岗位人员，加强教育、定期实施轮岗。监狱要虚心接受社会各界监督，听取罪犯及其亲属的意见，推进狱务公开，实施阳光操作，以较固定的形式、方式、步骤和时限，向社会各界通报罪犯生活卫生权益保障情况。

（二）人道主义原则

哲学意义上的人道主义的理论形态源于欧洲文艺复兴时期的思想体系，提倡关怀人、爱护人、尊重人，做到以人为本、以人为中心。社会主义人道主义在继承传统思想精华的基础上又进行了超越。马克思、恩格斯提出了人道主义思想体系应该包含人的幸福、人的发展、人的价值和人的解放等。我国监狱对罪犯实行社会主义人道主义，把罪犯当人看，落实相关生活待遇，保护罪犯的权利，始终把改造人放在第一位。罪犯生活卫生管理的人道主义原则具有以下内涵。

一是文明性。罪犯是因其罪责而承受刑罚，并非作为手段如作为惩戒社会公众的先例而受刑罚，行为人在刑事司法中作为伦理道德意义上的独立自主人格主体依然是存在的。在罪犯生活卫生管理中，应该坚持文明管理，保护与尊重罪犯的人格自尊，禁止将人当作实现刑罚目的的工具，禁止酷刑和其他不人道的行为如打骂、体罚、虐待等。

二是科学性。以科学理论为指导，把握罪犯生活卫生管理的内在规律，增加管理的技术含量和专业性，进而满足罪犯的生命健康、精神卫生等基本需求。

三是底线性。保障罪犯基本权利和基本生活待遇，是人自身理性的体现。如果不能提供基本的衣、食、居住、阳光、空气、水、就医、卫生等最低生存条件，则是对人类基本理性的违反和践踏。在当下，罪犯的隐私、尊严、发展也成为了基本需要，因此人道主义的标准应该跟进。

四是平等性。这要求在相同的刑罚中体现同刑同处遇，罪犯享受一视同仁的生活待遇，遏制"关系犯"、"身份犯"的特殊待遇，消除"特殊照顾"。

在罪犯生活卫生管理中践行人道主义原则，要做到以下几点。

1. 保障罪犯生命健康权、合法财产权和其他未被法律剥夺之权利

监狱对罪犯权利的保护，要彻底摒弃以单纯的监禁和惩罚为主要模式的做法，而是充分保护罪犯的健康权利与发展权利。对参加劳动的罪犯必须采取劳动保护措施，尽量减少危险作业、高负荷作业，预防职业病的发生。监狱要积极贯彻落实《传染病防治法》、《食品安全法》、《突发公共卫生事件处置条例》（国务院令第376号），建立完善的狱内公共卫生体系和良好的生活秩序。

2. 满足罪犯的基本需求

监狱要满足罪犯穿衣、营养与热量、水、空气、阳光、休息等最基本的需求与尊严。即使是一个罪大恶极、死不悔改、表现极差的罪犯，监狱也不得剥夺他的基本需求或通过恶劣的生活卫生条件来实施惩罚，如对禁闭罪犯、高危监区罪犯不得克扣和降低伙食标准，不得有病不予就医，不得压缩放风的时间，不得进行超体力强度的训练。

3. 关注罪犯人格社会化形成，促进其顺利回归社会

罪犯生活卫生管理应该有利于罪犯人格重塑，有利于培养罪犯适应社会生活的能力。

联合国《囚犯待遇最低限度标准规则》要求，监所制度应该设法减少狱中生活同自由生活的差别，以免降低囚犯的责任感或囚犯基于人的尊严所应得的尊敬。要注重对罪犯进行良好生活习惯的培养和训练，从小事入手，从小处抓起，提倡"五勤"（勤洗手、勤理发、勤洗澡、勤换衣、勤剪指甲）、"五讲"（讲文明、讲礼貌、讲卫生、讲秩序、讲道德）。罪犯生活设施应尽量减少刺激性或侮辱罪犯人格的标志。在保障安全的前提下营造规范有序、相对宽松的生活氛围，促进民警与罪犯、罪犯与罪犯之间健康、良好人际关系的建立，尤其要发挥心理卫生工作的效能，预防和治疗罪犯心理疾病，促进罪犯心理健康与精神卫生。

（三）安全原则

安全既是罪犯生活卫生管理的重要目标，也是监狱实施生活卫生管理的基本原则。作为目标，就是要发挥罪犯生活卫生管理的安全保障和秩序维持功能，坚决杜绝罪犯食物中毒、传染病疫情暴发、监舍火灾、职业卫生中毒等重特大事故，切实保障罪犯的合法权益，促进罪犯身心健康。作为原则，就是要树立预防为先的指导思想，在配齐硬件的基础上，加强风险评估、预案建设、责任落实和检查改进，做到"硬件要硬、软件不软"。

实践中，发生在生活场所或与罪犯生活卫生相关的安全事件并不鲜见，如利用床单、衣服上吊自杀；吞食异物、胡乱服药自伤；高温季节中暑；不明原因猝死；冻、烫、跌、摔和寝舍火灾导致伤亡；利用板凳、玻璃、热水瓶、刀厨具等行凶；在外出就诊、住院期间脱逃等。

1. 将罪犯生活安全纳入监管安全体系，落实生活安全管理责任

生活卫生管理本身就是狱政管理的一部分，因此要把罪犯生活卫生安全管理纳入监狱整体安全目标体系，落实各级生活卫生管理者的安全责任。如罪犯的心理评估结果应当作为罪犯管理和岗位安排的重要依据，罪犯心理动态分析应作为监狱狱情分析的内容之一，在矫治工作中获取的罪犯个体与群体危险倾向性因素，应及时向有关部门发出预警通知。

2. 全面评估罪犯生活安全风险，加强预案管理

监狱要全面排查罪犯生活卫生管理的各个环节、流程，结合事故案例，辨识、评估风险并实施风险分类控制管理。监狱要制订完善的疫情、食物中毒、监舍火灾、恶劣气候、自然灾害等应急预案，定期开展演练，储备相关应急物资。民警应该具备风险管控、应急疏散指挥、急救等基本知识和能力。

3. 配齐生活安全设施，强化制度执行

对罪犯生活物品、生活设施要进行安全管理。对于可以用作作案和自杀工具的物品、设施要加强监管，推进生活物品"固定化"、"全塑化"、"钝化"、食堂刀具"链式化"。配齐应急灯、灭火器、疏散指示牌、安全门等消防设施。对寝舍、监舍、储藏室、浴室、卫生间、晾衣场等要配齐门（禁）、锁、防护网（栏）、防滑垫等。对一些悬挂在高处的设施如晾衣架等要有承重设计，防止罪犯利用其实施上吊自杀。严格执行遵守电、锅炉、热源、燃料的安全使用管理规定。要制定生活物品设施使用管理规定，加大安全检查的频次和力度，防止危险品、违禁品流入监舍，消除罪犯生活安全隐患，防止罪犯利用生活物品和设施自杀、伤人。

（四）差别化原则

根据犯罪者的不同情况实行刑罚的个别化处遇，体现了刑罚的先进性和科学性，因而受到世界各国的普遍重视。1954年政务院颁布的《中华人民共和国劳动改造条例》，明确提出了对罪犯实行分押分管分教。1989年司法部劳改局制定下发了《关于对罪犯实施分押分管分教的试行意见》。现行《监狱法》继承和发展了罪犯的"三分"制度，建立了一套科学的多元化分级处遇机制，在坚持人人平等的前提下，充分考虑罪犯的生理、心理、健康状况和改造表现落实差别化处遇管理和区别对待。

当前，我国监狱实行罪犯等级分类，同等级同处遇。罪犯等级划分模式是"三等五级"。"三等"即从宽管理、普通管理和从严管理，"五级"即从宽管、严管中各分出两级，即特别宽管级、一般宽管级、普通管理级、一般严管级和特别严管级。相应的等级对应相应的处遇。监狱审核、考察、复议罪犯的改造表现，及时公布罪犯的升降级。罪犯如有异议，可以检举或申诉。

1. 认真做好分类关押、分类教育工作

监狱根据罪犯的犯罪类型、刑罚种类、刑期、改造表现等情况，对罪犯实行分别关押，采取不同的管理模式。监狱以关押罪犯的性别、年龄等为标准分为男犯监狱、女犯监狱和未成年犯管教所。实践中老弱病残犯、精神病犯、传染病犯被安置在省级监狱局的中心医院或专门监区。对罪犯开展相应的生活卫生知识教育：饮食与营养卫生常识如膳食的合理搭配、食物的科学烹调、饮食定时定量、餐具的消毒、食物的储存、偏饮暴食对健康的影响、食物中毒预防等；用药和医学常识如常用药的保管和服用方法、体温计、血压计的使用方法等；日常生活卫生常识如按时作息、室内保持采光、通风，苍蝇、老鼠、蚊子、臭虫、蟑螂等害虫的危害及基本防治方法等。同时，监狱开展重大疾病和突发公共卫生事件的健康知识教育，普及慢性非传染性疾病防治知识，制作各种健康教育资料，对罪犯开展各种形式的健康教育和行为干预，增强罪犯的健康意识、自救能力和身心健康水平。

2. 完善分级处遇制度

分级处遇是落实罪犯生活卫生管理差别化原则的体现。级别处遇包括：警戒程度及活动范围，对不同等级的罪犯设置不同的警戒程度，规定不同范围的生活区域；法律奖励的幅度，宽管级罪犯呈报减刑、假释的比例及减刑的幅度要高于和大于其他等级的罪犯，严管罪犯从严掌握；通信会见的控制程度，在通信和会见的次数、时间、地点、监听、收受物品等方面予以区别，宽管级罪犯会见时间可适当延长，有条件的还可以在亲情餐厅与亲属共餐，开通亲情电话的监狱，宽管级罪犯可以与亲属通话，而进入特别严管级的罪犯一般要停止会见；劳动工种的安排有所区别，宽管级罪犯可优先安排从事零散劳动、事务性工作，严管级罪犯则不能从事分散劳动和事务性工种，严管级罪犯的劳动强度要相应增加；生活待遇有所区别，如零用钱、劳动报酬的发放和狱内购物额度，一般是宽管级罪犯多于普管级罪犯，普管级罪犯多于严管级罪犯，而且在文体活动的安排、图书的借阅等方面也有所区别。

3. 兼顾个性需求

监狱对有特殊饮食习惯的少数民族罪犯，单独设灶。女犯监狱应当考虑女性的生理和心理特点，在厕所、洗晒等卫生设施配置上优于男犯监狱；在亲情电话的配置数量上要多于男犯监狱；在空间设置上，允许女犯有一定的私密空间。病犯监狱（区），包括监狱医院，省级监狱中心医院，集中关押艾滋病犯和精神病犯的监区，应当从医疗和罪犯身体康复角度出发，按照医院和康复医疗机构的基本要求设计建设生活卫生设施，配置无障碍设施，留足陪护和监护人员的空间。罪犯患病住院期间，要适当提高伙食标准。未成年犯管教所，应当从未成年犯的健康成长出发，在生活设施上以学校的模式为蓝本，在教学设施上要达到教育行政管理部门规定的"合格学校"的建设和配置标准，充分考虑未成年犯好动的特点，生活、学习、游戏场所有足够的空间和充足的阳光，尽量降低未成年犯管教所的森严感。

罪犯分级管理流程见图1-1。

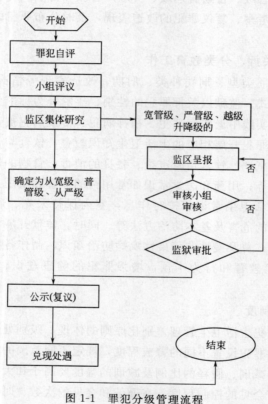

图1-1　罪犯分级管理流程

（五）社会支持原则

社会资源是相对于监狱自身所拥有、可以直接支配使用的资源而言的。罪犯生活卫生管理必须坚持社会化原则，借助社会资源和社会力量，实现社会资源共享。当下，社会分工越来越细，监狱生活卫生管理的要求和标准不断提高，社会资源利用管理已成为监狱罪犯生活卫生管理不可或缺的组成部分。罪犯生活卫生利用的社会资源主要包括两类：一类是相关政府主管部门按照法律法规规定应该为监狱提供的资金、技术、服务等，如财政部门、卫生防疫部门、建设部门、食品药品监督部门、安全生产监督部门等；一类是监狱与社会组织、个人合作，利用其专业技术、管理、经验等方面的优势和特长，提升监狱管理水平和绩效，节约投入与成本，如与社会医院、高等院校、研究机构、企业、社会志愿者、外包服务提供者等开展相关业务合作等。

1. 转变观念，积极与外界沟通

监狱要打破自我封闭的僵化思维，积极拓展对外交往，主动对接社会管理，善于发动、借助、利用社会各方面的力量和资源。首先，监狱要熟悉、研究相关法律法规和政策，主动与相关主管部门、属地政府联系、沟通，争取政策、资金、技术、人才等方面的支持。其次，要创新监狱宣传，扩大监狱工作的社会影响，让政府和社会更多地认识到监狱工作的重要性，了解监狱工作面临的问题和困难。再次，监狱要主动接受相关部门法定职权范围内的监督管理，服从属地管理，发挥卫生防疫、食品药品、安全生产的专业指导优势。最后，监狱要对生活卫生管理相关事务开展安全性和效益评估，将一些影响安全、需要专业技术（资质）、效益比较差（投入过大或效率不高）以及其他无法开展的工作交由社会专业机构和专业人员去做，并做好相应的资质审查、合同管理、效能评价等工作。

2. 依法和科学利用社会资源

监狱利用社会资源加强罪犯生活卫生管理时，应坚持依法和科学利用社会资源，从而提高管理水平和管理绩效。依法和科学地利用社会资源的做法主要有：将罪犯的医疗保健纳入当地卫生、防疫规划，接受卫生行政主管部门和相关卫生防疫机构的依法监管，落实艾滋病患者的"四免一关怀"政策；接受安全生产监督管理部门、食品药品安全监督部门、建设主管部门、公安消防部门关于劳动保护、职业病防治、食品安全、建筑质量、防火管理的检查、验收和考核；与财政部门协调罪犯生活卫生经费的保障与逐年稳步增长；争取属地政府支持，为监狱提供水、电、气、道路等基本设施或纳入当地基础管网；开展行业规范达标建设活动，如医院等级创建、餐饮服务食品安全监督量化等级评定；与社会医院合作，建立罪犯就医绿色通道，聘请社会医生到监狱巡诊、手术或开展监狱医疗服务外包；与高等院校、科研机构、社会志愿者组织、知名专业人士合作开展心理咨询、帮教、矫正课题攻关等活动；积极开展生活卫生大宗物资招标采购，借助社会物流，推进罪犯个人直接采购生活物品；将监舍的电路维修、登高作业、垃圾清运、罪犯理发剃须、锅炉供热等危险作业对外发包等。有不少监狱通过努力，已将罪犯就医费用纳入当地医疗保障体系，有效缓解了监狱医疗经费紧张的局面，既减少了监狱的开支，又为罪犯提供了与社会公民均等的医疗待遇。

四、罪犯生活卫生管理规范

监狱生活卫生管理工作必须依法进行，这是监狱工作法治化的基本要求。目前，我国罪犯生活卫生管理形成了以监狱法为核心，包括行政法规、部门规章（如司法部长令：监管改造环境规范、未成年犯管教所管理规定、外国籍罪犯会见通讯规定、服刑人员行为规范等）在内的法律规范体系。同时，宪法、刑法、刑诉法、人民警察法、食品安全法、安全生产法、传染病防治法、执业医师法、精神卫生法、未成年人保护法、妇女权益保障法、突发公共卫生事件应急条例、医疗机构管理条例、艾滋病防治条例以及具有法规性质的强制性标准（如监狱建设标准、饮用水标准、主要粮食质量标准）为监狱生活卫生管理工作提供了相应的法律渊源。

目前，我国正式加入《经济、社会及文化权利国际公约》[对第八条第一款（甲）项等提出了3项声明]和《禁止酷刑和其他残忍、不人道或有辱人格的待遇或惩罚公约》（对第二十条和第三十一条第一款作了保留），这些公约也就成为罪犯生活卫生管理的正式法律渊源（但需要转化为国内法来施行）。另外，联合国通过了一系列有关刑罚执行、监狱管理和罪犯待遇方面的标准和规则，如《联合国囚犯待遇最低限度标准规则》、《囚犯待遇基本原则》、《执法人员行为守则》等。虽然这些标准和规则对会员国没有强制力，但鉴于联合国具有的权威性、世界舆论影响力以及我国是联合国创始国和安理会常任理事国，监狱应该根据我国的实际情况，因地制宜地适用这些标准和规范。

我国监狱工作由国务院司法行政部门（司法部）主管，主要采用省（直辖市、自治区）以下垂直管理体制。国务院部门、司法部监狱管理局和各省级监狱管理局（司法厅、局）制定了大量的关于罪犯生活卫生管理方面的规范性文件，如《财政部 司法部关于印发〈监狱基本支出经费标准〉的通知》[财行（2003）11号]；《财政部 司法部关于调整监狱基本支出经费标准的通知》[财行（2007）28号]；《司法部监狱管理局关于印发〈监狱生活卫生管理办法（试行）〉的通知》[（2010）司狱字273号]；《司法部监狱管理局关于加强监狱系统职业病防治工作的通知》[（2009）司狱字256号]；《司法部监狱管理局关于进一步加强服刑人员心理健康指导中心规范化建设工作的通知》[（2009）司狱字335号]；江苏省监狱管理局制定的《罪犯个人钱物管理暂行规定》、《罪犯生活卫生管理考核评分标准》等。这些规范性文件虽然不具有法律效力，但在实践中对全国或某省域监狱工作具有较强的针对性与指导性。

下面主要介绍我国《中华人民共和国监狱法》和《服刑人员行为规范》、《监管改造环境规范》、《监狱建设标准》以及《监狱生活卫生管理办法（试行）》等法律法规和规范性文件。

（一）《中华人民共和国监狱法》

1994年12月19日，第八届全国人民代表大会常务委员会第十次会议通过的《中华人民共和国监狱法》（简称《监狱法》）以中华人民共和国主席第35号令发布实施。为与修改后的刑法、刑诉法衔接，2012年10月26日第十一届全国人民代表大会常务委员会第二十九次会议通过《全国人民代表大会常务委员会关于修改〈中华人民共和国监狱法〉的决定》，对《监狱法》进行了七个条款的修改，以中华人民共和国主席令第63号发布并于2013年1月1日起执行。

现行《监狱法》共七章七十八条。第四章"狱政管理"的第五节第五十条到五十五条专门规定了监狱的生活、卫生，包括实行罪犯生活实物量标准（第五十条）、罪犯被服配备（第五十一条）、照顾少数民族罪犯特殊生活习惯（第五十二条）、监舍（第五十三条）、监狱医疗机构与生活卫生设施（第五十四条）、罪犯死亡处理（第五十五条）。在其他章节中，第七条规定：罪犯的人格不受侮辱，其人身安全、合法财产和辩护、申诉、控告、检举以及其他未被依法剥夺或者限制的权利不受侵犯。罪犯必须严格遵守法律法规和监规纪律，服从管理，接受教育，参加劳动。第八条明确了监狱的人民警察经费、罪犯改造经费、罪犯生活经费、狱政设施经费、必要的生产经费及其他专项经费，列入国家预算，即"警察吃皇粮、罪犯吃囚粮"。第十四条规定了监狱人民警察严格禁止的九种行为即"九个严禁"。在实践中，造成一定后果的克扣伙食、不给吃饭喝水、不给看病等被认定为体罚虐待罪犯的行为。第十八条、三十九条、四十条、四十九条分别规定了罪犯收监检查物品处理、"三分"（分开关押、分开管理、分别教育）、罪犯接受钱物等内容。第六十七条要求监狱组织罪犯开展适当的体育活动和文化娱乐活动。第七十一、第七十二、第七十三条是关于罪犯劳动时间、劳动报酬、劳动保护和劳动致伤残亡的处理。

> **拓展阅读**
>
> **全国人民代表大会常务委员会关于修改《中华人民共和国监狱法》的决定**
> **（2012年10月26日第十一届全国人民代表大会常务委员会**
> **第二十九次会议通过）**
>
> 第十一届全国人民代表大会常务委员会第二十九次会议决定对《中华人民共和国监狱法》作如下修改。
>
> 一、将第十五条第二款修改为："罪犯在被交付执行刑罚前，剩余刑期在三个月以下的，由看守所代为执行。"
>
> 二、将第十七条修改为："罪犯被交付执行刑罚，符合本法第十六条规定的，应当予以收监。罪犯收监后，监狱应当对其进行身体检查。经检查，对于具有暂予监外执行情形的，监狱可以提出书面意见，报省级以上监狱管理机关批准。"
>
> 三、将第二十七条修改为："对暂予监外执行的罪犯，依法实行社区矫正，由社区矫正机构负责执行。原关押监狱应当及时将罪犯在监内改造情况通报负责执行的社区矫正机构。"
>
> 四、将第二十八条修改为："暂予监外执行的罪犯具有刑事诉讼法规定的应当收监的情形的，社区矫正机构应当及时通知监狱收监；刑期届满的，由原关押监狱办理释放手续。罪犯在暂予监外执行期间死亡的，社区矫正机构应当及时通知原关押监狱。"
>
> 五、将第三十三条第二款修改为："对被假释的罪犯，依法实行社区矫正，由社区矫正机构负责执行。被假释的罪犯，在假释考验期限内有违反法律、行政法规或者国务院有关部门关于假释的监督管理规定的行为，尚未构成新的犯罪的，社区矫正机构应当向人民法院提出撤销假释的建议，人民法院应当自收到撤销假释建议书之日起一个月内予以审核裁定。人民法院裁定撤销假释的，由公安机关将罪犯送交监狱收监。"
>
> 六、将第三十四条第二款修改为："人民检察院认为人民法院减刑、假释的裁定不当，应当依照刑事诉讼法规定的期间向人民法院提出书面纠正意见。对于人民检察院提出书面纠正意见的案件，人民法院应当重新审理。"
>
> 七、将第六十条修改为："对罪犯在监狱内犯罪的案件，由监狱进行侦查。侦查终结后，写出起诉意见书，连同案卷材料、证据一并移送人民检察院。"
>
> 本决定自2013年1月1日起施行。
>
> 《中华人民共和国监狱法》根据本决定作相应修改，重新公布。

（二）《监狱服刑人员行为规范》

2004年3月2日司法部部务会议审议通过的《监狱服刑人员行为规范》，以司法部部长令第 88 号发布,自 2004 年 5 月 1 日起施行,1990 年实施的《罪犯改造规范》同时废止。《监狱服刑人员行为规范》是罪犯接受改造必须遵守的行为准则,是考核罪犯改造表现的基本制度,是实施奖惩的重要依据,共五章三十八条,分为基本规范、生活规范、学习规范、劳动规范和文明礼貌规范。

有关罪犯的生活规范主要包括:按时起床,有秩序洗漱、如厕,衣被等个人物品摆放整齐;按要求穿着囚服,佩戴统一标识;按时清扫室内外卫生,保持环境整洁;保持个人卫生,按时洗澡、理发、剃须、剪指甲,衣服、被褥定期换洗;按规定时间、地点就餐,爱惜粮食,不乱倒剩余饭菜;集体行进时,听从警官指挥,保持队形整齐;不饮酒,不违反规定吸烟;患病时向警官报告,看病时遵守纪律,配合治疗,不私藏药品;需要进入警官办公室时,在门外报告,经允许后进入;在野外劳动现场需要向警官反映情况时,在 3 米以外报告;遇到问题,主动向警官汇报,与警官交谈时,如实陈述、回答问题;在指定铺位就寝,就寝时保持安静,不影响他人休息;参加文娱活动,增强体质,陶冶情操;爱护公共环境,不随地吐痰,不乱扔杂物,不损坏花草树木。

(三)《监管改造环境规范》

《监管改造环境规范》是司法部以 11 号部长令于 1990 年颁布的,自同年 11 月 6 日起开始实施。该规范共五章三十三条。对监狱的监管警戒设施、生活区、生产区进行了规范,不少内容被现行的《监狱建设标准》所吸收。

关于罪犯生活区的规范主要有:第十四条,监区内要做到场院平整,道路通畅,有活动区、宣传教育栏(板)、晾晒场;上、下水道设施完好,无污水,无便溺,无脏乱垃圾和杂物。监区地下管道要绘制示意图,通往狱外的下水道、暖气管道要加防护设施。第十五条,罪犯生活区应与生产区分隔封闭,设监舍、教室(或教学楼)、伙房、医院(或卫生所)、浴室(或冲凉室)、理发室、烧水房、接见室,并分别执行相应的管理制度。第十六条,禁闭室根据需要设在罪犯生活区内外,使用面积每间不少于 3 米^2,室内高度不低于 3 米,窗户不小于 0.8 米^2;门、窗、灯要安装防护装置;罪犯睡铺要保证防潮保暖;室内要通风透光,经常消毒;室外要有放风场地。有条件的应安装电视监控设备。第十七条,接见室要有前、后门,分别连接监外道路和监区,使罪犯家属和罪犯各行其道,接见室要有宣传栏。为适应分级管理的需要,可分别建立从严、常规和优惠接见的设施。第十八条,监舍建设要努力做到坚固、严密、庄重、文明、整洁。监舍内设寝室、洗漱室、厕所、储藏室、医务室、图书阅览室、教育娱乐室等,并分别执行相应的管理制度。第十九条,干部值班室、谈话室必须用铁门与罪犯监舍隔开。监舍门窗、楼房外走廊应安装防护装置。监舍、禁闭室的门锁必须牢固可靠,统一型号,钥匙由干部直接掌管。第二十条,监舍要防火、防潮、防漏、防蚊蝇,保证供电、供水、取暖,保证室内通风、透光、无异味。监舍门、窗要定期油漆,墙壁要定期粉刷,内务摆放要整齐划一,墙壁可张贴有关的规章制度和有教育意义的书画作品。第二十一条,教学楼内设教研室、教室和教师备课室,也可设图书室、阅览室、展览室和娱乐活动室以及电化教育室、演播室。教室要求空气流通,采光好,课桌、座椅、黑板齐全,布置文明、整洁。第二十二条,伙房要做到管理制度齐全,物资出入库账目清楚,按月公布账目。伙房、库房、炊具清洁卫生,要有防蝇、蚊、鼠、蚁、蟑螂等设备。冬季要有保温设备,寒冷地区要设菜窖。刀具要集中严格保管。第二十三条，伙房要分别设立主食灶、副食灶、少数民族灶、病号灶、保健灶，按周公布食谱。

（四）《监狱建设标准》

《监狱建设标准》（建标139—2010）由中华人民共和国住房和城乡建设部与国家发展和改革委员会以建标[2010]144号通知联合批准发布，自2010年12月1日起施行，原《监狱建设标准》同时废止。该建设标准适用于新建、扩建和改建的中度戒备和高度戒备监狱建设，规定的建筑面积指标为控制指标，共六章四十四条，包括总则、建设规模与项目构成、选址与规划布局、建筑标准、安全警戒设施和场地及配套设施。其中，第四条规定了监狱建设应遵循的原则及总体要求，监狱建设必须遵守国家有关的法律法规、规章，必须满足准确履行监狱职能的需要，并应依据《中华人民共和国突发事件应对法》、《国家突发事件总体应急预案》、《国家自然灾害救助应急预案》等法律法规以及《救灾物资储备库建设标准》（建标121—2009），从我国监狱应对突发事件的实际情况出发，建立和完善应急保障体系，提高应对突发事件的能力。在监狱建设中应坚持艰苦奋斗、厉行节约的方针，监狱建设水平要符合我国国情，与当地的经济社会发展相适应，达到安全、坚固、适用、经济、庄重的要求。

该标准与罪犯生活卫生相关的内容主要有如下几点。

1. 关于罪犯用房

监狱房屋建筑包括罪犯用房、警察用房、武警用房及其他附属用房。罪犯用房包括监舍楼、教育学习用房、禁闭室、家属会见室、伙房和餐厅、医院或医务室、文体活动用房、技能培训用房、劳动改造用房及其他服务用房。其中监舍楼包括寝室、盥洗室、厕所、储藏室、心理咨询用房、亲情电话室等；教育学习用房包括图书阅览室、教学用房等；文体活动用房包括文体活动室、礼堂等；其他服务用房包括理发室、浴室、晾衣房、被服仓库、日用品供应站、社会帮教室、法律咨询室等。第十三条规定监狱应该有罪犯体训场，按每名罪犯1.7米×1.7米空间计算，人均2.9米^2。第十六条要求新建监狱建设用地标准宜按每罪犯70米^{2}测算。第二十二条规定新建监狱绿地率宜为25%，扩建和改建监狱绿地率宜为20%。

2. 建设标准

第二十四条规定了监狱综合建筑面积指标（不含武警营房）的控制指标，其中罪犯用房人均面积中度戒备监狱按小型、中型、大型分别为21.41米^2、21.16米^2、20.96米^2，高度戒备监狱按小型、中型分别为27.09米^2、26.80米^2。第二十五条规定了罪犯各种用房的建筑面积指标。

3. 监舍楼的设计

每间寝室关押男性罪犯时不应超过20人，关押女性罪犯和未成年罪犯时不应超过12人，关押老病残罪犯时不应超过8人且床位宜为单层。高度戒备监狱每间寝室关押罪犯不应超过8人。寝室宜按5%单人间、30% 4人间、65% 6~8人间设置，其中单人间应设立独立放风间。寝室内床位宽不应小于0.8米；床位为双层时，室内净高不应低于3.4米，床位为单层时，室内净高不应低于2.8米。监舍楼内走廊若双面布置房间，其净宽不应低于2.4米；若单面布置房间，其净宽不应低于2米。寝室窗地比不应小于1/7。采暖地区监舍楼要有机械通风装置。寝室、盥洗间、厕所、物品储藏室、心理咨询用房、亲情电话室、禁闭室、医疗用房、教学用房、伙房、餐厅、理发室、浴室、晾衣房、被服仓库、日用品供应站、社会帮教室、法律咨询室等应根据建设规模和监管工作需要，参照国家现行有关规范、标准，如《宿舍建筑设计规范》（JGJ 36—2005）、《中小学校建筑设计规范》（GB 50099—2011）、《饮食建筑设计规范》（JGJ 64—1989）、《综合医院建筑设计规范》（GB 110—2008）。所有监舍楼应该考虑自然采光、自然通风（换气次数）、夜间照明和罪犯集中用水情况（盥洗室排水立管及地漏应在设计确定的基础上加大 1 号管径）。监狱罪犯用房建筑面积指标见表 1-1。

表 1-1　监狱罪犯用房建筑面积指标

用房类别	用房名称	中度戒备监狱/（米²/罪犯）			高度戒备监狱/（米²/罪犯）	
		小型	中型	大型	小型	中型
罪犯用房	监舍楼	4.66	4.66	4.66	9.47	9.47
	教育学习用房	1.17	1.07	0.96	1.72	1.59
	禁闭室	0.12	0.11	0.10	0.12	0.11
	家属会见室	0.81	0.81	0.81	0.59	0.59
	伙房和餐厅	1.14	1.08	1.03	1.14	1.08
	医院或医务室	0.65	0.60	0.60	1.00	0.94
	文体活动用房	1.55	1.55	1.55	0.90	0.90
	技能培训用房	2.30	2.30	2.30	2.30	2.30
	劳动改造用房	7.60	7.60	7.60	7.60	7.60
	其他服务用房	1.41	1.38	1.35	2.25	2.22
	男监合计	21.41	21.16	20.96	27.09	26.80

注：1. 女子监狱厕所增加 0.04 米²/罪犯；女子监狱和未成年犯管教所教育学习用房面积乘以 1.5 系数；在冬季需要储菜地区伙房和餐厅增加 0.54 米²/罪犯储菜用房面积。

2. 关押老病残罪犯的监狱可根据实际需要，合理调剂各功能用房面积。

3. 本表未含罪犯锅炉房的面积，如需要设置应根据具体情况另行确定。

4. 监狱建筑的防火防震等级

监狱建筑物的耐火等级不应低于二度。劳动改造用房、仓库等耐火等级应按国家标准《建筑设计防火规范》（GB 50016）有关规定确定。监狱建筑物设计使用年限不应少于50年。监狱建筑应按国家现行的有关抗震设计规范、规程进行设计；监狱围墙、岗楼、大门抗震设防的基本烈度，应按本地区基本烈度提高一度，并应不小于七度（含七度）；抗震设防烈度为九度（不含九度）以上地区严禁建监狱。监狱严禁选在可能发生泥石流、山洪、雷击等自然灾害且足以危及监狱安全的地区。监狱的节能、环保、卫生、给排水、电力负荷等各项内容应该符合国家有关规定。

（五）《罪犯生活卫生管理办法（试行）》

2010 年 8 月 31 日司法部监狱管理局印发了《罪犯生活卫生管理办法（试行）》，并自 2010 年 9 月 1 日起施行。该管理办法共七章四十七条。

第一章总则。阐述了制定管理办法的目的是规范监狱罪犯生活卫生管理工作，保障罪犯权益；该办法适用于对罪犯生活、卫生防疫、医疗救治等活动的管理；警察直接管理罪犯生活卫生工作，实行依法、严格、文明、科学管理。省级监狱管理局和监狱要确保罪犯生活费及时足额到位、专款专用并建立罪犯生活费正常增长的财政保障机制。

第二章机构和职能。规定了省级监狱管理局与监狱应当设立罪犯生活卫生管理机构和医疗机构以及其职能。省（区、市）监狱局生活卫生管理机构的主要职责是：①拟定全省（区、市）罪犯生活卫生工作计划并指导、检查监狱的生活卫生管理、卫生防疫和医疗救治工作；②指导监狱建立罪犯生活卫生管理制度；③组织做好有关业务人员培训和进修工作；④主动向所在地卫生行政部门通报卫生工作情况并协调做好卫生防疫和疾病防治工作；⑤指导监狱罪犯生活卫生信息化建设，并做好罪犯生活卫生基础数据的汇总和分析工作。监狱生活卫生管理机构的职责由省（区、市）监狱管理局规定。省（区、市）监狱管理局和监狱应当根据本地具体情况设立监狱医疗机构，包括监狱管理局中心医院、监狱医院和监狱医务室，并依法办理执业许可证。监狱管理局应当设立或指定专门机构负责本系统的卫生防疫工作。监狱医疗机构配备医务人员，医务人员应当具有执业资格。监狱管理局中心医院负责本省（区、市）行政区域内罪犯的疾病预防保健、基本医疗、转诊、急诊以及对患有严重疾病罪犯的治疗；组织开展监管医学研究；负责监狱医院（医务室）医务人员和罪犯护理员的业务培训等。监狱医院（医务室）负责对罪犯进行体检并建立健康档案；开展卫生保健知识宣传教育；为患病罪犯及时提供诊疗；处置突发公共卫生事件等。

第三章生活管理。规定了罪犯生活卫生大宗物资采购应该采取公开招标的形式；要制定罪犯生活物资保障应急预案，做好生活必需品的应急储备；监狱应当按照实物量标准供应罪犯伙食，科学配膳，合理调剂，杜绝浪费，罪犯饮用水应当达标；伙食实物量实际消耗、伙食账目、菜谱应该公开，禁止向罪犯收取任何形式的伙食费和根据罪犯分级处遇区分伙食标准；监狱应建立食品采购验收、农药检测、索证、食品留样制度，做好食品购入、存储、制作、发放环节管理，防止发生传染病和食物中毒等食源性疾病；监狱"三自"（自种、自养、自产）产品应当检疫，内部核算价不得高于监狱采购同等级产品价格；生产收益纳入监狱财务统一核算与管理，用于改善罪犯生活卫生条件、扩大再生产；食堂从业人员要岗前体检、办理健康证、建立健康专档，每年体检一次；监狱应当定期征求罪犯对伙食的建议；罪犯在服刑期间一律着囚服，佩戴统一标志，囚服式样由司法部统一规定，监狱要规范罪犯被服管理，按照实物量标准配发；罪犯日常用品供应站的商品价格不得高于当地同期同类商品平均零售价，供应站收入要纳入监狱财务统一管理和核算，用于改善罪犯生活卫生条件，不得挪用；罪犯个人钱款应当纳入监狱财务统一管理和核算，罪犯在狱内不得使用现金消费，严格控制高消费，监狱可以根据罪犯分级处遇等级规定其每月消费额度；罪犯日用品补助费的入账和消费情况应当公开；罪犯个人合法所有财物除依法定程序外不得以任何理由冻结、挪用、没收，罪犯日常生活用品、学习用品由本人保管，入监时转来的贵重物品，经罪犯本人签字确认后，由监狱统一保管，在罪犯刑满释放、假释、暂予监外执行、调监、死亡时，监狱要将其贵重物品和个人钱款及时办理退还或者移交手续；对未成年犯和患病罪犯，应当适当提高伙食标准；监狱对少数民族罪犯的特殊生活习惯给予照顾，对有特殊饮食禁忌的，应当单独设立少数民族灶台。

第四章卫生防疫。监狱实行罪犯监舍单人单床管理，统一配置监舍设施、器具和物品，并对罪犯生活场所的设施、器具和物品设施定置管理。监狱应当定期安排罪犯体检、洗澡、理发、剪指甲、清洗衣服和晾晒被褥，合理安排罪犯每日起居、劳动、学习、文体活动的作息时间，倡导实行罪犯工间操制度，监狱应当定期开展疾病预防知识宣传教育，增强罪犯保健意识，培养其良好的卫生习惯，增强其防病能力。监狱要经常对罪犯生活设施进行卫生检查，保持整洁干净，保持场院平整、道路畅通、环境清洁卫生，空地辅以花、草、低矮树木美化环境；省级监狱管理局应当与当地卫生行政部门、疾病预防控制部门协调，将罪犯的卫生保健、疾病预防控制工作纳入监狱所在地的卫生、防疫计划，并做好传染病统计报告工作；监狱应当根据传染病发病规律和流行特点，定期开展卫生扫除、组织接种和服用预防药物等措施；监狱发现传染病罪犯应当立即对其进行隔离治疗，艾滋病、结核病等主要传染病按照有关规定纳入国家免费治疗范围。监狱应当重视职业病防治工作，把罪犯职业病防治工作纳入罪犯疾病防治工作计划，按照规定发给劳动保护用品，开展岗前培训和在岗培训，普及相关职业卫生知识；省级监狱管理局应当在省司法行政部门和卫生行政部门的指导下制订突发公共卫生事件应急处置预案，并指导监狱制订相关预案，做好应急药品储备。发生突发公共卫生事件的，监狱应当按照有关规定及时向当地卫生行政部门和司法行政部门报告并按照应急预案及时妥善处置。

第五章医疗救治。对患病的罪犯，应当给予及时治疗，省监狱管理局应当协调财政部门逐年提高罪犯医疗费保障标准，根据实际情况逐步将罪犯医疗保障纳入当地居民基本医疗保障体系。在确保监管安全的情况下，监狱医疗机构可以与社会医院建立合作机制，借助社会医疗条件，保障罪犯医疗。监狱医院（医务室）应当建立巡诊制度，掌握罪犯健康状况，对患病罪犯及时提供诊疗。罪犯因病就诊应当由监狱人民警察负责监管，医务人员应当做好就诊记录并存入罪犯健康档案，因技术、设施条件限制，治疗罪犯疾病确有困难的，由监狱聘请社会医院专家入监会诊，确需转诊的，经省监狱管理局批准可以将罪犯转至具备条件的社会医院就诊。省局中心医院对于监狱转来患病罪犯的诊疗标准不得高于当地物价部门核定的同类医院的计费标准。监狱医疗机构应当将病情、主要医疗措施、医疗风险如实告知患病罪犯、家属和患病罪犯所在监区的监狱人民警察，如果告知患病罪犯可能对其本人或监管安全造成不利后果的，应当告知患病罪犯家属和患病罪犯所在监区的警察；监狱医疗机构在施救危重罪犯时，应当及时通过监狱向罪犯家属发送病危（重）通知书，需要立即手术或者特殊诊疗无法取得患病罪犯家属意见，且家属不在现场的，由罪犯所在监狱指定的警察签字后及时通报驻监检察机关，在罪犯施救过程中，监狱应当以录像、照相、记录等方式搜集并固定证据。罪犯在服刑期间因病死亡的，监狱应当立即通知罪犯家属和人民检察院、人民法院，并对罪犯死亡原因作出医疗鉴定。人民检察院对监狱的医疗鉴定有疑义的，可以重新对死亡原因作出鉴定。罪犯家属有疑义的，可以向人民检察院提出。

第六章监督考核。省级监狱管理局和监狱应当定期或不定期开展罪犯生活卫生工作的抽查和自查，发现问题及时整改。罪犯生活卫生工作应当建立目标责任制并定期组织考核；省级监狱管理局应当将罪犯生活卫生工作纳入监管安全和监狱领导绩效考核体系，考核结果作为评判监狱安全工作成效和监狱领导班子业绩的重要依据。

第七章附则规定：省级监狱管理局根据本办法制定实施细则；本办法自2010年9月1日起施行。

五、罪犯生活卫生管理者

按照我国《监狱法》的规定，司法部主管和领导全国监狱工作，司法部监狱管理局是司法部的内设二级局，负责全国监狱的日常业务指导工作。各省（直辖市、自治区）监狱局设立生活卫生管理机构。监狱按照监企分离改革方案要求设立相应的生活卫生管理机构。尽管各省（区、市）和各监狱的生活卫生管理机构名称不尽相同，但整体上已形成司法部—省监狱局—监狱的三级管理层级。同时，监狱又形成了以生活卫生管理机构为职能部门，医院、狱政、教改、心理咨询、财务等部门各司其职，监区为主要和直接管理主体的罪犯生活卫生管理组织体系。

监狱人民警察是法定的监狱管理主体，监狱人民警察直接管理罪犯生活卫生工作，实施依法、严格、文明、科学管理。监狱人民警察不得非法将管理职权转交他人行使。值得注意的是，在实践中部分罪犯协助民警从事生活卫生管理的具体事务如检查寝舍卫生、统计与发放罪犯生活用品、病犯护理等，这些罪犯不得从事管理工作，民警不得将管理权交予这些罪犯；工人、没有警察身份的监狱医院医生、社会人员（如社会医院医生、社会志愿者、监狱聘请的心理专家等）均不得从事罪犯生活卫生中涉及管理的工作。罪犯生活卫生管理者包括：监狱长、分管副监狱长等高层管理者；生卫、狱政、心理咨询、刑务作业、财务、医院、监区负责人等中层管理者；监区民警、医院医生等基层管理者。

（一）罪犯生活卫生管理者的素质

所谓素质，是指人在先天生理的基础上，受后天环境影响和教育训练，并通过自身的认识和实践的磨炼而形成的比较稳定并长期发挥作用的品质结构。罪犯生活卫生管理者，作为警察和国家公务人员，必须具备警察法和公务员法规定的基本素质和能力。从所从事的罪犯生活卫生管理工作来看，各级管理者还必须具备以下几个方面的素质。

1. 法治素养

要具备依法办事的意识和能力，具备基本的"权利对抗权力，权力保障权利"的法治逻辑思维，善于运用法治方式，做到公正、文明、严格、科学执法。要深刻理解罪犯生活卫生管理工作是一项严肃的执法活动，是保障罪犯基本人权、促进罪犯积极改造、构建和谐社会与法治社会的需要，意义重大。不仅要管理有依据、执法有规范，还要接受各方面的监督，如及时公示罪犯实物量标准、实际消耗、伙食账目、日用品补助费入账和消费情况；保护罪犯对生活卫生管理的建议权、批评权、申诉权、检举权、控告权；严格执行相关经费、财务管理制度，罪犯生活费要做到专款专用，罪犯日常生活用品供应站、监狱"三自"生产收入、罪犯个人钱款必须纳入监狱财务统一管理和核算并限定用途，严禁挪作他用等。

2. 人文情怀

监狱人民警察具有慈悲、善良与正直的道德品行，在日常管理中能够关注罪犯的基本尊严，不得用语言侮辱、克扣罪犯伙食与日用品、拖延看病等"软暴力"方式折磨和虐待罪犯，更不得对罪犯施暴、体罚或给予其他形式的不人道的生活卫生待遇。要在生活细节上关心罪犯，帮助罪犯解决生活上的困难，如：夜间要经常查铺，做好监舍的防寒保暖，对经常需要就诊的罪犯要做到不厌其烦，了解经济困难罪犯日常生活用品短缺情况，对一些长期卧床罪犯要定期谈心，及时化解罪犯之间的生活矛盾等。

3. 知识结构

罪犯生活卫生管理涉及多学科知识的运用，如法学、管理学、生理学、医学、教育学、心理学、营养学、建筑学等。监狱人民警察要拥有基本相应的知识结构，比如以下相关知识：常见疾病的成因与治疗措施、急救、食物中毒防范、紧急与突发事件处置、心理健康教育、膳食营养、日常保健康复护理、职业病预防、PDCA管理循环等。因此，监狱要加大对民警生活卫生管理基础知识的普及与培训，对监狱生活卫生管理机构相关人员、监区分管生活卫生的民警要重点培训，实施岗前培训、在岗培训，有条件的可设定罪犯生活卫生管理人员资质标准，提高进入门槛，实行准入制度。另一方面，监狱在招录警察、调配警力时，要增加医学、心理学、营养学等专业人员的数量，建立和培养专业人才队伍，根据监区押犯规模、人员类别、生活卫生需求，合理配置和加强管理力量，如老病残监区应该有一定数量具有医学基础知识的民警。

4. 意志品行

民警长期与罪犯直接接触，民警的意志品行对罪犯有言传身教、潜移默化的积极作用。民警应该具有良好的生活卫生习惯，仪表整洁、举止文明。同时，民警要耐心、细致，具有坚定的意志、良好的体能和过硬的心理素质，不因为繁琐、枯燥、日复一日的工作而消极应付、马虎从事，不因为罪犯琐碎、细微的生活卫生小事而置之不理或横加训斥。尤其对未成年犯、女犯、少数民族犯、外籍犯、老年犯、病犯、残疾犯的生活卫生管理，一定要细致入微、不厌其烦。实践中，不少监狱在老病残犯监区增加了年龄大、性格温和、交流沟通能力强的民警比例，促进了这些罪犯的平稳改造，缓解了警囚之间的冲突与矛盾，值得借鉴。

（二）罪犯生活卫生管理者的职责

罪犯生活卫生管理实行分工负责与全员参与相结合的原则，各级管理者负有相应的管理责任与管理职权。

1. 监狱主管领导的生活卫生管理职责

负责有关罪犯生活卫生的法律法规和上级政策、制度、要求在监狱的贯彻执行；建立罪犯生活卫生工作目标责任制并定期组织考核；建立健全监狱罪犯生活卫生管理机构、管理体系和管理制度；落实罪犯生活卫生经费保障，监督预算和经费的使用情况；组织制定、发布罪犯生活卫生方面的应急处置预案等。

2. 监狱分管领导的生活卫生管理职责

协助监狱主管领导开展罪犯生活卫生管理工作；依据法律法规和上级部署，拟定罪犯生活管理工作计划和制度；负责罪犯生活卫生管理工作计划的实施、检查和改进；监督罪犯生活物资管理和生活物资供应标准的落实；组织对罪犯生活卫生工作的检查、考核和总结；处置监内突发性公共卫生事件等。

3. 监狱生活卫生部门负责人的管理职责

协助分管领导做好罪犯生活卫生管理工作；负责罪犯实物量标准的落实；负责罪犯内

务管理、监舍卫生和环境卫生管理；拟定罪犯生活卫生管理制度和考核细则；拟定突发性公共卫生事件的应急处置预案；负责罪犯生活设施的配备管理；协调地方归口部门的对接管理；负责罪犯食堂饮食卫生安全的监管、食堂从业罪犯的培训；协同有关部门对大宗生活物资进行招投标采购；配合医院做好疾病防控工作等。

4. 监狱狱政部门负责人的生活卫生管理职责

负责罪犯监管用房的管理，包括监舍、医院、食堂、生活区的生活设施管理；负责罪犯集体性就诊、体检的现场监管；负责罪犯狱外就医的审批、监管；按照规定发放刑满释放路费；发生罪犯死亡，及时报请法医鉴定，做好善后处理；协同医院进行老弱病残鉴定；负责办理罪犯暂予监外执行；负责对罪犯物质奖励的审核、审批等。

5. 监狱教改部门负责人的生活卫生管理职责

负责对罪犯进行生活卫生知识的宣传教育；负责罪犯精神疾病的预防和心理危机干预；建立特困帮扶基金，资助有特殊困难的罪犯；协调地方安置部门做好刑满释放人员的就业安置和困难救济等。

6. 监狱刑务作业部门负责人的生活卫生管理职责

负责罪犯劳动保护，按照国家行业规定配发劳保用品；负责协调有关部门共同做好罪犯夏季防暑降温工作；负责罪犯劳动报酬的审核审批；协调联系地方安监部门对锅炉、电梯等特种设备进行定期检测等。

7. 监狱财务部门负责人的生活卫生管理职责

负责编制罪犯生活经费预算并监督执行；负责罪犯生活经费的拨付；负责对罪犯大账、罪犯食堂、罪犯供应站的核算管理；负责罪犯特困帮扶基金账户的核算管理；负责制定罪犯生活经费内控制度，并监督检查执行；负责对罪犯生活物资采购的监督管理等。

8. 监狱医院负责人的生活卫生管理职责

负责罪犯疾病的医疗救治工作；贯彻执行医疗行业管理规范；拟定罪犯医疗工作计划，建立健全部门管理制度；负责监狱医院管理、医疗业务建设和医疗质量管理工作；监督罪犯食品卫生安全管理；指导监区开展罪犯健康教育，负责罪犯急、慢性传染病的综合防治；负责罪犯暂予监外执行疾病伤残鉴定和老弱病残鉴定工作；组织对从事饮食行业的罪犯定期进行健康体检；协调地方医院建立危重病急救绿色通道等。

9. 监区长生活卫生管理职责

贯彻执行罪犯生活卫生管理制度，落实监狱生活卫生管理措施和要求；细化和明确内务卫生、监舍卫生和环境卫生管理责任；负责罪犯健康教育，做好疾病预防与控制；对监区生活卫生管理工作定期进行检查考核；负责罪犯防暑降温工作；部署开展监狱组织的生活卫生专题活动等。

10. 监区民警生活卫生管理职责

协助监区长对罪犯生活卫生进行管理；检查督促罪犯遵守生活卫生管理制度；负责对监区罪犯内务、监舍和环境卫生进行每日检查、考核，组织评比优胜小组和个人；布置和落实生活卫生专题活动；负责罪犯大账管理、邮包管理、接见和会见的管理；开展防病知识宣传教育，监督罪犯养成良好的卫生习惯；负责生活卫生表簿册的登记管理及上报工作等。

六、罪犯生活卫生管理监督

对监狱生活卫生管理工作进行广泛的监督，对确保罪犯生活卫生管理目标的实现和充分发挥罪犯生活卫生管理的功能，具有重要的意义。

（一）监督主体

我国罪犯生活卫生管理的监督主体是极为广泛的，既有内部监督主体，也有外部监督主体；既有专门的法律监督主体，也有社会监督主体。

1. 监狱

监狱作为机关法人和管理主体，必须对本监狱的罪犯生活卫生管理实行内部监督。监狱作为内部监督主体，主要是监督管理机构、医院、监区等部门贯彻落实有关罪犯生活卫生的法律法规、相关制度和要求的情况；通过日常检查、定期或不定期检查、专项检查、罪犯生活费支出审计、征求罪犯意见、处理投诉控告检举、查处民警违规行为等方式进行，及时发现问题、及时整改。

2. 监狱上级机关

主要是省（市）监狱管理局、司法厅（局），对罪犯生活卫生管理进行的以专项检查、财务审计、资料查阅、现场查看、处理投诉、查处案件等为主要形式的监督。

3. 政府相关主管部门

主要包括公务员主管部门、卫生行政主管部门、环境主管部门、财政主管部门、食品药品监管部门、建设主管部门、安全生产主管部门、公安（主要是消防）部门等。这些政府主管部门主要通过检查相关标准的实施情况、处理投诉举报、查处案件、现场检查、审批等形式实施相关法定监督。

4. 检察机关

我国《监狱法》规定：人民检察院对监狱执行刑罚的活动是否合法依法实施监督。驻监检察机关主要通过处理罪犯及其亲属的检举控告投诉、查处案件、列席会议、现场检查等方式对监狱保障罪犯生活卫生权益的情况进行监督。

5. 罪犯及其亲属

罪犯有权对监狱人民警察、监狱生活卫生管理工作提出批评和建议，有权对侵犯生活卫生方面权益的行为进行投诉、控告、检举，监狱应该及时受理、反馈结果或按规定转送相关材料、不得扣押。罪犯亲属有权对监狱的生活卫生管理进行监督，并有权通过合法渠道维护罪犯的正当权益。

6. 社会组织

社会组织包括政党、共青团、妇联、残联、外交人员、人大代表、政协委员、社会志愿者、新闻媒体等。人大代表、政协委员主要通过视察监狱的方式实施监督；共青团、妇联、残联和未成年人保护组织可以针对女犯、未成年犯、残疾罪犯的生活卫生情况以及落实妇女权益保障法、未成年人保护法情况进行专门的监督。外交人员（驻我国使领馆人员）可以监督我国监狱对外国籍罪犯生活卫生、通讯会见等方面权利的保障情况。尤其是我国日益发展的社会志愿者组织、新闻媒体对罪犯生活卫生管理发挥着愈来愈大的监督作用。

（二）监督内容

罪犯生活卫生管理监督的主要内容集中在法律法规执行、监狱硬件配置和日常管理三个方面。

1. 法律法规执行情况

如监狱人民警察是否依法、公正、文明执行刑罚，是否存在打骂、体罚、虐待罪犯的情况；消防法、突发事件应对法、食品安全法、卫生防疫法、安全生产法等相关法律法规的执行情况；国家标准、监狱上级机关和政府主管部门的制度、规定、要求落实情况；罪犯生活卫生权利救济情况等。

2. 监狱硬件设施配备情况

如监狱是否建设了医院、医务室、食堂、餐厅、浴室等基本设施；罪犯寝舍的面积、卫生情况，是否防潮、防寒保暖、通风透气；监舍楼建筑防范火灾、地震情况；饮用水是否符合标准等。

3. 监狱生活卫生管理制度和行为

如罪犯伙食、被服实物量标准及实际执行情况；罪犯劳动时间、劳动防护情况；是否有病得到及时治疗；生活卫生管理是否公平公正，是否存在特殊犯人；罪犯个人钱物是否被他人侵占；警察管理的人道、文明程度；未成年犯、女犯、老病残犯、少数民族犯、外国籍罪犯等生活卫生管理情况；被禁闭罪犯、高危监区罪犯生活卫生情况等。

（三）监督方法

1999年，司法部开始要求监狱系统在执行刑罚过程中实行"两公开一监督"，即公开执法依据、程序；公开结果；主动接受有关部门及社会各界的广泛监督，要求向社会公开罪犯伙食费、医疗费、被服费的标准及开支情况。除了上文在论述监督主体时提到的监督形式、方式之外，对监狱生活卫生管理的监督需要大力推行监狱政务公开和狱务公开。

在政务公开方面，如江苏省监狱管理局根据省政府、司法厅推进政务公开的有关要求，制定了《江苏省监狱管理局政务公开工作实施意见》[苏狱规（2004）20号]，规定了对社会公开的政务内容，并要求各部门、监狱、未成年犯管教所制定本单位的政务公开意见。目前，江苏监狱系统政务公开的主要内容包括工作职能、工作人员职责和各项工作规则及其调整、变动情况；监狱工作的主要政策法规依据；民警工作纪律；重要执法、管理事项；基本建设事项；社会服务承诺及社会监督、投诉举报办法。

2001年，司法部印发了《关于在监狱系统推进狱务公开的实施意见》[司发通（2001）105号]，规定了狱务公开的十三个方面的内容，其中关于罪犯生活卫生管理的内容有：监狱按照国家规定的实物量标准供给罪犯伙食，保证饮食卫生；每周公布食谱，每月公布伙食开支账目，监狱对有特殊饮食习惯的少数民族罪犯，单独设灶；罪犯患病住院期间，适当提高伙食标准；罪犯居住的监舍做到坚固、透光、清洁、通风、保暖；监狱按国家规定统一为罪犯配发被服；监狱设立医疗机构，负责罪犯的医疗保健，确保罪犯有病及时得到治疗；监狱建立健全卫生防疫网络，定期对伙房、监舍的卫生状况进行检查。

狱务公开分为主动公开和依申请公开，对象是罪犯及其亲属、监护人，执法监督员和其他社会公众。应通过以下方式实施狱务公开：通过监狱外网及其他新闻媒体公开；编发

《狱务公开手册》；设立狱务咨询电话；召开执法通报会；设置狱务公开专栏；设置狱务公开信息查询系统；建立刑罚执行信息公开平台等。监狱及上级机关可建立新闻发言人制度，适时召开新闻发布会向社会通报监狱重要的执法活动和重大新闻事件；定期组织新闻媒体进监采访监狱执法工作；适时在政府门户网站网上直播室开展在线访谈、接受在线咨询，通过监狱外网公布监狱执法工作相关信息。召开执法通报会，向检察机关、执法监督员等通报监狱执法工作情况。通过罪犯教育网、内部报刊、有线电视、广播等载体，及时向罪犯公布狱务公开内容；统一编印《狱务公开手册》，在罪犯入监后 5 日内将《狱务公开手册》随入监通知书一并寄送罪犯亲属。设立狱务咨询电话，在工作时间内由专人负责接听解答，咨询电话号码通过《狱务公开手册》、监狱外网向社会公布；监狱应在会见室设置狱务公开专栏、狱务公开信息查询系统，提供《狱务公开手册》等资料，公布狱务公开内容和监狱执法执纪情况及罪犯个人改造信息；在会见室设置狱务咨询台，由监狱领导或相关部门负责人向罪犯亲属开展狱务咨询，解答罪犯亲属提出的问题，宣讲监狱工作的有关法律法规、政策，介绍罪犯的改造情况，并听取他们对监狱工作的意见和建议。监区（分监区）应设立狱务公开专栏，每月对罪犯计分考核、行政奖惩、提请减刑假释、办理暂予监外执行、罪犯大账、囚被服和伙食实物量等情况予以公示。监狱应构建刑罚执行信息公开平台，定期向罪犯亲属、执法监督员等发布罪犯改造、监狱执法的相关信息，提高执法透明度。聘请执法监督员对狱务公开工作进行监督，对执法监督员提出的问题和监督意见，应及时整改和反馈。狱务公开网络图见图 1-2。

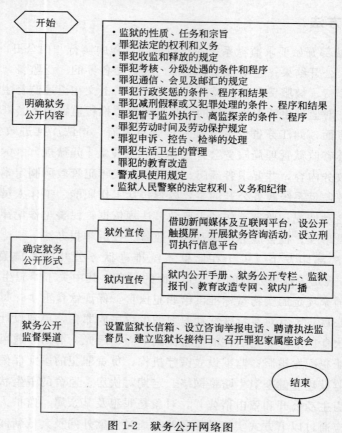

图 1-2　狱务公开网络图

七、罪犯生活卫生管理创新

创新是一个民族进步的灵魂，是国家兴旺发达的不竭动力。在新时期，党中央提出要加强和创新社会管理，进一步加强特殊人群的管理和服务，其中的特殊人群就包括了服刑人员。创新，就管理学视野下的语义来看，它与计划、组织、领导、控制等职能一样，本身就是管理活动的最基本职能之一。创新职能与管理的其他职能不同之处在于，它本身并没有特定的表现形式，总是在与其他管理职能的结合中表现出自身的存在和价值，并且在管理循环中处于轴心地位，成为推动管理循环的原动力。相对于创新职能，计划、组织、领导和控制更多地表现为管理的"维持职能"。因此，创新寓于管理之中，创新又推动管理的发展。

我国在罪犯生活卫生管理方面积累了很多经验，初步形成了符合我国国情、具有我国社会主义特色的罪犯生活卫生管理体制和机制。尤其是《中华人民共和国监狱法》颁布实施后，罪犯生活卫生管理法制化、专业化和社会化进程明显加快，管理水平和绩效明显提高。但毋庸讳言，我国罪犯生活卫生管理工作还存在不少薄弱环节，热点和难点问题凸显，面临着多方面的压力和挑战，破解这些难点问题和发展瓶颈必须依赖创新。

（一）目前罪犯生活卫生管理存在的问题

目前，我国罪犯生活卫生管理存在的突出问题主要表现为以下四个"不协调"。

1. 罪犯生活卫生基准与经济社会发展水平不相协调

罪犯生活卫生标准主要包括生活费和医疗费标准。就全国范围而言，罪犯的"两费"标准普遍较低，没有与国民经济发展、生活消费水平和区域经济发展同步提升。如某省财政核拨的 2011 年罪犯人均生活费为 2700 元，其中医疗防疫费为 180 元，远远不足以实际支出，不得不依靠监狱企业的大量弥补。而个别监狱超标建设、罪犯生活水平过高的现象引发了社会热议。因此，制定罪犯生活卫生基准必须考虑我国的法律文化传统和社会民众的认知及心理预期，不能动摇监狱的惩罚属性，既要保持适度水平又要建立动态增长机制。

2. 罪犯生活卫生管理模式与监狱发展趋势不相协调

首先，监狱警察分类和专业化建设未能有效推进，没有建立罪犯生活卫生管理人员准入机制，目前从事罪犯生活卫生管理的民警专业素养普遍不足。其次，社会支持不充分。由于监狱的封闭性和垂直管理体制，监狱生活卫生管理工作自成体系，与属地政府、社会组织联系不够紧密，不能有效利用地方资源和专业资源，地方相关部门对监狱生活卫生管理工作的监管和指导也较少。《监狱法》规定的罪犯的医疗保健等未能完全地纳入地方卫生、防疫计划；医疗质量、食品安全、生产安全也基本上游离于属地监管之外。第三，生活卫生管理工作未与罪犯分级处遇管理有机结合。绝大部分罪犯的生活卫生保障水平均同，不利于分级处遇措施的实施。罪犯消费额度、活动空间、劳动强度等未能真正与罪犯的改造表现、生理状况有机挂钩。

3. 罪犯生活卫生管理水平与罪犯权益保障不相协调

从总体上看，我国对罪犯生活卫生权益保障是重视和有成效的。但随着社会政治经济发展，罪犯权益的内容和形式也在不断地丰富和发展，尤其是作为人之生存权和发展权的内涵不断拓展。如关于罪犯的宗教信仰权，现在不能仅仅满足于不反对罪犯信仰宗教，而要在集中收押的场所提供信仰宗教罪犯进行礼拜、诵经的设施。民警习惯性地把休息等同于不出工劳动，往往会安排学习、队列训练、文娱活动等，这其实是对罪犯休息权的误解和侵犯，真正的休息应该是罪犯在监狱规定范围内自主性地安排自己的行动。又如，罪犯未被赋予极度危险作业拒绝权，对民警指派的具有严重身体健康危害的劳动不能提出异议，罪犯一旦提出，往往被民警视为抗拒劳动、消极改造。

4. 罪犯生活卫生法规与管理实践不相协调

这主要表现在以下几个方面严重缺失，一是罪犯医疗保障水平。由于罪犯在服刑期间未被纳入属地医保体系，一些原先参加医保的罪犯也因为犯罪而被终止医保，患严重疾病的罪犯挤占了监狱大部分罪犯的医疗费，使得普遍性的罪犯预防性健康支出捉襟见肘。不少罪犯及亲属对监狱疾病医疗提出过度要求，甚至出现了为治病故意犯罪进监狱、罪犯患严重疾病需要保外而罪犯亲属拒保、有病罪犯释放后不肯离开监狱的尴尬现象。

二是罪犯劳动中致伤致残、死亡补偿标准滞后。目前处理这方面问题的主要依据是《罪犯工伤补偿办法（试行）》〔司发（2001）013号文〕，但实践中罪犯及其亲属根本不接受，最后往往是监狱以"天价"了结。

三是罪犯正常死亡处理制度不完善。罪犯在监狱中正常死亡处理也是非常棘手的问题，甚至出现罪犯正常死亡后家属长期不认领尸体，尸体保管费达几十万元的情况。这些问题已经严重损害了监狱的公信力并成为监狱与罪犯及其亲属对抗、冲突的主要原因。

（二）罪犯生活卫生管理创新的主要内容

创新是在传承基础上的改进和发展，罪犯生活卫生管理的创新亦是如此。罪犯生活卫生管理创新必须植根于我国的政治、社会体制和法律文化土壤，必须立足于我国罪犯生活卫生管理的丰富实践。罪犯生活卫生管理创新也不是简单的资源整合和目标发展，而是要在社会管理创新的大环境下，树立适应时代和社会发展需求、体现我国社会主义特色的创新理念，对监狱生活卫生管理进行科学的探索。

1. 树立服务罪犯改造的理念

决不能以恶劣的生活卫生条件作为惩罚罪犯的手段和方式，这是现代法治的基本要求。罪犯生活卫生管理必须服务和服从于罪犯的改造。管理本身就具有服务于人的本质，强调服务罪犯改造的理念，就是要适当考虑罪犯的合理需求，提高生活卫生保障质量和水平，符合行业规范，做到安全、精细；监内生活安排要充分考虑并尽量削弱长期监禁对罪犯生理、心理的影响，增加人文关怀；要发挥生活卫生管理的矫正功能，培养罪犯的生活自理能力和社会认知、交往、适应、生存能力；要与分类管理、分级处遇措施相结合，发挥生活卫生管理的激励功能。

2. 健全法律法规

罪犯生活卫生管理必须依法进行。首要的是要做到有法可依。目前我国监狱法律规范以1994年12月29日第八届全国人大常委会第十一次会议通过的《中华人民共和国监狱法》为主（2012年为了与新刑法、新刑诉法衔接进行了7个条款的修改）。在总体肯定这部法律积极意义的同时，也要看到目前我国关于罪犯生活卫生管理的法律规范尚不健全，一些重要问题亟待以立法形式予以规制。《监狱法》的修改应该认真考虑以下几个问题：罪犯生活卫生权利；罪犯生活和医疗的基本标准；罪犯劳动中致伤致残、死亡和监内正常死亡的处理；罪犯分级处遇；罪犯生活卫生管理社会支持系统构建；等。司法部要适时出台相关规章，进一步细化法律，以利于实践操作。

3. 适度提高罪犯生活卫生标准，建立动态调整机制

生活卫生标准主要包括饮食实物量标准、防疫与医疗费用标准、生活物品和设施配备标准、罪犯监内消费额度标准等。首先要确定全国统一的基本标准，包括最低标准和最高标准。如饮食实物量最低标准可以参照成年人最低食物摄入量和全国最低居民生活保障线标准来确定。其次，各省可以根据所在地有关国民经济社会发展、物价等情况，在不突破全国最高基准线的情况下，尽量提高罪犯生活卫生标准。第三，要建立罪犯生活卫生标准动态调整机制，使之与全国、所在地的国民经济社会发展、物价等指标关联浮动。同时，要提高罪犯在劳动中致伤致残和死亡的补偿标准。

4. 推进管理工作专业化、规范化和精细化

生活、医疗、防疫、心理健康和食品安全管理涉及多学科知识和专业技能，具有相应的专业性，必须实现管理的专业化，包括管理人员专业化、管理方法专业化和管理技术专业化。管理人员专业化不是简单的专人管理，而是要让具备专业精神、专业知识和技能的人员去专门从事管理工作。要建立管理者准入和岗位培训制度，提高罪犯生活卫生管理队伍的门槛。要推进监狱人民警察职业分类建设，加大医学、心理学、营养学、健康学专业人员的招录，聘任一些有专业知识和技能的人员担任监狱人民警察，通过内部培养、招录聘用、外包服务等方式建立一支专业化队伍。管理方法专业化就是要遵循专业规律，科学管理，提高管理效率，不搞没有实效的活动，如开发运用罪犯"一卡通"，用于罪犯亲属汇款、罪犯狱内消费刷卡，既避免了罪犯和民警直接接触现金，又便利了罪犯的钱款管理。管理技术专业化强调要关注专业领域的发展和成果，加大设备设施投入，采用科学的管理工具。生活卫生管理要建章立制，通过制度管人管事，减少管理的随意性，严格落实国家关于食品安全、营养、医疗、保健、心理卫生、安全生产、建筑等方面的规定和技术标准，积极借鉴行业管理方法，开展医疗质量达标、医院等级创建、食品安全动态等级评定等活动。其次，部、省级监狱管理机关要制定监狱医院、食堂、生活环境标准，推进监狱生活卫生工作达标验收和规范化建设。要推进罪犯生活卫生精细化管理，为罪犯改造提供精准服务，如及时开展罪犯生活需求调查，科学制定罪犯食谱并提升食堂加工精细水平；增加罪犯健康体检项目和频次，做好罪犯疾病和疫情防范工作。

第二章
罪犯生活秩序管理

罪犯生活秩序管理是民警日常管理工作的主要组成部分。做好罪犯生活秩序管理，对于维护罪犯合法权益、体现行刑文明、调动罪犯改造积极性、矫正罪犯恶习和维护监狱安全稳定等具有十分重要的意义。加快推进罪犯生活秩序管理的规范化、标准化和科学化建设进程，切实提高监狱生活卫生管理水平，是新形势下我国监狱发展的必然要求。

罪犯日常生活秩序管理的内容涉及到罪犯日常生活的方方面面、点点滴滴，内容庞杂，主要包括：罪犯生活物品管理；个人物品管理；生活卫生设施管理；个人卫生管理；寝舍内务管理；公共环境管理；罪犯作息时间管理；罪犯休息娱乐管理；监狱供应站和罪犯消费管理；罪犯就餐现场管理；罪犯会见通讯（信）管理；罪犯生活场所安全管理；罪犯生活行为考核管理等。可以按照管理的对象——人（行为）、物、环境等将罪犯生活秩序管理划分为以下三类（图2-1）。

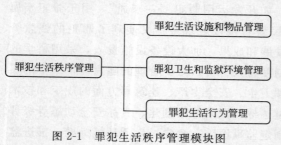

图 2-1　罪犯生活秩序管理模块图

罪犯生活设施和物品管理。这主要包括对监狱配备的公共生活卫生设施、发放到罪犯个人的生活用品和允许罪犯个人持有物品的管理。

罪犯卫生和监狱环境管理。这主要包括：对罪犯理发、剃须、洗澡、清洗衣物被褥等个人卫生的管理；对罪犯寝舍和卫生间、餐厅、教室、车间等公共环境的管理；对监狱（区）整体环境卫生的管理。

罪犯生活行为管理。这主要包括：罪犯作息时间管理、休息娱乐管理、会见通讯（信）管理、就餐管理、罪犯购物管理、生活现场安全管理和罪犯生活行为考核等内容。

一、罪犯生活秩序管理的基本要求

罪犯生活秩序管理是监狱管理工作最为基础的部分，是维护监管秩序的重要保证，是刑罚执行和教育改造罪犯的前提条件。罪犯生活秩序管理一般要遵循以下四个基本要求。

1. 依法配置罪犯生活卫生物品和相关设施

罪犯生活卫生物品和相关设施是罪犯在狱内生活和接受教育改造的物质基础，必须依法配置齐全。监狱要为罪犯提供符合实物量标准的饮食，建造安全、适用的监舍，设立医疗机构和生活卫生设施，并完善相关的管理制度。司法部规章以及司法部和省级监狱管理局制定的规范性文件，对罪犯的伙食供给、被服配备、监舍设施等均作出了明确要求，监狱应当配齐配全罪犯的生活卫生物品和相关设施。

2. 坚持直接管理

直接管理要求罪犯的学习、劳动和生活的组织、指挥和领导必须由民警亲自进行、现场进行，其他人员未经法律授权不得行使管理罪犯的权力。罪犯日常生活的一切行为必须置于民警的视野之下，受民警的直接监督，民警有权力对罪犯不符合行为规范的言行进行制止、教育纠正和处罚。监区民警对罪犯生活秩序的管理应当亲力亲为。

3. 推行管理规范化和精细化

规范化地管理罪犯生活秩序，体现了对罪犯实施惩罚与改造的严肃性，也体现了对罪犯合法权益的保障。管理精细化要求民警在生活卫生管理中重细节、重过程、重基础、重具体、重落实、重质量、重效果，讲究专注地做好每一件事，在每一个细节上精益求精，力争每一项工作落到实处。要制订全方位的精细化管理目标，按照"定岗、定人、定责"的原则，将罪犯日常行为管理工作进一步划分，实现从监狱到职能部门、监区到个人职责明晰、任务明确。例如将罪犯早上起床、洗漱、就餐、出工、工间休息、收工、就寝等每个管理环节，每个岗位民警数量、每个执法细节的工作标准、要求和具体负责人都规定清晰，使每一项环节工作都环环相扣、道道有人把关。落实可操作的精细化管理考核标准，建立一套科学严谨的考评工作机制，使每一项工作、每一个细节、每一个流程随时都有相应的制约和考核。

4. 结合罪犯处遇实施差异化管理

分级处遇管理是指监狱根据罪犯的改造表现和服刑时间，结合罪犯的犯罪性质及主观恶习程度，实行不同的级别管理并给予相应服刑处遇的狱政管理制度。分级处遇制度较好地发挥了监狱管理的约束、惩戒、矫治、养成、激励和引导的作用，能调动罪犯的改造积极性和自觉性。对罪犯日常生活秩序的管理既需要统一规范，也需要有差别的对待，结合罪犯处遇实施差异化管理，主要有以下五个方面：一是警戒程度及罪犯活动范围。对不同等级的罪犯设置不同的警戒程度，规定不同的活动区域范围。对严管级罪犯设置较高的警戒度，严格限定其活动范围；对宽管级罪犯设置相对较低的警戒度，允许活动区域适当增大。二是通信（讯）会见的控制程度，主要在通信次数、会见的次数、时间、地点、监听、收受物品等方面予以区别。宽管级罪犯会见时间可适当延长，有条件的还可在亲情餐厅与家人共餐，可以与家属通亲情电话等。三是劳动工种的安排。宽管级罪犯可优先安排从事零散劳动、事务性工种；严管级罪犯则不能从事分散劳动和事务性工种，严管级罪犯的劳动强度要相应增加。四是生活待遇，如零用金的发放一般是宽管级罪犯多于普管级罪犯，普管级罪犯多于严管级罪犯，同时在文体活动的安排、图书借阅、日用品购买等方面也要有所区别。五是监外活动的条件和内容不同。宽管级罪犯符合条件的可以准予离监探亲，有条件的可以组织外出参观，普管级罪犯的监外活动必须严格控制，严管级罪犯不得监外活动等。

二、生活设施和物品管理

生活设施和物品是罪犯服刑期间基本生活的物质保障。做好罪犯生活设施和物品的管理是维护罪犯生存权的重要体现,有利于罪犯安心服刑、踏实改造。罪犯生活设施和物品管理主要包括罪犯生活卫生设施管理、生活物品管理和罪犯个人物品管理等内容。

(一) 罪犯生活卫生设施管理

罪犯生活卫生设施包括厕所(卫生间)、浴室、餐厅、晾衣场、活动室、图书阅览室、储藏室、理发间、医务室、心理咨询用房等以及配套的基本生活卫生设施。

首先,要按照有关标准建设功能齐全的生活卫生设施。监狱应该按照我国《监狱法》、《监狱建设标准》(建标139—2010)、《监管改造环境规范》(司法部第11号令)和《罪犯生活卫生管理办法(试行)》[司狱字(2010)273号]等的要求,配齐配全相关设施,合理确定功能和区划。如《监狱建设标准》规定,女子监狱厕所增加 0.04 米^2/罪犯,女子监狱和未成年犯管教所教育学习用房面积乘以1.5的系数,关押老病残罪犯的监狱可根据设计需要合理调剂各功能用房面积。

其次,在建设生活卫生设施时应考虑到监管安全。生活卫生设施应具备基本的门、锁、防护窗、隔离网等安全措施,避免可攀爬、悬挂物体的存在,电源、通信等设施都应按照国家标准进行安装、使用和管理,杜绝生活卫生设施中存在的安全隐患。

最后,要建立罪犯生活卫生设施的使用和管理制度。通过制度来明确用途、使用时间和频次,保证设施的维护、修缮和更换,保证相关设施功能正常、发挥效用。罪犯在使用生活卫生设施时应有民警在现场直接管理,维护现场秩序,促使罪犯养成文明有序使用的习惯。

(二) 罪犯生活物品管理

罪犯狱内生活物品主要分为监狱统一配发的和罪犯个人所有的两大类,由于所有权的不同,这两类物品在管理上的要求也有所不同。

1. 监狱统一配发生活物品的管理

监狱统一配发的罪犯生活物品主要包括被服、生活器具和其他日用品等。对这些物品管理主要有以下具体内容。

(1) 被服管理 被服管理是指监狱对罪犯的衣服、被褥等生活用品实行计划、供应、保管、修补、更换等方面的管理活动。我国《监狱法》明确规定,罪犯的被服由监狱统一配发。根据该规定,监狱在罪犯入监后对所需的囚服、被服、鞋、帽等生活物品,按照罪犯囚被服供应标准统一配发,罪犯被服实物量标准不包括工作服等劳动保护用品。按照《财政部、司法部关于在押罪犯伙食、被服实物量标准的通知》[财农(1995)137号]的规定,各省制定了具体的实施标准。表2-1为某省在押罪犯囚被服实物量标准。罪犯囚服由省级监狱管理局按照司法部规定的统一样式组织生产、采购和配送。表2-2为某省监狱管理局制定的罪犯床上用品的技术标准。

表2-1 在押罪犯囚被服实物量标准

类 别	标 准
单衣、单裤、单鞋、内衣、内裤	第一年两件,以后每年一件
棉衣、绒衣、棉鞋、棉帽	两至四年一件(双)
棉被、棉褥、蚊帐、枕头	四至六年一床(个)

续表

类 别	标 准
被罩、褥单、枕巾、草席	一至三年一床（条）
罩衣、袜子	每年一套（双）
洗漱、卫生等日常用品根据需要发放（包括公用部分）	

表2-2 某省罪犯床上用品技术标准

名　称	规　格	颜　色	技 术 标 准
垫被胎	6斤，2米×0.9米		六级棉
被胎	4斤，2米×1.5米		六级棉
床单	2米×1.1米	湖蓝	23s×23s；88×64
垫被套	2.05米×0.95米	藏青	45s×45s；110×76
毛毯	2米×1.35米		腈纶毯
被套	2.05米×1.55米	湖蓝	45s×45s；110×76
枕芯	0.65米×0.35米		海绵
枕套	0.67米×0.37米	湖蓝	45s×45s；110×76
枕巾	0.72米×0.46米	湖蓝	腈纶提花
席子	1.95米×0.9米		竹席或草席

罪犯的被服每年统一发放两次，一般分夏季和冬季两次发放，新入监的罪犯，可按入监季节随到随发。民警亲自掌握发放、详细登记和填写《罪犯囚被服发放登记卡》并由罪犯本人签字。罪犯刑满释放时，所发被服原则上予以收回。监狱生活卫生管理部门负责罪犯被服的统计、发放和回收工作，监区负责对罪犯囚被服的日常管理。《罪犯囚被服发放登记卡》实行监区集中保管、统一登记，做到登记及时、卡物相符、记录清楚，罪犯调动时，被服和卡一并随调。罪犯被服发放主要有入监发放、增发被服、被服回收三项内容，具体流程参见图2-2。

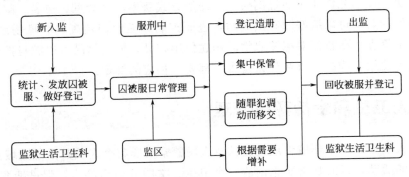

图2-2 囚被服管理流程

罪犯被服管理的基本规定如下。

民警具体管理罪犯被服，监区可以指定一名罪犯做一些辅助性事务。

建立规范的被服登记卡，做到一人一卡，一物一登记。凡监狱统一配发的被服，一律登记发放，允许罪犯使用的私人被服，必须履行登记手续，未经登记的，不得使用。被服自然破损或者失少，应当办理注销手续。

罪犯的被服必须印监狱统一的编号，没有印号的被服不得使用。被服印号的位置及号码字体大小按规定执行，务必做到统一、整齐、规范，不得任意增设其他标识。

季节更换需要变换被服的，按照监狱规定由监区确定统一的更换日。

罪犯在监内或批准外出时一律着囚服。在劳动时，有特殊劳动防护要求的，按照规定着劳保服，允许穿着的私人服装一律不得当外套穿。允许罪犯带入的私人服装，一般仅限于内衣、袜子、鞋子。军警服、大衣、皮衣、呢制服、时尚服装以及绝缘靴、绝缘手套、高档皮鞋等一律不准带入监内。

监区应当制定被服管理的考核标准，对被服的摆放位置、使用要求、整洁性提出具体明确的要求，把罪犯的被服管理纳入罪犯行为管理的范畴，约束罪犯严格遵守被服管理规定。

（2）生活器具管理　生活卫生器具包括便桶（壶）、大小便器、垃圾桶、痰盂、扫把（拖把）、簸箕、残疾罪犯器具（如专用大便器、拐杖、轮椅）、床、寝室储物柜、板凳、桌椅、电风扇、电视、广播喇叭、供暖设施（供暖地区）等。监狱应该为罪犯寝室配齐上述生活器具，并统一规格式样，建立相关台账，实施定置管理，教育罪犯爱护公共财产。对毁损的生活器具要及时配齐并加强维护，保证其正常使用、清洁卫生。对可能作为凶器或作案工具的器具尽量用塑料制品替代或者予以固定、链式化。

2. 罪犯个人物品管理

罪犯个人物品是指罪犯拥有所有权的个人所有物，主要包括生活用品与学习用品，如日常洗漱用品、食品、药品、生活辅助用具（眼镜、假牙、拐杖）、书刊杂志、亲人照片（或纪念品）、信件以及其他有价值的物品。罪犯的个人物品来源渠道主要包括：入监时带入；狱内购买；会见时带入；包裹邮寄；帮教获赠和监狱的物质奖励等。

对于罪犯个人持有的物品，要做到"四个严格"。一是严格保证安全，即不允许罪犯持有危险品和违禁品，危险品和违禁品监狱一律予以没收、销毁或代为保管。要督促罪犯在保质期内食用食品。二是严格限制数量，即非生活学习必需品不得持有，生活学习必需品的数量上要予以控制。对暂时不用的个人物品进行登记，集中在储藏室保管。三是严格限制获得渠道，即不允许罪犯通过倒换、赌博等方式获得，对会见、包裹、邮件等要严格检查。有条件的监狱可以搞好罪犯供应站，进而控制直至取消包裹、会见物品进入监区。四是严格日常管理。要督促罪犯按照物品用途使用物品，哪些物品可以随身携带、哪些物品限定在监舍使用、物品摆放在什么位置，都要有相应的规定。

三、个人卫生和生活环境管理

罪犯个人卫生和生活环境管理是监狱及人民警察对罪犯个人及其活动区域内的物质环境进行管控的活动，目的是给罪犯创造一个卫生、文明的生活场所，促进罪犯身心健康，矫正罪犯生活陋习，养成文明卫生的生活习惯。

（一）罪犯个人卫生管理

罪犯的个人卫生是指罪犯仪表衣着的端庄、整洁，包括：经常理发、剃须、剪指甲、洗澡；早晚刷牙、洗脸，睡前洗脚，饭前便后洗手；个人物品及衣服被褥勤洗勤换勤翻晒；不暴饮暴食，不喝生冷脏水、不吃生食和腐败变质食物，保持餐饮器具卫生；不随地吐痰、便溺，不乱扔脏物、废物、果皮、纸屑，不践踏、毁坏花草树木等。罪犯要做到勤洗澡、勤换衣、勤剪指甲、勤洗衣被、勤理发。一般情况下，洗澡夏天每天一次，春秋每周三到四次，冬季每周一到两次，除夏季可以用常温水外，其他季节应当用适合人体温度的热水，一般控制在 40℃左右。为预防各类疾病的传播，罪犯洗澡的公共浴室一般采用淋浴。被服的更换和清洗除特殊情况外，应当根据监狱统一安排，集中统一更换和清洗，所洗衣服被褥在晾晒场晾晒。需要修剪指甲的罪犯，应当向民警申请领取修剪工具，修剪完毕后要及时返还。除刑满释放前可以蓄发外，罪犯不得留长发、蓄胡须，半个月应当理发一次，男性一般为光头或板寸头，女性一般为齐耳短发。罪犯理发应当由监区集中组织进行，理发工具由民警保管。罪犯个人卫生管理有以下基本要求。

（1）普及个人卫生常识　监狱通过集体授课、广播宣传、图片展示、出墙报等形式教育罪犯讲究个人卫生，养成良好的卫生习惯。开展生活卫生常识教育，要突出教育的科学性、知识性、趣味性和针对性，做到生动明了、内容具体、深入浅出，使每名罪犯都掌握一般的卫生常识，学会预防疾病的基本知识，提高其讲究卫生、预防疾病的自觉性和积极性。

（2）培养个人卫生习惯　监狱要教育罪犯搞好个人卫生，注意培养日常生活卫生习惯。要求早晚刷牙、洗脸，睡前洗脚，饭前便后洗手；个人物品及衣服被褥经常洗换、翻晒保持清洁；教育罪犯养成良好的饮食卫生习惯，不暴饮暴食，不喝生冷脏水，不吃生食和腐败变质的食物，保持餐饮器具的卫生，严防"病从口入"；制止罪犯随地吐痰便溺，乱扔脏物、废物、果皮、纸屑，践踏、毁坏花草树木等不良行为。

（3）制定罪犯个人卫生检查和考核制度　加强对罪犯个人卫生的日常检查、考核、评比，对不符合卫生要求的行为及时予以纠正，对个人卫生搞得好的罪犯及时给予表扬和鼓励。

（二）寝室内务管理

寝室内务卫生管理的基本规定主要有：生活用品应当配备齐全，统一规格，统一式样，定置摆放，非监狱规定的生活用品不允许存放寝舍；生活用品要经常进行清洗，保持卫生整洁；监舍内不准张贴、悬挂画像和乱挂衣物；寝室床位实行单元化管理，统一挂床头牌，按季节统一床上用品，非床上用品一律不准摆放；床下每人限放鞋子两双，摆放整齐，鞋跟朝外，鞋跟距床沿垂直线 10 厘米；床下鞋子外边放塑料凳各一张，凳面朝上，凳子呈一线摆放；毛巾折叠整齐统一挂在毛巾架上，牙具、肥皂盒整齐排列放置于毛巾架上，牙刷放在漱口杯内，刷毛向外，并统一朝向；寝室内无灰尘、无蛛网，窗明几净，环境清洁，经常开窗通风换气、消毒杀菌等。

（三）狱内公共环境管理

监狱内的公共环境卫生实行卫生包干区管理，划片分区、责任到人。每日包干罪犯要定时定点完成公共环境的清洁卫生，保持狱内环境清洁。监狱要制定精细化的环境卫生制度，要使各区域的卫生标准具体而明确，继而分片包干、专人负责、不留死角并加强监督检查，包括生产生活区域的场院、道路、洗漱设施、垃圾箱（桶）、供水、排污系统、户外衣物晾晒场地、户外文体设施等以及环境的绿化美化。

狱内公共环境管理的基本要求包括：狱内场院平整，道路通畅，无坑凹，无积水，无杂草，地面清洁无杂物。垃圾应分类放置、分类处理，对于可回收利用的工业废料定点堆放并妥善保管；对不可回收的工业废料垃圾，要进行环保化处理防止造成环境污染；对生活垃圾，每日打扫、清除，做无害化处理；垃圾的储存和运送采用密封式垃圾箱（车）。经常开展消灭苍蝇、蚊子、蟑螂、老鼠的活动，消毒杀菌。合理利用空闲地规划环境绿化，应多选用草本或低矮常绿灌木，花草树木要经常养护。户外衣物晾晒设施应设置于阳光充足的地方，不得随意牵线或搭架晾晒被服。户外文体活动设施应定期涂刷油漆防止锈蚀，经常擦洗保持清洁。

罪犯生活环境管理的一般流程如图 2-3 所示。

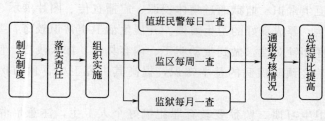

图 2-3　罪犯生活环境管理流程

四、罪犯生活行为管理

罪犯生活行为管理是指监狱依据《服刑人员行为规范》的规定，对罪犯的生活行为实施有目的、有指向的教育、引导、监督和控制的活动。罪犯生活行为管理是监狱管理工作最为基础的部分，是监狱生活秩序的重要保证。罪犯生活行为管理通常包括作息时间和休息娱乐管理、就餐管理、消费（购物）管理、会见、通讯（信）和邮汇管理、生活场所安全管理等内容。

（一）罪犯作息时间和休息娱乐管理

合理地安排罪犯的作息时间，是科学文明管理罪犯的重要内容。按照体力及恢复平衡的生理规律，合理安排好罪犯起居、劳动、学习、娱乐活动以及休息时间，对于建立良好的监管改造秩序，维护罪犯合法权益，调动罪犯改造积极性具有重要意义。我国《监狱法》第七十一条规定："监狱对罪犯的劳动时间，参照国家有关劳动工时的规定执行；在季节性生产等特殊情况下，可以调整劳动时间。罪犯有在法定节日和休息日休息的权利。"监狱应当依据该规定，科学、合理地安排罪犯的作息时间，其具体要求有以下几个方面。

① 对成年罪犯执行每周劳动 5 天、每天劳动 8 小时、每周 1 天学习教育、1 天休息的 "5+1+1" 作息管理模式。罪犯每天睡眠时间必须保证 8 小时以上。

② 从事农业生产的单位应当根据农业生产的规律和特点，将农忙季节与农闲季节的作息时间做合理调整。在抢种抢收等农忙季节，可以适当延长劳动时间，适当减少学习或

文体活动时间，在农闲季节则应多安排一些学习和文体活动时间，适当减少劳动时间。

③ 未成年犯应以学习文化和生产技能为主，实行半天学习、半天劳动的制度，其睡眠时间应适当增加，一般不少于9小时。

④ 监狱要保证罪犯在法定节假日休息的权利，不要随意侵占、剥夺其法定节假日的休息时间。监狱可根据生产需要调整劳动时间，但应适时安排补休。从事农业生产的单位在农忙季节，休息日可以适当提前或挪后。

由于我国地域跨越较大，各地应根据所处的地理位置和季节变化，结合人的活动规律，因地制宜地规定罪犯作息的时间。表2-3、表2-4为南方某省监狱罪犯夏季和其他季节的作息时间表。

表2-3 罪犯夏季作息时间表

作息安排	起止时间	内容
起床	6：00	
早间	6：00～7：00	整理内务、洗漱、早饭
上午	7：00～11：30	劳动4小时；工间休息半小时，做工间操、活动
午间	11：30～14：00	午饭、午休
下午	14：00～19：00	劳动4小时；工间休息半小时，做工间操、活动；晚饭半小时
晚间	19：00～22：00	学习、活动、洗漱
就寝	22：00～次日6：00	
备注	未成年管教所未满16周岁的未成年犯以学习教育为主，不参加生产劳动；年满16周岁未满18周岁的未成年犯，实行半工半读，每天劳动时间不超过4小时	

表2-4 其他季节罪犯作息时间表

作息安排	起止时间	内容
起床	6：30	
早间	6：30～7：30	整理内务、洗漱、早饭
上午	7：30～12：00	劳动4小时；工间休息半小时，做工间操、活动
午间	12：00～13：00	午饭、午休
下午	13：00～18：00	劳动4小时；工间休息半小时，做工间操、活动；晚饭半小时
晚间	18：00～21：00	学习、活动、洗漱
就寝	21：00～次日6：30	
备注	未成年管教所未满16周岁的未成年犯以学习教育为主，不参加生产劳动；年满16周岁未满18周岁的未成年犯，实行半工半读，每天劳动时间不超过4小时	

休息娱乐是罪犯应当享有的基本权利，监狱应当按照作息时间组织罪犯休息娱乐。罪犯休息娱乐的形式内容多种多样，如睡觉、看电视（电影）、玩扑克牌、下棋、读书看报、体育锻炼等，罪犯休息娱乐的场所也较多，如监舍、监区活动室、阅览室、大礼堂、操场等。不管是何种形式、在何种场所的休息娱乐，罪犯必须要遵守活动规则，服从民警管理，爱护文体活动器材设施，保持场所环境卫生。民警要进行具体的组织、指挥、协调和

控制，既要积极引导罪犯主动参与、愉悦身心，也要防止罪犯利用休息娱乐的机会违规违纪甚至从事违法犯罪活动，如利用扑克牌赌博。组织罪犯休息娱乐，形式要丰富多样、生动活泼，兼顾趣味性和教育性，也要注重娱乐活动的安全和适度，尽量避免体能消耗大、身体对抗强度大的活动项目，还要体现不同罪犯群体的差异性，如女性罪犯与男性罪犯、老弱病残罪犯与身体健康罪犯的休息娱乐活动项目应当有所不同。

监区组织的休息娱乐活动，一般由监区自行策划，报监狱备案后自行组织实施，民警进行现场组织和管控。对于监狱组织的大型集体娱乐活动，则要周密计划、严密部署，合理安排活动的时间、空间、内容和形式，落实安全管控措施并做好相应的应急准备。

（二）罪犯就餐管理与消费管理

罪犯的就餐形式主要有两种：一种是在餐厅集体就餐，另一种是分散就餐。在餐厅集体就餐的，先由在食堂从事劳动的罪犯将饭菜、餐具分发到各小组。民警将罪犯列队带到餐厅内，依次进入自己的座位，保持安静，等待分发饭菜，听到民警的就餐号令后方可就餐。罪犯分散就餐时，饭菜由监区的勤务犯到食堂领取或由食堂罪犯送餐，以小组为单位进行分发。无论哪种形式的就餐，民警均要现场监督罪犯公平分发饭菜，管理罪犯的就餐行为，保证就餐现场秩序文明、有序、规范、卫生。就餐完毕，集体就餐的，食堂负责清洁的罪犯要将桌椅擦干净，清洗消毒餐具；分散就餐的，各监区负责就餐区域的卫生清洁，清洗餐具，统一保管。病号餐、生日餐、少数民族罪犯的清真餐等特定餐，一般由监区统计份数报请监狱生活卫生管理部门批准后罪犯食堂按照要求予以加工。

罪犯消费管理（或称购物管理）是指监区对罪犯使用个人存款购买生活、学习用品实行有序控制的活动。罪犯的基本生活必需品大部分由监狱供给，某些生活用品及文化学习用品由罪犯购买。这些物品一般从监狱的罪犯生活物品供应站或社会企业在狱内开办的超市购买，有的监狱采取罪犯开出物品清单、供货商送货到监区的购物模式。不少监狱为罪犯办理了"大账一卡通"，设定了购物频次、消费限额、品种限制等功能，罪犯购物比较便捷，提高了民警对罪犯购物管理的效能。罪犯消费行为管理基本规定。

① 罪犯购物每月一次，特殊情况除外。罪犯购物以小组为单位统计，由民警统计、审核。购物登记单必须注明物品名称、单价。购买后的明细账单必须上墙公布，经罪犯确认后由民警统一造册取款。罪犯购买的物品出现质量问题可以申请调换或退货。

② 罪犯用于日常消费的金额与其处遇等级相匹配。对于购买大额生活用品的，由罪犯本人提出书面报告说明情况，经监区同意可适当放宽消费额。存款额低于月生活津贴的不得购买食品。存款额出现赤字仍需购买物品的，由罪犯本人提出书面报告，说明原因及购买物品的名称、数量及金额，由监区审核签署意见并报经生活卫生管理部门批准后方可购物。透支购买仅限于生活必需品。

③ 罪犯购买物品原则上限于监狱罪犯生活供应站、超市或监狱确定的供货商。确有特殊情况需要到监狱外购买的，必须由监狱生活卫生管理部门批准，由监狱代为购买，购物发票必须规范、齐全，并由罪犯、经办民警和生活卫生管理部门民警三方签字，方能作为取款凭证。

④ 民警应当掌握罪犯的生活情况，教育罪犯合理、适度消费。对于以购买的物品进行交换、赠送甚至进行赌博的，必须予以批评、制止，情节严重的停止购物资格并给予扣分处理。从宽级罪犯或者病犯购买物品可以适当放宽，改造表现差或者属于从严管理级的罪犯，购买物品予以适当限制，但生活必需品应当予以保证。

（三）罪犯会见、通讯（信）和邮汇管理

会见制度，是指在押罪犯当面与狱外人员相见必须遵守的办事规程。通讯（信）制度，是指有关罪犯发出和接收信函、使用电话与外界联系必须遵守的办事规程。邮汇管理是指罪犯通过邮政或物流公司与狱外人员传递钱物所必须遵守的办事规程。

1. 会见管理

对罪犯会见管理有以下主要内容。

（1）核实探视人的身份　罪犯在监狱服刑期间可以会见亲属和监护人。罪犯亲属或监护人来监探视时应当携带居民身份证、户口簿、监狱发放的会见证等有效证件。监狱在接待探视人时必须核实其身份，查明探视人与罪犯的关系。核实身份通常采取检验探视人的居民身份证或户口簿的形式；查明与罪犯的关系则要求探视人提交当地公安派出所的证明或查阅罪犯收监登记表等。

（2）告知会见注意事项　监狱对于要求探视的人员要履行告知的义务。告知的主要内容有会见的规程、要求、注意事项以及违反规定应承担的责任，同时还要向罪犯的亲属和监护人宣传党和国家的监狱政策。

（3）会见的时间、方式、场所的安排　监狱根据罪犯的实际情况，安排会见的时间、方式和场所。监狱一般以监区为单位集中安排会见日期。会见日期通过狱务公开的信息渠道如短信信息平台、监狱网站、会见室张贴公告或罪犯本人书信、亲情电话等形式告知罪犯亲属或监护人，罪犯亲属或监护人也可以通过监狱公布的咨询电话咨询。罪犯亲属或监护人应当在会见日当天来监探视，如路途遥远、罪犯家庭发生重大变故、突发事件或有其他特殊情形的，经监狱批准可在非会见日期探视。常规会见的，一般每月1~2次，每次不超过半小时，探视人一般不超过3人，对于改造表现好、符合优待会见条件的罪犯，可以安排在监狱的优待会见场所。罪犯在禁闭或隔离审查期间一般不准会见。

（4）会见过程的监督　罪犯会见时，监狱要安排民警对罪犯与亲属、监护人的交谈内容进行监听。罪犯与亲属、监护人会见时，不准使用隐语、暗语，中国国籍的罪犯及探视人不得使用外国语；少数民族可以使用本民族的语言。

（5）探视物品的检查　对罪犯亲属、监护人携带的探视物品，属于日常用品的，经检查后可交由罪犯本人保管使用；属于非日常用品的，告知对方不能接收，由其带回；送给罪犯的现金要交给民警存入罪犯个人账户。

监狱罪犯会见管理一般流程如图2-4所示。

2. 亲情电话管理的主要内容

监狱允许表现比较好的罪犯与亲属、监护人通电话，简称亲情电话。与罪犯的亲属、监护人来监探视相比，亲情电话因联系方便快捷、花费较少而被普遍应用。罪犯亲情电话管理主要包括以下内容。

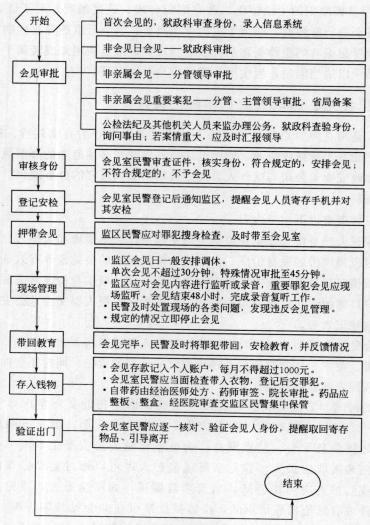

图 2-4 罪犯会见管理流程

（1）电话设施的配置　监狱应当设立罪犯亲情电话室，有条件的监狱应当建立罪犯亲情电话网络管理信息系统，通过计算机实现对罪犯亲情电话通话条件设置、通话号码固定、通话时间预设、通话过程监听、数字录音、复听查询、准确计费等功能。

（2）拨打亲情电话的条件　一般情况下，罪犯拨打亲情电话的频次、时间与罪犯现实表现、等级处遇相关联。如有的监狱规定为：等级处遇为宽管级的每月2~4次，通话时间为10~20分钟；等级处遇为普管级的每月1次，通话时间为5分钟；等级处遇为严管级的不得拨打亲情电话。在罪犯家庭发生重大变故、财产权益发生变化、节假日、罪犯生病等特殊情形下，经罪犯申请可以增加通话次数和通话时间。

（3）通话对象的审核　一般情况下罪犯亲情电话通话对象为直系亲属或监护人，监狱根据有关规定对亲情通话对象和号码进行审核、登记。对建有亲情电话网络管理信息系统的监狱应当及时录入信息管理系统，罪犯亲情通话的对象和号码发生变更时应当审核录入，一般情况下不得随意变更通话对象及号码。

（4）通话过程的监督与通话内容的复听　民警应当对罪犯拨打亲情电话实施直接管理，做到认真审核、亲自拨号、实时监听。如发现罪犯通话内容有异常，应当及时警告或终止通话。在通话结束后，民警应当认真记载监听内容概要并签字。监狱还应当建立电话录音复听制度，安排专人复听并做好记载。

监狱罪犯亲情电话管理流程如图 2-5 所示。

3. 通信管理

对罪犯通信管理有以下主要内容。

（1）依法行使对罪犯收发信件的检查权　我国《监狱法》明确了监狱对罪犯来往信件的检查权，检查权由民警具体行使。民警不得违反规定私自为罪犯传递信件。民警对罪犯信件进行检查时要做好登记和记录。对于检查中发现的有价值的信息，要按规定及时传递给有关部门，但是对于罪犯信件的内容特别是涉及个人隐私的内容不得泄露。

（2）依法行使对罪犯信件的扣留权　监狱在法定条件下可以扣留罪犯的来往信件。扣留的法定条件是"有碍罪犯改造内容"，在实践中一般是指下列情况：利用信件传播反社会、反政府的邪恶说教的；罪犯在信件中泄露监狱机关秘密的；信件中使用隐语的；与同案犯通信、谈及案情的；在信件中发泄对司法机关及社会严重不满的；鼓动、唆使对方进行违法犯罪的；在信件中商量脱逃计划的等。

（3）依法保障罪犯发信的有限密封权　根据我国《监狱法》的规定，罪犯写给监狱上级机关和司法机关的信件不受检查。罪犯对此类信件可以密封，监狱不得检查。监狱的上级机关是指司法部及监狱管理局，省、自治区、直辖市的司法厅（局）及监狱管理局，直接管辖监狱的地区（市）司法局等；司法机关指人民法院、人民检察院和公安机关。

4. 罪犯邮汇管理

罪犯邮汇主要包括邮包和汇款。对罪犯邮汇管理有以下主要内容。

（1）罪犯邮包的管理　罪犯寄出邮包，一般是将监狱代其保管的非生活必需品寄往家中。罪犯要求寄邮包的，由监狱有关部门进行检查并代其办理邮寄手续。对于国内外寄给罪犯的邮包，由监狱依照《国家邮政法》的规定统一办理领取手续；属于国外寄来的包裹，应由收件人在收执上签名盖章，但不得加盖监狱的公章。监狱应指定专门民警对包裹进行认真检查和详细登记。对于包裹中的日常生活、学习用品交由罪犯本人使用。包裹中的非生活必需品由监狱代为保管或通知罪犯亲属领回。监狱代为保管的，罪犯有正常用途时可以领取，保管的物品在罪犯出监时全部发还本人。如果包裹中有危险品、违禁物品的，则按照监狱的管理办法进行处理；若构成犯罪的，移交公安机关处理。

（2）罪犯汇款的管理　罪犯向监狱外的汇款，由罪犯提出要求，所在监区民警代为办理汇款手续。对于国内寄给罪犯的汇款，由监狱依照《国家邮政法》的规定，代罪犯办理领取手续，领取后由监狱进行现金保管并发给罪犯保管收据，同时，监狱要将汇款情况及时告知罪犯，使罪犯明了汇款人和汇款的数目。如果汇款单上有简短留言，监狱经检查后也要如实告知罪犯。对于国外寄给罪犯的汇款，监狱不得在外汇单据和侨汇收款上加盖监狱的公章。如果银行为了明确责任及日后备查，要求监狱在单据和回执的副条上加盖公章的，可以加盖。外汇可按罪犯的意见直接通知其家属领取，由监狱通知银行办理。如罪犯不愿意由家属领取或国内无直系亲属的，其汇款由银行交罪犯所在监狱，通知罪犯本人并由监狱代办领取手续。罪犯应在收款回执上签名。

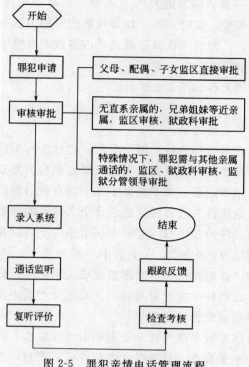

图 2-5 罪犯亲情电话管理流程

监狱罪犯接受信件、邮包、汇款管理流程如图 2-6 所示。

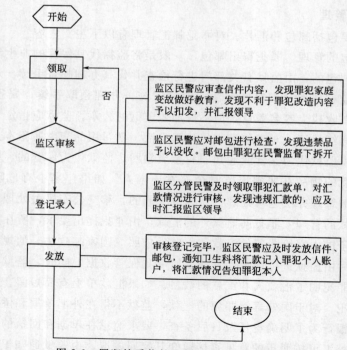

图 2-6 罪犯接受信件、邮包、汇款管理流程

（四）罪犯生活场所安全管理

强化罪犯生活场所的安全管理既是监狱安全管理的重要内容，也是维护罪犯人身权益的根本要求。

首先，要按照国家标准建设罪犯生活卫生场所，装配功能齐全、性能完备、品质优良的设施与设备，从源头上为罪犯生活场所安全提供本质安全保障。监狱在规划建设或翻新重建罪犯生活卫生场所时，要做好物资招标工作，对物资采购、施工、安装的各个环节进行监督。

其次，对已投入使用的场所、设施要建立使用维护制度，教育罪犯爱护场所、设施，监狱要定期和不定期地开展巡查和检验，对出现安全隐患的场所或设施及时进行维修或更换，消除风险因素。要高度重视防范寝舍火灾事故，定期检查消防器材，保持应急疏散通道畅通。

最后，要做好突发事件的应急处置工作。罪犯生活场所人员高度密集，应当高度重视突发事件的应急处置工作。对地震、台风、暴雨（雪）、泥石流等自然灾害和寝舍火灾、建筑物倒塌、大面积长时间停电停水、生活锅炉爆炸等突发性事件，监狱应当制订相应的应急预案，并纳入地方或上级管理机关的应急预案体系。监狱要经常性开展火灾、地震模拟演练，提高人员紧急疏散和灾害初期处置能力。监狱火灾应急处置流程和自然灾害应急处置流程分别如图 2-7、图 2-8 所示。

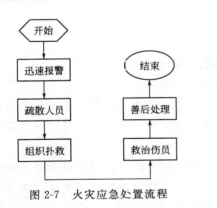

图 2-7　火灾应急处置流程

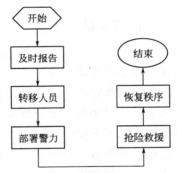

图 2-8　自然灾害应急处置流程

（五）罪犯生活卫生行为考核管理

罪犯生活卫生行为考核管理，是指监狱根据一定的标准和程序，在一定时期内（一般以一个月为一个周期）专门针对罪犯生活卫生行为表现进行综合考察与评定，并根据考察评定的结果兑现相应的奖励或惩罚。罪犯生活卫生行为考核是罪犯行为规范考核的重要内容之一，它与罪犯基本规范、学习规范、劳动规范、文明礼貌规范构成了罪犯行为规范考核的五个方面，是罪犯获得行政、法律奖惩的基础依据之一。做好罪犯生活卫生行为考核管理可对罪犯生活卫生行为起到很好的约束和激励作用，使罪犯始终处于行为有准则、活动有规范的环境之中，逐渐改变懒惰、散漫、粗野、放荡、贪婪等恶习，养成良好的生活行为习惯。

罪犯生活卫生行为考核管理的主体是民警，监区民警具体实施对罪犯的考核，考核的客体是罪犯生活行为表现。目前对罪犯考核的主要依据是我国《监狱法》和司法部的《监狱服刑人员行为规范》（司法部第 88 号令）、《关于罪犯计分考核奖罚的规定》（司法部

1990年印发）等，部分省级监狱管理局和监狱制定了罪犯考核、奖罚的实施办法和细则，通常采用情况列举的考核模式，即对违反实施细则某一规定对应扣一定的分值，符合加分规定的对应加一定的分值。

罪犯生活卫生行为考核管理流程如图 2-9 所示。

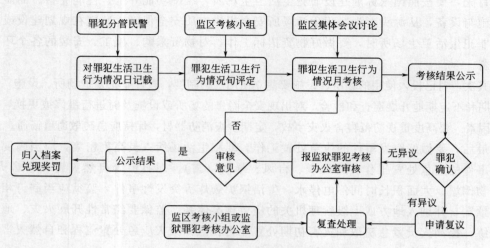

图 2-9　罪犯生活卫生行为考核管理流程

拓展阅读

罪犯贵重物品管理

罪犯贵重物品管理是罪犯个人物品管理的重点内容。

罪犯贵重物品包括：贵重饰品类，如项链、戒指、玉器挂件等；电子器件类，如手机、贵重手表、照相机、随身听等；有价凭证类，如外币、银行卡、存折等；监狱认为需要保管的其他贵重物品。

罪犯在刑满释放、假释、暂予监外执行、调监、死亡时，监狱应该及时办理退还或移交手续。因监狱管理责任导致物品遗失、毁损的，监狱应该按照相关法律法规给予赔偿，对一些具有人格象征意义的物品如具有特殊纪念意义的照片、遗物等灭失造成罪犯精神损害的，还应支付精神抚慰金。

罪犯贵重物品管理的基本规定。

① 罪犯贵重物品应由监狱统一保管，狱政管理部门应设立专柜并安排专人管理，有条件的应退回其亲属保管。

② 罪犯贵重物品应当由民警检查登记，填写"罪犯物品保管收据"（一式三联），罪犯签名确认后由民警当面封存。"罪犯物品保管收据"存根联由狱政管理部门保管，副联存放于监区，第三联交罪犯本人。

③ 罪犯移押其他监狱服刑时，应办理贵重物品移交手续。双方单位应派专人对照"罪犯物品保管收据"核对无误后，在移交清册（一式两份）上签收。移交清册一份由接收单位保存，另一份由移送监狱保存。

④ 保管罪犯贵重物品的民警发生变动时，应与接管的民警办理移交手续。交接双方对照"罪犯物品保管收据"核对无误后，双方在"罪犯贵重物品移交登记表"上签收。

⑤ 罪犯刑满释放时应将贵重物品发还罪犯本人，收据收回并存入罪犯档案副档。

⑥ 罪犯在服刑期间需将贵重物品退还其亲属的，除罪犯本人办理签收手续外，其亲属还应签字。罪犯因故死亡的，其贵重物品应当发还给家属，收据凭证存入副档。

⑦ 监狱应当妥善保管好罪犯的贵重物品，做到账、物相符，每半年检查一次，防止灭失或损坏。任何个人或单位不得挪用被保管的贵重物品。

⑧ 罪犯贵重物品因保管不当发生灭失或缺损的，监狱应先行修理或赔偿，并根据情节追究保管人的相关责任。

监狱罪犯贵重物品一般管理流程如图 2-10 所示。

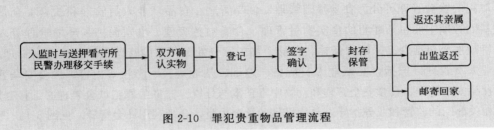

图 2-10　罪犯贵重物品管理流程

第三章 罪犯饮食管理

罪犯的饮食管理可分为食堂基础管理、食品管理、食品从业人员管理和饮食安全管理。食堂基础管理主要包括罪犯伙食实物量管理、食堂财务管理、食堂设施和环境管理等内容；食品管理主要包括食品采购、运输、存储、加工、分发等环节的管理和罪犯饮用水管理；食品从业人员管理，包括食品从业人员配备、培训、从业规范、考核等内容；饮食安全管理，包括食品安全管理、食堂安全管理和食物中毒预案与处置。监狱的罪犯饮食管理必须接受属地政府相关部门的监管和业务指导，并积极借助社会力量，合理利用社会资源。见图3-1。

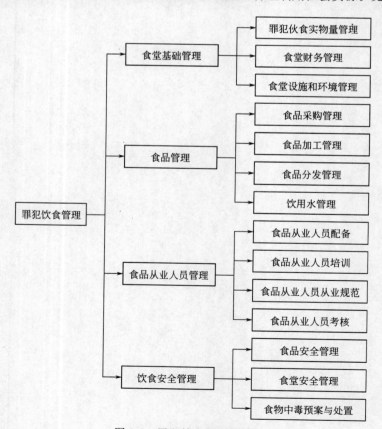

图 3-1 罪犯饮食管理模块图

一、罪犯饮食管理的基本要求

生命健康权是人的基本权利。民以食为天，饮食是人的最基本需求，是维护生命的重要物质基础，是生命健康的前提。监狱在刑罚执行过程中，必须依法保障罪犯的基本饮食，必须保证每名罪犯吃得饱、吃得热、吃得熟、吃得卫生、吃得安全。做好罪犯饮食管理不仅是确保监狱刑罚执行功能顺利发挥的前提，也是保障罪犯合法权益的基础。为此，罪犯饮食管理必须遵循安全、规范、适度和质量等要求。

（一）安全

由联合国粮农组织（FAO）和世界卫生组织（WHO）共同建立的国际食品法典委员会（CAC）认为：食品安全是消费者在摄入食品时，食品中不含有害物质，不存在引起急性中毒、不良反应或潜在疾病的危险性，或者是指食品中不应包含有可能损害或威胁人体健康的有毒、有害物质或因素，从而导致消费者急性或慢性中毒或感染疾病，或产生危及消费者及其后代健康的隐患。我国食品安全法定义的食品安全，是指食品无毒、无害，符合应当有的营养要求，对人体健康不造成任何急性、亚急性或者慢性危害。

食品安全管理是监狱罪犯饮食管理的首要任务。监狱罪犯人数众多，饭菜品种单一，就餐时间、场所比较集中，一旦发生食物中毒，后果不堪设想。因此，监狱必须严格执行《中华人民共和国食品安全法》等法律法规，建立完善的饮食安全管理制度，接受属地政府部门的监督管理，保证食品、添加剂、饮用水和用于食品的包装材料、容器、洗涤剂、消毒剂以及用于食品生产的工具、设备等符合食品安全标准，制订食品安全事故处置方案，定期检查各项食品安全防范措施的落实情况，及时消除食品安全事故隐患。

（二）规范

罪犯食堂必须严格执行国家关于餐饮行业的有关强制性标准和司法部、省级监狱局关于罪犯饮食管理的相关规定，建立健全罪犯饮食管理的相关制度，配齐相关设施，食堂从业人员必须持证上岗。要加强对食品采购、运输、储存、加工、分发等各个流程的规范化和精细化管理。

（三）适度

我国《监狱法》第五十条规定：罪犯的生活标准按实物量计算，由国家规定。也就是说，国家只规定每名罪犯最低需要的主食和副食的数量以及热量数，不具体规定以人民币表示的生活费用的多少，由各地区根据当地生活标准进行确定。这就要求各省级监狱管理局在制定本地区罪犯伙食标准时，要结合当地经济水平，与罪犯财政支付标准即伙食费标准或实物量标准、人的基本饮食需求相适应，保证罪犯吃饱、吃热、吃熟、吃得卫生。实践中，部分地区监狱罪犯的伙食标准偏高，有的甚至超过当地居民的平均消费水平，在社会上造成了不好的影响。罪犯的饮食水平要坚持适度的原则，罪犯生活实物量标准应以满足罪犯生活的基本需求并低于当地居民平均生活水平为宜。

（四）质量

监狱除了要落实食品安全管理规定、执行实物量标准外，还要提高食品的加工质量。要对食品从业人员进行技能培训，严格执行饭菜加工工艺，提高饭菜质量，丰富花色品种，合理制定每日食谱。统筹考虑地域、时令和罪犯性别、年龄、身体健康状况、等级处遇等个性情况，加工生日餐、病号餐、加餐、节日餐，对未成年犯、女犯、老病残犯要适当增加营养，要照顾少数民族罪犯和外籍罪犯的饮食禁忌。在饮食标准统一的前提下，可适当兼顾罪犯饮食的差异化需求。

二、食堂基础管理

罪犯食堂承担罪犯日常饭菜饮食的供应任务。罪犯食堂的设立应该考虑押犯规模、关押点数量和集中程度、交通条件等诸多因素，一般集中关押的监狱或监狱的每个独立关押点设立一所罪犯食堂。罪犯食堂有的是独立监区编制，有的是隶属于某一监区的分监区。监狱生活卫生科是罪犯食堂监区（分监区）的业务指导部门。

（一）罪犯伙食实物量管理

我国《监狱法》第五十条规定：罪犯的生活标准按实物量计算，由国家规定。1995年财政部、司法部印发了《在押罪犯伙食、被服实物量标准》（见表3-1）。各省（区、市）结合本地实际情况制定了具体的实施标准，如某省财政厅于1996年批复同意试行《某省犯人和劳教人员伙食实物量标准》（见表3-2），依据监狱劳动类型、工种等情况实施不同的伙食实物量标准，对未成年犯、不参加劳动的老病残犯、不同劳动强度罪犯的伙食实物量和法定节日的伙食作出了具体规定，并根据不同工种劳动强度作出说明（见表3-3）。

表 3-1 在押罪犯伙食实物量标准　　　　　　　　　　单位：千克

品　种	月　标　准
粮食	17～25
蔬菜	15～25
食油	0.5～1
肉食	1.5～2.5
蛋、鱼、豆制品	1～2
调味品适量、燃料、炊事用具及杂支运输费用根据需要	

表 3-2 某省服刑人员伙食实物量标准

农业单位 （每人每月）	粮食23千克、食油0.75千克、肉食2千克、蔬菜22千克、豆制品1.5千克、咸小菜1.5千克、调味品8元、煤15千克（低位发热量5500大卡/千克）
工业单位 （每人每月）	粮食18千克或20千克或25千克、食油0.75千克、肉食2千克或2.5千克蛋、鱼1千克、蔬菜16千克、豆制品1.5千克、咸小菜1.5千克、调味品8元、煤15千克（低位发热量5500大卡/千克）
少年犯 （每人每月）	粮食20千克、食油0.75千克、肉食2千克、蛋/鱼1千克、蔬菜16千克、豆制品1.5千克、咸小菜1.5千克、调味品8元、煤15千克（低位发热量5500大卡/千克）

续表

老病残犯(不参加劳动)(每人每月)	粮食16千克、食油0.5千克、肉食1.5千克、蛋/鱼0.5千克、蔬菜15千克、豆制品1千克、咸小菜1.5千克、调味品6元、煤15千克(低位发热量5500大卡/千克)
法定节日每人增加	五一劳动节(1天)肉食0.25千克、豆制品0.5千克;十一国庆节(2天):肉食0.5千克、蛋/鱼0.25千克、豆制品0.5千克;元旦(1天):肉食0.25千克、豆制品0.5千克;春节(3天):肉食1.5千克、蛋/鱼0.5千克、食油0.25千克、豆制品1千克

表3-3 XX省服刑人员伙食实物量标准与工种劳动强度的说明

工业一般劳动强度工种	每人每月粮食18千克,肉食2千克。纺织、化工、炊事、杂务、理发、医务、教员等
工业中度强度工种	每人每月粮食20千克,肉食2.5千克。驾驶机动车、水电工、钳工、车工、行车、建筑、拉丝、锅炉工等
工业重度强度工种	每人每月粮食25千克,肉食2.5千克。采矿、人工装卸、窑工、铸造、打包、翻砂等
农业单位工种	粮食每人每月23千克,为农忙、农闲月平均值
其他	伙食实物量标准不含营养费、夜餐

罪犯伙食实物量标准是各级财政拨付监狱罪犯生活卫生经费的重要依据。监狱应该按照国家规定的实物量标准供给罪犯伙食,确保罪犯吃饱、吃熟、吃得卫生,每周公布食谱,按月公布伙食实际消耗情况表,并张贴上墙。

(二) 食堂财务管理

罪犯伙食经费由国家财政拨款,实行专款专用。罪犯食堂成本实现单独核算管理,要做到单据、凭证、账目、计划、报表各项手续齐全,物资账和实物消耗账齐备,明细清楚、账物相符,符合会计核算工作的要求并定期会审。根据有关财务会计制度的规定取得和填制会计凭证,确保会计凭证真实合法、手续完备。食堂应建立一套完整的账册,设立总账、伙食收入明细账、伙食支出明细账以及伙食物资明细账,对发生的各项经济业务及其结果按一定的记账方法及时全面地登记入账。会计账簿每年更换一次,不得跨年度使用,按档案保存年限保存以供核查审计。食堂应当做到月终结清、轧平各项账务,全面清查、盘点伙食物资,发生盘盈盘亏,必须按制度规定经审批后调整账目,在此基础上向生活卫生管理部门报送"食堂资金平衡表"、"伙食费收支给余情况表"和"伙食物资盘点表"等。监狱财务部门根据上报的各类报表和财务凭证,支付货款并做账。

监狱可向食堂监区派驻专门会计,负责罪犯食堂的财务核算。罪犯食堂应该设立统计员、仓库保管员等岗位,建立物料入库、领取、发放、盘库、损耗分摊等相关管理制度。罪犯食堂成本核算管理流程如图3-2所示。

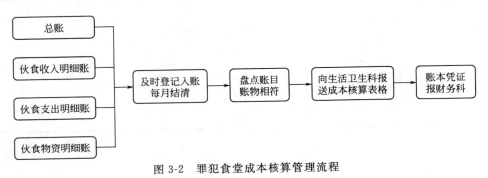

图3-2 罪犯食堂成本核算管理流程

(三)食堂设施与环境管理

罪犯食堂要做到功能区划合理、功能用房齐全、设施配备到位、环境管理规范。

《监狱建设标准》规定,监狱伙房和餐厅的面积指标为:中度戒备监狱小型、中型、大型分别为1.14米²/人、1.08米²/人、1.03米²/人,高度戒备监狱小型、中型分别为1.14米²/人、1.08米²/人,在冬季需要储菜地区,伙房和餐厅增加0.5米²/人的储菜用房面积。

罪犯食堂选址应该符合以下要求:应建在地势较高的向阳处和地下水位较低的地方;附近50米内不应有大型的污染源,如垃圾场、粪坑式厕所等,并且不应在产生有害物质场所的下风处;厨房建筑物应南向或东南向。罪犯食堂的设施配备和环境管理应该符合以下要求。

① 食堂应设有主食、副食和调味品储存库房及食品整理、加工、烧煮食物的烹调间及荤素食品清洗池、冷库(冰箱)、蒸饭间、备餐室、分餐处和更衣室等设施。食堂应当为食品加工、储存配置必要的设备。表3-4为某省监狱食堂炊事设备的配备标准。

表3-4 罪犯食堂炊事设备配备标准

序号	大类	序号	必备设备名称	自选设备名称
1	肉类加工设备	1	禽肉类万能切割机	肉类搅拌机
		2	锯骨机	
		3	肉丝肉片机	
		4	全自动绞肉机	
2	蔬菜加工设备	5	叶式多功能切菜机	
		6	球茎类切菜机	
		7	球茎类毛刷清洗机	
		8	连续式果蔬清洗机	
3	面点加工设备	9	和面机	包子机
		10	馒头机	饺子机
		11	烤箱	面条机
		12	打蛋机	豆浆机
4	洗碗设备	13		洗碗机
5	库房设备	14	冷库(冷冻、冷藏)/冰箱组	
		15	不锈钢货架	
		16	不锈钢地架	
		17	防鼠设施	
		18	排风扇	

续表

序号	大类	序号	必备设备名称	自选设备名称
6	食品制作及运送设备	19	不锈钢灶台	
		20	回民、病号灶各一台	
		21	不锈钢调料车	
		22	蒸箱	
		23	夹层锅（稀饭箱）	
		24	油烟机	
		25	排风扇	
		26	保温送餐车	
7	安全检测设备	27	食品48小时留样冷藏柜	
		28	饮食安全必备检测设施	
		29	食堂食用物资留样柜	

② 食堂工作间的配置应注意保持食品加工制作过程的连续性，待加工食品与直接入口食品、原料与成品、生食与熟食应分开存放，避免交叉污染。罪犯食堂应根据《监狱法》第五十二条"对少数民族罪犯的特殊生活习惯，应当予以照顾"的规定，单独设立少数民族灶台，以满足少数民族罪犯的生活习惯。制作间应有操作人员更衣设施和空气消毒设施。

③ 食堂应有良好的通风照明、污水排放设施，地面、墙壁、门窗、桌椅应便于清洁、消毒。食堂应设有方便、卫生的取水和供水设施，以及用耐磨损、易清洗的无毒材料建成的专用餐具洗涤消毒池和洗手池等卫生设施。厨房、食堂、库房均应安装纱门、纱窗，或在食堂入口处设置防蝇暗道。

④ 库房地面最好用混凝土，堆放粮食的台架应离开地面，存放食物的容器应加盖。食品、调料和原料要分类存放，非食用物品如清洁剂、杀虫剂等要另库存放，标明品名，防止误用。

三、食品管理

食品管理主要包括主副食品和原材料的采购、运输、验收、入库、储存，食品的加工和分发等环节。由于饮用水直接关系到罪犯的身体健康，这里将罪犯饮用水也纳入到饮食管理中予以论述。

（一）食品采购管理

除监狱自产外，罪犯食堂的食品及原料对外采购，大宗物资采购一律采取招标竞标制。供给罪犯食堂的粮、油、肉、菜、煤等，由供货单位直接送货，中间环节不允许加价。对一些零星、季节性强等不易采用招标采购的物资，监狱可以灵活采取自行采购等方式。食品采购主要包括采购计划编制与报批、确定供应商、运输、验收、入库与储存等环节。食品采购流程如图3-3所示。

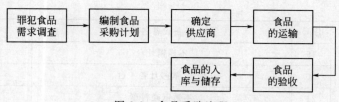

图 3-3 食品采购流程

1. 计划编制与报批

罪犯食堂的食品及原料实行计划采购制度。食堂按照罪犯伙食实物量标准，根据罪犯人数，综合考虑日消耗量、季节变化、储量、市场价格、保质期等诸多因素，编制采购计划表（表3-5）。采购计划表要明确采购品种、数量、保质期、现有储量并提供目前市场的大致价格。招标采购的大宗物资计划一般每月或每季度编制一次。罪犯食堂的物资采购计划表经监区主管领导签字确认后上报监狱生活卫生管理部门和监狱领导审批。表3-5为某监狱食堂食品采购计划表。需要进行招标采购的，由食堂和生活卫生管理部门按照要求编制相关招标文件，按照招标程序采购。

表 3-5 某监狱食堂食品采购计划表

单位：

采购日期	采购物品	生产单位	保质期	采购数量/(斤/个)	预计单价/元	金额	备注
		合计					
监区意见							
部门意见							
监狱领导意见							

经办人：　　　　　　　　　　　　　　　　　年　　月　　日

2. 确定供货商

食品不是一般的商品，直接关系到罪犯的身体健康，监狱选择食品供应商一定要慎重。实施招标采购时，要认真核查供应商的资质文件，必要时要进行实地考察。监狱应当明确投标人的资格条件，要求其提供必要的资格证明文件如制造商的资格证明、企业营业执照、企业资质证明、银行资信证明、特种产品生产的许可证、受到行政处罚的不良记录及说明，等。对审查或复查投标资格不合格的，应及时取消其投标资格，其投标书或中标结果无效。不能实施招标采购的，宜到规模较大的食品市场采购并订立合同或索要相关票证。蔬菜等时令较强的食品可与规模较大的种植户建立长期合作关系。监狱应该制定包括资质、规模、质量、价格、供货能力和服务水平等评价指标在内的食品供货商选择标准。

监狱要尽量选择通过食品认证的、信誉比较好的供货商和企业，对一些以次充好、短斤少两和不符合食品安全标准的供应商建立"黑名单"，断绝与其合作。

采购人员必须具备一定的食品营养、食品安全知识和商务谈判技能，及时掌握市场信息，严格按照计划采购，完善相关手续。采购人员必须廉洁奉公、认真负责、坚持原则，依据监狱委托的权限与供应商就食品的种类、数量、质量、价格、交易方式和违约责任等具体事宜签订合同。

3. 食品的运输

食品由于运输管理不当质量会发生不良变化，监狱要加强食品和原料运输环节的管控。

食品和原料在运输过程中容易受到容器、车辆及装卸人员的污染，包括：操作人员对食品的直接污染，如操作人员受污染的手未经清洗消毒直接接触食品；食品容器、包装材料、用具未经清洗消毒，直接盛装或接触食品造成污染；由生鲜食品带入的泥土、污物等引起污染；食品与其他非食品（如洗涤剂与消毒剂等）混放造成污染；鼠、虫、家畜家禽等的接触污染及其粪便直接污染；未使用专车、专用容器，而是与其他物品甚至有毒有害物品混装、混运；将某些需要特殊运输条件（如冷藏运输）的食品与普通食品混装、混运；使有特殊气味和易于吸收气味的食品混合盛放运输；所使用的车辆和容器未能及时清洗消毒；采用非食品用的包装材料或容器作为直接接触食品的包装容器；在运输过程中，缺乏防雨、防尘设施；在无适宜运输条件（如冷藏冷冻）的情况下长途运输食品；运输过程中的野蛮装卸，致使包装物破损或食品受损；装卸场地环境卫生条件差，对食品造成间接污染。

监狱在采购食品时必须了解和掌握正确的运输方法。运输时要避免有毒有害物质的污染；运输途中要注意保暖、保洁、防止日晒雨淋，运输工具应有篷有盖、避免灰尘等污染；包装材料应完整，防止破损；速冻食品、冷冻食品、生鲜食品以及其他易腐食品应在低温或冷藏条件下运输；应尽量缩短运输距离和时间；装卸食品时，应轻装轻放，避免人为损坏、损伤；食品与非食品、生熟食品、易于吸附气味的食品与具有特殊气味的食品，应分别装运；运输直接入口的食品应装入已清洗消毒过的容器内，并加盖密封；食品运输的装卸场地环境条件必须清洁卫生，无包装的食品不得直接落地。

4. 验收

食品及原料必须经过验收程序，未经验收不得接受、入库和使用。不符合安全要求的食物坚决不能食用。监狱要建立专人验收制度，验收时要查看食品供应商提供的营业执照、食品生产许可证/食品流通许可证、同批次的质检报告和第三方的质检报告等。标明是有机食品/绿色食品/无公害食品的，需要提供相关的证明。附带商标的，需要商标注册证/核准转让商标的证明文件/授权使用商标的证明文件、ISO22000（食品安全管理体系）证书等。如供应商不主动提供，验收人员应当主动索要查看，对证件不齐全的一律不得验收入库。

验收食品质量时要"一看二闻三手感"，有些物资和质量指标需要借助仪器进行检测或抽样试用。表3-6为某监狱罪犯食堂饮食安全检测项目。验收人员必须将食品及原料进行分类登记，查看与索取的证件及检验报告是否一致，肉眼观察原料是否符合相应的卫生要求。定型包装食物验收时，要注意包装上的内容是否与检验报告的内容保持一致，严查生产日期、保质期,已经超过保质期的坚决不能收。要查看包装袋上是否有厂名、厂址,食品包装是否破损、变形、霉变,气味是否正常,手感是否异样。非定型包装食品验收时,有腐败变质、油脂酸败、霉变、生虫、污秽不堪或其他感官异常的,不予接收。

表3-6 某监狱罪犯食堂饮食安全检测项目

序 号	检 测 项 目
1	蔬菜农药残留快速检测
2	瘦肉精快速检测
3	鸡蛋新鲜度快速检测
4	大米新鲜度快速检测
5	面粉过氧化苯甲酰快速检测
6	亚硝酸盐快速检测
7	注水肉快速检测
8	油溶性非食用色素快速检测(苏丹红)
9	挥发性盐基氮快速检测
10	甲醛快速检测
11	肉品新鲜度快速检测

5. 入库及存储

食品及原料验收完毕后,一般会进入库房存储。同时,为了保证正常的饮食供应,食堂库房会储存一定品种和数量的食品及原料。

监狱应对入库食品进行严格验收,建立食品及原料进货台账,对进货发票分类登记。台账应如实记录食品的名称、规格、数量、生产批号、保质期、供货者名称及联系方式、进货日期等内容,或者保留载有上述信息的进货票据。记录、票据的保存期限不得少于2年。腐败变质、生虫、发霉、与单据不符或卫生合格证明不全、肉食品无加盖卫生检疫合格章的或有其他可疑迹象的食品不能入库。

储藏的食品应隔墙离地,按入库的先后顺序、生产日期,分类分架、生熟分开、摆列整齐、挂牌存放。易腐食品如熟肉制品、奶制品和标识标注低温保存的食品要按规定冷藏或冷冻;有条件的应做到主副食品、原料、半成品分库存放。库内不得存放无商品标签、无中文标识、超过保质期限的食品。库房内要通风良好,货架清洁整齐,有防鼠设施。各种蛋类要倒箱入库,清除破损蛋品。食品库内无有毒有害物品和其他杂物。不合格需退换的以及储存过程中发现的变质食品、过期食品、包装破损食品须及时下架,及时销账、处理。

冷库要达到规定的温度,熟食品库要保持在-4℃以下,带外包装的熟食不准进熟食库。生鱼、肉类短期(10天)保存则需要在-10~-6℃保存;长期保存的冷冻温度要在-18℃以下。冷库内要定期除霜、清理。需要冷藏的熟制品,应尽快冷却后再冷藏。冷藏、冷冻柜(库)应有明显区分标志,设外显式温度计。

(二)食品加工管理

监狱的食品加工主要是把蔬菜、水产品、肉、家禽等鲜活原料烹饪为菜肴,把米、面制作成各种食品。食堂管理人员应当根据在押罪犯数量、实物量供应品种及数量、营养搭配等因素科学地制定菜谱，确定每餐的食物供应量，并按照各种食物原料的特性，遵循食品加工生产的相关技术规范，加工成卫生、安全的食物。

1. 准备工作

将需要的原材料提前准备好，从运输开始到码放到指定位置不允许原材料落地。工作人员要更换工作服，洗手、消毒，准备好工具，对锅灶铲等进行清洗消毒。对设备进行安全检查确保安全后方可开始工作。在洗米搅面时要防止杂物的混入，防止原材料的遗漏。准备过程应在固定的工作位置进行，注意安全，防止发生安全事故。

2. 鲜活产品初加工

常用的鲜活产品主要包括：新鲜的蔬菜、水产品、家禽、家畜类及其他动植物等。这些鲜活的、未经过任何加工的烹饪原料，一般都不能直接用于烹调菜肴，必须进行合理的初步加工处理。鲜活烹饪原料初步加工的方法主要包括宰杀、摘剔、刮剥、去蒂、煺毛、拆卸和洗涤等。

3. 主食加工

监狱的主食加工应注重花样翻新、保质保量。要严格按照操作规程和卫生标准进行，民警应对主食制作过程、主食盛放容器等进行严格的监督管理。

针对不同类型的罪犯如少数民族罪犯、外籍罪犯、病犯、从事特殊工种的罪犯等，监狱应当做好饮食的特别供应。监狱应当照顾少数民族罪犯的饮食需要，尊重他们的风俗习惯，设立民族食堂（专灶），将原料、辅料、饮食用具等同汉族罪犯严格分开并指派本民族罪犯负责烹饪。外籍犯的饮食标准可适当高于一般罪犯并照顾其生活习惯。对病犯应给予饮食上的照顾，供应病号餐。对从事采矿、井下、高温、有毒作业的罪犯应按规定发给保健食品，其中对从事井下煤矿作业的罪犯，每天供应一次班中餐。从事夜班劳动的罪犯要供应夜餐。罪犯特别饮食供应应当遵守严格的审批程序，直接分发到需要特别饮食的罪犯，确保特定罪犯能够吃到专门的饮食，避免特别饮食在分发过程中流失。

（三）食品分发管理

罪犯就餐形式一般分为餐厅集中就餐和监区（分监区）分散就餐两种，食品分发管理的要求不完全相同。

条件较好的监狱，食堂与餐厅在一起，罪犯通常在餐厅集中就餐，集中就餐食品的分发相对简单。食品分发人员按照各监区（分监区）的就餐人数核定总数量，将饭菜分成份置于餐桌之上，一般要在餐桌上摆放醋、酱油、盐、辣椒酱、蒜薹（泥）等调味品和餐巾纸等，餐桌旁放置垃圾箱（桶）。各监区罪犯在民警带领之下，按时段和顺序进入餐厅就餐，现场民警负责维持罪犯集中就餐秩序，及时制止吵闹、浪费食品、不爱护环境等不文明行为。食堂人员在餐后做好餐具的清洗、消毒和现场卫生。

一些监狱由于条件有限，罪犯需要分散就餐，一般由食堂统一送餐到各个监区（分监区）。食堂根据各个监区人数领取食物，分类置于饭菜车内，冬天要使用保温车。送到指定地点后由食堂分发人员进行分发或者交由所在监区民警组织分发，现场就餐秩序由所在监区民警负责。就餐结束后，食堂分发人员收集餐具和剩饭剩菜，送回食堂后进行餐具、送饭车的清洗消毒。下面以分散就餐送餐形式论述食品分发管理。图 3-4 为送餐分发的环节。

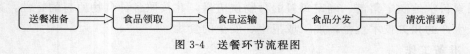

图 3-4　送餐环节流程图

1. **送餐准备**

送餐前送餐员应根据各监区需要就餐人员数量填写领餐单，准备好餐车、饭盒等。用于运输食品的车辆、工具和容器要专用，要严格执行清洁制度，需要消毒的应认真消毒，凡接触过有毒有害物品的器具，不准接触和存放任何食品。运输工具应无影响食品感官的不良气味。送餐人员必须身体健康，持有相应的上岗证书。

2. **食品领取**

送餐员领餐前要对食品进行查验。对于定型包装食品，送餐员领用前要查验包装上内容是否与检验报告内容相符，检验食物外观有无破损、污损、变形、杂物、霉变或是否有异味。对于非定型包装食物领用前要看是否有腐烂、霉变，是否有异味。发现异常时，送餐员应拒绝领用。查验合格后，送餐员清点好数量并及时装运上车。各种饭菜要分容器存放，不得混放。

3. **食品运输**

食品要尽快送至监区，防止变冷或口感下降。运输途中民警要坚持直接管理，防止耽搁时间、食品抛洒跑漏或受到污染。运输时要避免有毒有害物质的侵入污染，要注意保暖、保洁，防止雨淋，运输工具应有篷有盖、避免落入灰尘等污染物。食品与非食品，生食品与熟食品，易于吸附气味的食品与具有特殊气味的食品，应分别装运。运输直接入口的食品应装入已清洗消毒过的容器内并加盖密封。食品运输的装卸场地环境条件必须清洁卫生，无包装的食品不得直接落地。

4. **食品分发**

罪犯应在固定的地点相对集中就餐。开餐前监区民警整队将罪犯带入就餐场地，饭菜由食堂送餐员逐个分发到罪犯手中或按份置于餐桌之上。未吃饱的罪犯可再次领取米饭、馒头、稀饭等主食。饭菜分发完毕，监区民警要在送餐单上签字确认饭菜数量、质量和卫生状况。

5. **清洗消毒**

罪犯就餐结束后监区民警应将罪犯及时带出就餐现场，并安排人员将就餐现场清扫干净。食堂人员对已分发而未食用完的饭、菜应统一倒入盛装剩饭剩菜的容器内。对餐车中多余可以下顿食用的食品要妥善保管，防止变质腐败，不可以下顿食用的食品由食堂统一销毁。及时清洗消毒饭盆、碗筷、调羹、容器、送餐车和分发饭菜的工具并清点入库。

（四）罪犯饮水管理

水是人体的重要组成部分，也是新陈代谢的必要媒介。人体每天消耗的水分中，约有一半需要通过直接喝饮用水来补充。成人每天大约需要补充水分1200毫升左右。强化罪犯饮水管理是维护罪犯生命健康和预防疾病的重要举措之一。由于部分监狱地处偏远，未能纳入地方公共饮用水网络管理，依赖使用井水等天然水或二次供水，罪犯日常饮用水存在一定的安全隐患。为此，监狱必须开展饮用水达标建设，强化用水管理，保障合格饮用水的供应并倡导节约用水。

1. 开展饮用水达标建设

开展饮用水达标建设，是从源头上控制用水安全的重要措施，是用水安全的基本保障。监狱应积极争取将监狱用水纳入地方用水网络系统，由地方统一供水，接受地方相关政府部门的监督监测，保证监狱饮用水符合国家卫生部和国家标准化管理委员会联合发布的强制性国家标准——《生活饮用水卫生标准》（GB 5749—2006）。对一些确需通过蓄水池、水箱、水塔以及供水管网、阀门、水泵机组、气压罐等供水设施，将城市公共供水或者监狱自建设施供水进行储存、处理、加压后二次供水的监狱，要严把设计关、施工关和验收关，严格监督建设单位按照国家和省、地方确定的相关标准建设二次供水设施，特别是二次供水设备的节能、水质在线监控要作为审查重点。监狱应当负责对二次供水设施的日常使用管理，指定专人负责二次供水设施的具体管理，保证使用的各种净水、除垢、消毒材料符合《生活饮用水卫生标准》，每季度对水箱清洗、消毒一次并建立档案，对净水设施视净水效果及时更换或者维护，配合卫生行政管理部门抽检水样，保持设施周围环境清洁，采取必要的安全防范措施，对水箱加盖加锁等。

2. 保障罪犯日常饮用水的供应

科学合理地布置水管网络，以保证罪犯食堂、监房、劳动场所等用水方便、水量充足。罪犯饮用水一般是通过净化处理的纯净水或经过加热沸腾的自来水，有条件的监狱应当在罪犯生活区域设立饮水机。对受条件限制的监狱，应当建有统一供应开水的锅炉房，罪犯可以在民警的直接管理下根据需求获取所需的饮用水，或由监区（分监区）用水车进行二次分配饮用水。监狱应当做好供应水设备的日常维护和管理，定期清理水垢污渍，采用便携式水质分析仪检测水质。发现水质受到污染的，应当及时停止使用，并追回已分发出的饮用水，请求地方主管部门赴现场进行处理。

3. 节约文明用水

监狱应当加强节约、文明用水的管理，培养罪犯节约、文明用水的意识和习惯，如开展"倡导节约用水，反对浪费水资源"的教育活动，开展3月22日"世界水日"专题教育活动等。

四、食品从业人员管理

在监狱饮食管理的诸多环节中，"人"在其中起着主导作用，人的因素统领一切。实际工作中，要把人作为最重要的资源来看待，实行以人为本的原则，对食品从业人员认真选择、合理使用、加强培训、严格考核，综合运用各种手段调动食品从业人员的积极性。

（一）食品从业人员的配备

监狱食品从业人员包括民警、职工以及在食堂劳动的罪犯，他们都应当遵守我国《食品安全法》、《食品安全法实施条例》和《餐饮服务食品安全监督管理办法》等相关法律法规，具有食品餐饮从业资格，持健康证上岗并定期体检确保身体健康无传染疾病。

食堂人员配备比例可以参照企业食堂工作人员配备标准，500人以下的配备比例约1∶50；2000人以下的配备比例约1∶80；5000人以下的配备比例约1∶100，监狱可结合实际情况，适当精简或扩充人员，以满足食堂劳作的正常运转。

监狱食堂一般设司务长一名，全面负责食堂管理事务，根据食堂规模设副司务长、警长若干名，具体负责食堂某一方面的事务。此外，还设有厨师、厨工、记账员、清洁员等岗位，这些岗位可以由监狱职工或具有一定食品专业知识和操作技能的罪犯从事。

在食堂劳动的罪犯应当符合监狱特定岗位罪犯使用的条件，具有饮食餐饮方面的从业经历或技能特长，或能适应食堂劳动。具有现实危险性的罪犯不得从事食堂劳动。

（二）食品从业人员的培训

食品从业人员应当具有一定的食品专业知识和操作技能。监狱应当组织食品安全、营养学知识和烹饪、营养搭配等操作技能培训，提高从业人员的食品理论知识和实践技能。培训内容应当包括：监狱食堂管理的各项制度；食品的卫生；食品加工的卫生要求；食品生产从业人员应知应会知识；食物烹饪操作技能；食物中毒知识与处置等。培训由监狱统一组织实施，可以由熟悉食堂管理的民警授课，也可以聘请社会餐饮业专业人士来监培训，还可以由具有从事餐饮业经营管理经历或烹饪操作经验丰富的罪犯授课。对通过国家人力资源社会保障部统一组织的职业技能鉴定专业理论考试和操作技能考核的食品从业人员，由国家人力资源社会保障部颁发相应等级职业资格证书。

此外，监狱食品从业人员的培训还应当纳入地方食品安全卫生管理系统，接受当地餐饮业行业协会的业务指导。监狱食品从业人员应当根据不同岗位类别，按照地方餐饮服务从业人员食品安全知识培训大纲规定的要求，完成食品安全知识培训。根据《餐饮服务单位食品安全管理人员培训管理办法》（国食药监食〔2011〕211号）有关规定，监狱食品从业人员应当取得相应餐饮服务食品安全培训合格证明，并纳入地方食品药品监督管理部门建立的餐饮安全管理人员培训档案。在岗期间的每年培训时间，应当不少于40小时，培训的内容主要包括：与餐饮服务有关的食品安全法律法规、规章、规范性文件、标准；餐饮服务食品安全基本知识；餐饮服务食品安全管理技能；食品安全事故应急处置知识；其他需要培训的内容。培训合格证明有效期3年，培训合格证明到期前3个月，应当重新参加评估考核取得相应的安全培训合格证明。各省、自治区、直辖市食品药品监督管理部门制定的实施细则对餐饮服务单位其他从业人员的培训和考核管理不尽一致。例如，根据上海市食品药品监督管理局制定的《上海市餐饮服务从业人员培训和评估考核管理办法》规定，上海市食品安全管理人员（专职或兼职）、厨师长，应当通过A类食品安全知识评估考核，取得A类培训合格证书；食品管理负责人通过B类食品安全知识评估考核的，取得B类培训合格证书；关键环节操作人员通过C类食品安全知识评估考核的，取得C类培训合格证书。

（三）食品从业人员规范

在食堂任职的民警应当按照一日执勤规范做好本职工作，做好在食堂劳动罪犯的现场直接管理和思想教育工作。在食堂劳动的罪犯应当自觉遵守《服刑人员行为规范》，规范言行举止，接受劳动改造。此外，食品从业人员应当具有良好的卫生习惯，自觉遵守食堂卫生管理规定。食品从业人员操作时应穿戴清洁的工作服、工作帽，头发不得外露，不得留长指甲、涂指甲油、佩带有碍食品操作与服务卫生的饰物，专间操作人员还应戴口罩。操作前手部应洗净，操作时应保持清洁。接触直接入口食品时，手部还应进行消毒。专间操作人员进入专间时应再次更换专用工作衣帽并佩戴口罩，操作前双手严格进行清洗消毒，操作中应适时消毒双手，不得穿戴专间工作衣帽从事与专间内操作无关的工作。个人衣物及私人物品不得带入食品处理区，不得在食品处理区内吸烟、饮食或从事其他可能污染食品的行为。进入食品处理区的非加工操作人员，应符合现场操作人员卫生要求。

（四）食品从业人员的考核

监狱食品从业人员的考核管理应当纳入地方政府部门管理的范畴，自觉接受属地政府主管部门的检查监督和业务指导。根据《餐饮服务单位食品安全管理人员培训管理办法》（国食药监食〔2011〕211号）的有关规定，食品药品监督管理部门应对餐饮安全管理人员培训和考核工作进行监督检查，重点检查以下内容：餐饮服务单位配备食品安全管理人员情况；餐饮安全管理人员持有培训合格证明情况；餐饮安全管理人员培训及考核情况；其他需要检查的内容。对检查不合格的，食品药品监督管理部门应当责令限期整改；对情形严重的，注销食品安全管理员资质，不得从事食品安全及其操作的相关劳作。

同时，根据上级监狱管理机关的要求，监狱应当对食堂的民警、职工进行工作绩效考核，积极创建现代文明食堂。对在食堂从事劳动的罪犯，监狱应当制定劳动考核细则，重点对遵守操作规程、饭菜的花色品种、饭菜加工量及其质量等进行考核，做到考核日记载、旬评定、月公布，确保公平、公正，以激励罪犯从事食堂劳动的积极性。监狱可以成立由一定数量罪犯代表组成的罪犯伙食评议委员会，征集伙食需求意见和改进建议等，以此促进食堂饮食管理水平的持续改进。

五、饮食安全管理

食堂的安全管理首先是食品安全管理，要坚决杜绝集体食物中毒等食品安全事故，因此要坚持源头管理，预防为主，同时要重视食品安全的预案建设和应急处置。由于食堂刀刃具多、岗位多，现场直接管理难度大，又有锅炉、冷库等危险源点，监管安全和生产安全的压力也较大。

（一）食品安全管理

食品安全直接关系到罪犯的身体健康和监狱秩序的稳定。我国每年的食物中毒事件层出不穷，这对监狱是一种警示。对于罪犯的饮食安全问题，监狱要提高防范意识，切实加强管理，做好安全防控与突发事件应对工作。

罪犯食品安全管理要坚持源头管理的原则，对食品采购、配送、入库、保管、加工等环节进行有效的监管。

1. 要健全进货索证索票制度

严格审验供货商的许可证和食品合格的证明文件，索取并仔细查验供货商的营业执照、生产许可证或者流通许可证、标注通过有关质量认证食品的相关质量认证证书等材料。上述相关证明文件应当在有效期内首次购入该种食品时索验。索取供货商出具的正式销售发票，或者按照国家相关规定索取有供货商盖章或者签名的销售凭证并留具真实地址和联系方式，销售凭证应当记明食品名称、规格、数量、单价、金额、销货日期等内容。索取和查验的内容要整理、建档，妥善保管备查。

2. 严格食品进货查验记录制度

每次购入食品应详细检查食品的外包装是否整洁干净，标签的字迹印刷是否清楚，封口是否严实等；查验食物外观有无破损、污损、变形、杂物、霉变、嗅气味是否有异味等；查验包装上内容是否与检验报告内容相符，是否有厂名、厂址、生产日期、保质期，已超过保质期的决不能收。验收时应详细记录食品的名称、规格、数量、生产批号、保质期、供货者名称及联系方式、进货日期等内容，采取账簿登记、单据粘贴建档等多种方式建立进货台账。所有票据、台账等记录材料保存期限不得少于2年，以保证所有食品能够溯源。

3. 要加强食品库房管理

健全库房管理制度，食品仓库实行专用，设有防鼠、防蝇、防潮、防霉、通风的设施及措施并运转正常。食品应分类、分架、隔墙隔地存放。各类食品要有明显标志，有异味或易吸潮的食品应密封保存或分库存放。建立进出库专人验收登记制度，做到勤进勤出、先进先出。定期清仓检查，防止食品过期、变质、霉变、生虫，及时清理不符合安全要求的食品。食品仓库应经常开窗通风、定期清扫，保持干燥和整洁。

4. 要严格食品加工工艺，落实食品的检测和留样制度

食品加工前，应当对准备使用的食材进行检查，以防原材料在存储过程中发生质变。监狱应当建立食材使用检测制度，针对不同食材的特点，对其检查的项目、方法、频次作出明确规定，以便使用者遵照执行。对检测指标不合格的食材或已发生质变的原材料应当及时处置，必要时还应当进行消毒处理。食品加工过程中，应当遵照预先制定的食谱配置原材料。食品的原材料不可随意搭配，谨防发生意外。如糖精（片）加入鸡蛋，轻则引起中毒腹痛，重则中毒致人死亡。对配置好的食材，必须按照对应的食品加工工艺进行食品加工，不可随意变更。一些食品在缺乏必要的处理措施时，可能会产生有毒元素，引起食用者诸如腹泻等不良反应，表3-7为常见的动植物中毒情况。对所供食品原料、半成品及成品，每天必须留样。主食随机抽取留样量为每个品种不少于250克，副食为同一品种、同一批次至少抽取3盒留样。食品应按品种分别盛放在清洗消毒后的密闭专用容器中，自然冷却后放入冰箱，在0～4℃下存放至超过保质期限48小时以上（不得冷冻保存）。民警应认真做好留样记录，每份留样食品成品必须标注品名、加工时间、加工人员和留样时间（某月某日某时），以备待查。

表 3-7　常见动植物中毒

食　物	有毒成分	中毒原因	主要临床表现	预　防
马铃薯发芽或部分变绿	龙葵素	龙葵素对胃肠道有刺激及中枢神经麻痹作用	咽喉部烧灼感，其后出现恶心、呕吐、腹痛、腹泻等胃肠炎症状，还可出现头晕、轻度意识障碍、呼吸困难等症状	马铃薯应低温储存于干燥阴凉处，防止发芽，发芽马铃薯应丢弃
四季豆	植物血凝素	血凝素对消化道黏膜有刺激、凝血作用	恶心、呕吐、腹痛、腹泻等消化道症状伴头晕、出冷汗等	四季豆煮熟、煮透、使四季豆失去原有绿色
鲜黄花菜中毒	类秋水仙碱	秋水仙碱经消化成剧毒的二秋水仙碱物质	呕吐、腹泻伴头晕、口渴、咽干等	用水浸泡或用开水烫后弃水后炒熟后食用
鱼类引起组胺中毒	组胺	鱼类不新鲜产生组胺引起过敏	面部、胸部等部位皮肤潮红伴头痛、心跳呼吸加快等	防止鱼类腐败变质
毒蕈中毒	碱、类树脂、毒肽类等毒素	不同毒蕈相应毒素对组织作用	胃肠毒型、神经型、溶血性、肝肾损害型	切勿采摘不认识的蘑菇食用
河豚	河豚毒素	河豚毒素作用于神经系统，阻滞神经传导	河豚毒素作用于神经系统引起痛觉、感觉消失、麻痹	河豚毒素耐热，应集中处理

5. 加强食堂的安全保卫工作，坚决杜绝人为投毒事件

严禁无关人员进入食品加工操作间（如切配间、蒸饭间及粗加工、精加工间）和食品原料存放间（如仓库、冷库、物资加工场所）。落实食堂安全管理措施，坚持重点部位二十四小时值班制度，视频监控要全覆盖。

6. 积极推进食品安全监督量化等级评定工作

根据《关于实施餐饮服务食品安全监督量化分级管理工作的指导意见》（国食药监食〔2012〕5号）和《关于加快推进餐饮服务食品安全监督量化分级管理工作的通知》（食药监办食〔2012〕38号）要求，食堂特别是供餐500人以上的食堂要纳入食品安全监督量化等级评定的范围。监狱应当积极推进食品安全监督量化等级评定工作，配合地方食品药品监管部门对食堂食品安全监督动态等级评定进行检查，并将食品安全等级公示牌摆放、悬挂、张贴在食堂门口、大厅等显著位置。餐饮服务食品安全监督量化等级分为动态等级和年度等级。动态等级为监管部门对餐饮服务单位食品安全管理状况每次监督检查结果的评价。动态等级分为优秀、良好、一般三个等级，分别用大笑、微笑和平脸三种卡通形象表示。年度等级为监管部门对餐饮服务单位食品安全管理状况过去12个月期间监督检查结果的综合评价，年度等级分为优秀、良好、一般三个等级，分别用A、B、C三个字母表示。对评定不达标或发生食品安全事故的，食品监督管理部门依法不予以评定等级、收回评定等级牌、限期责令整改等。食品安全监督量化等级评定的项目主要包括：许可管理、人员管理、场所环境、设施设备、采购储存、加工制作、清洗消毒、食品添加剂和检验运输等，具体评定内容见表3-8餐饮服务食品安全监督动态等级评定表。

表3-8 餐饮服务食品安全监督动态等级评定表

被检查单位名称：＿＿＿＿＿＿＿＿＿＿＿＿ 地址：＿＿＿＿＿＿＿＿

法定代表人（负责人或业主）：＿＿＿＿＿＿ 电话：＿＿＿＿＿＿＿＿

餐饮服务许可证号：＿＿＿＿＿＿＿＿＿＿＿＿＿＿＿＿＿＿＿＿＿

许可类别：＿＿＿＿＿＿＿＿＿＿＿＿＿＿＿＿＿＿＿＿＿＿＿＿＿＿

检查人员（签字）：＿＿＿＿＿＿＿＿＿＿＿＿＿＿＿＿＿＿＿＿＿

检查时间：＿＿＿年＿＿月＿＿日＿＿时＿＿分至＿＿时＿＿分

检查项目	检查内容	分值
一、许可管理 （10分）	1. 是否超过有效期限★	2
	2. 是否存在转让、涂改、出借、倒卖、出租许可证等行为★	2
	3. 是否擅自改变许可类别、备注项目	2
	4. 是否擅自改变经营地址	1
	5. 是否规范悬挂或摆放许可证	1
	6. 食品安全管理制度是否健全	2
二、人员管理 （10分）	7. 是否配备专职或兼职食品安全管理人员	1
	8. 是否聘用禁聘人员从事食品安全管理★	1
	9. 是否建立从业人员健康管理制度和健康档案	1
	10. 从业人员中是否存在无健康证明的人员	2
	11. 是否安排患有有碍食品安全疾病的人员从事接触直接入口食品工作★	2
	12. 是否执行晨检制度	1
	13. 从业人员个人卫生是否符合要求	1
	14. 是否制定并执行从业人员培训制度	1
三、场所环境 （10分）	15. 场所布局是否符合许可要求	1
	16. 场所内外环境是否整洁	1
	17. 专间区域是否符合要求★	1
	18. 专用区域是否符合要求	1
	19. 地面与排水是否符合要求	1
	20. 墙壁与门窗是否符合要求	1
	21. 屋顶与天花板是否符合要求	1
	22. 卫生间是否符合要求	1
	23. 更衣场所是否符合要求	1
	24. 餐厨废弃物处置是否符合要求	1

续表

检查项目	检查内容	分值
四、设施设备（10分）	25. 专间设施是否符合要求	1
	26. 洗手消毒设施是否符合要求★	1
	27. 供水设施是否符合要求	1
	28. 通风排烟设施是否符合要求	1
	29. 清洗、消毒、保洁设施是否符合要求	1
	30. 防尘、防鼠、防虫害设施是否符合要求	1
	31. 采光照明设施是否符合要求	1
	32. 设备、工具和容器是否符合要求	1
	33. 场所及设施设备管理是否符合要求	1
	34. 废弃物暂存设施是否符合要求	1
五、采购储存（10分）	35. 是否采购了禁止经营的食品★	3
	36. 是否符合索证索票、查验记录要求	3
	37. 储存是否符合要求	2
	38. 是否开展定期检查与清理	2
六、加工制作（10分）	39. 粗加工与切配是否符合要求	1
	40. 烹饪过程是否符合要求	1
	41. 备餐及供餐是否符合要求	1
	42. 凉菜配制、裱花操作是否符合要求★	1
	43. 生食海产品加工是否符合要求	1
	44. 现榨饮料及水果拼盘制作是否符合要求	1
	45. 面点制作是否符合要求	1
	46. 烧烤加工是否符合要求	1
	47. 食品再加热是否符合要求	1
	48. 食品留样是否符合要求★	1
七、清洗消毒（10分）	49. 清洗是否符合要求	2
	50. 消毒是否符合要求★	3
	51. 保洁是否符合要求	3
	52. 集中消毒的餐饮具是否具有消毒合格凭证	2
八、食品添加剂（10分）	53. 是否符合五专要求★	4
	54. 是否符合相关备案和公示要求	3
	55. 是否存在超范围、超剂量使用现象	3
九、检验运输（10分）	56. 检验是否符合要求	3
	57. 包装是否符合要求	3
	58. 运输是否符合要求★	4

检查结果： 平均分：_____ 评定等级：_____

说明：1. 带★的检查内容为关键项，2项以上（含2项）关键项不符合要求，不评定动态等级；2. 检查结果的平均分：评定总分除以检查项目数的所得（保留小数点后一位）；3. 检查项目和检查内容可合理缺项。

（二）食堂安全管理

食堂的安全管理主要有以下两个方面的具体内容。

（1）食品从业人员的安全管理　应当挑选责任心强、管教业务熟练、身体健康的民警在食堂工作。在食堂从事劳动的罪犯必须严格遵守资格准入制度，符合监狱特定岗位罪犯使用条件，改造表现一贯良好，无现实危险性，身体健康且具有一定食品餐饮的操作技能或通过培训后能够掌握操作技能。对不适合在食堂劳动的罪犯及时更换劳动岗位。要落实民警直接管理制度，做好食堂劳作罪犯的思想教育工作，掌握深层次的思想动态和狱情，确实加强刀刃具的管理，严防发生各种监管安全事故。

（2）食堂设备的安全管理　食堂的一些操作设备和工具如切菜机、和面机、扎面机、菜刀等都具有一定的危险性，特别是存在锅炉、燃气、油库等重大危险源点。要建立健全工具设备使用操作规程，开展岗前培训，落实日常检查措施，确保从事劳作的罪犯能按照操作规程正确使用工具和设备。刀具等危险工具做到定置定位、专人使用、专人保管。其次，建立完善的食堂安全生产管理制度，明确设备设施的使用、管理和维护保养的责任。对国家规定强制检测的设备要按时由专业机构进行检测，该报废的要坚决报废。特殊工种必须持证上岗。

（三）食物中毒应急预案与处置

食品安全突发事件，一般是指发生食物中毒或者其他食源性疾患事故和重大食品污染事故。面对突发事件，监狱要及时启动食品安全突发事件应急预案，积极应对食品安全事故，高效组织应急处置工作，最大限度地减少人员伤亡，维护正常的监狱秩序。

1. 制订预案，规范处置流程

食品安全事故包括食物中毒、食源性疾病和食物污染等。防范罪犯食物中毒事件是监狱食品安全管理的重中之重。监狱应参照当地食品安全事故应急预案和上级机关的食品安全事故应急预案，结合监狱实际，在监狱突发事件应急预案的框架下，制订罪犯食品安全事故应急预案，建立食物中毒的救治体系和运作机制，有效预防、及时控制和消除食品安全事故。

监狱食品安全事故应急处置预案应按照"统一领导、分级负责、部门协调、联合行动"的要求，严格遵循"常备不懈、练战结合、依靠科学、属地管理"的原则。监狱食品安全事故应急预案应明确事故分级，对每级事故有详细、具体的情形描述，以及出现不同级别事故的应急响应措施。各应急处置工作小组的职责要明确、分工要清晰，确保各工作小组在监狱的统一指挥下快速反应、及时处置、规范操作。

监狱应建立食品安全事故监测和预警机制，按照食品安全事故的发生、发展规律和特点以及可能发展的趋势及时作出预警，提高民警的防范意识。同时，监狱医院、生活卫生管理、教育改造等部门应有组织、有计划地进行食品安全法规知识、食品安全知识的宣传教育和培训，提高罪犯的自我保护意识。

2. 加强预案演练，提高处置水平

监狱要采取定期和不定期相结合的形式，组织开展食品安全事故应急演练，检验和强化应急意识和应急准备，协调应急响应能力，不断修订和完善预案。在演练过程中，应着重检验和评估事故所在监区民警的应急能力和处置水平以及监狱食品安全事故处置小组的应急意识和现

场处置水平。每次应急演练结束后,应对演练过程、质量及存在不足进行评估、总结。

3. 有效响应与处置食品安全事故

食品安全事故的响应与处置是监狱遇到食品安全突发事件后,根据分级响应的原则,迅速启动响应程序,采取措施和行动,遏制事态的蔓延并使之恢复正常状态的行为。事故的响应是在食品安全突发事件之初所采取的行动,其行动是否迅速,措施是否得力,直接决定了突发事件的后续发展和事件结果。现场处置是处置突发事件的关键步骤,也是监狱应急管理的重要内容之一。

监区民警在发现可疑食品安全事故时,要第一时间向监狱报告中毒人数、中毒症状等基本情况,同时做好事故现场保护;对罪犯进食的可疑食物进行初步调查;对其他罪犯进行正面教育和引导,消除其他罪犯的恐惧心理,同时落实相应的监管制度,确保监区的秩序稳定。

监狱应急处置小组要迅速反应、规范处置。监狱接到发生可疑食物中毒报告后应迅速启动食品安全事故应急处置程序,组织有关人员携带采样材料和治疗抢救药品前往食物中毒所在监区。到达监区现场后,对患者采取必要和可能的抢救措施。应尽快收集病人呕吐物、排泄物,收集患者的粪便应该首先从还未进行抗生素治疗的患者中收集。收集剩余食物时,对食物所涉及的餐具、炊具的细菌都要涂抹采样。对进食者逐个进行询问调查,调查对象不限于已经明确诊断的中毒患者。询问每一个进食者在大批患者发生前48小时内的进食食谱,每个人进餐的主食副食名称、数量。除集中怀疑的一餐之外,特别注意那些几餐与众不同的人,如凡是没吃某种食品的无一发病或凡吃某一食品的多数都发病。通过询问明确出现最早的中毒症状、主要症状与潜伏期等基本资料,调查中可以继续补充采集样品,对可能导致食物中毒的食品,对其原料来源、加工过程、储存条件进行调查,必要时还应该追踪到食品的供应点及生产经营场所。

食品安全事故的善后处置是指在监狱食品安全事故消除后,进行现场清理、原因调查、伤亡救护与赔偿以及对突发事件处置的评估和总结等一系列过程,也包括对同类突发事件的应急管理体系进行修改和完善,对突发事件相关者进行心理干预,消除突发事件所造成的内外部负面影响等内容。监狱主要围绕三方面对罪犯进行心理疏导:一是监区民警对中毒罪犯给予疏导和安慰,对其他未中毒罪犯进行教育引导;二是监狱向罪犯说明事故处置情况及本次事故的可能原因、监狱采取的措施等,必要时请相关专家进行教育引导;三是监狱心理咨询师及时对有心理阴影或障碍的罪犯进行心理疏导。

▶ 拓展阅读

食品定义及相关营养标准

我国《食品安全法》对食品的定义为:是指各种供人食用或者饮用的成品和原料以及按照传统既是食品又是药品的物品,但是不包括以治疗为目的的物品。《食品工业基本术语》(GB/T 15091—94) 对食品的定义是:可供人类食用或饮用的物质,包括加工食品、半成品和未加工食品,不包括烟草或只作药品用的物质。从食品卫生立法和管理的角度,广义的食品概念还涉及生产食品的原料;食品原料种植、养殖过程接触的物质和环境,食品的添加物质,所有直接或间接接触食品的包装材料、设施以及影响食品原有品质的环境。

民以食为天，饮食是人的最基本需求，是维护生命的重要物质基础，是生命健康的前提。长期热量、营养摄入不足会给身体健康带来严重危害。根据中国营养协会的推荐标准，成人每日热能需求量约为10000焦耳，其中摄入蛋白质每日约为70克，即可达到营养基本平衡。每日膳食营养摄入量约为：奶类及奶制品100克（2两）；豆类及豆制品50克（1两）；畜禽肉类50～100克（1～2两）；鱼虾类50克（1两）；蛋类25～50克（0.5～1两）；蔬菜类400～500克（8两至1斤）；水果类100～200克（2～4两）；谷类300～500克（6两至1斤）。卫生部委托中国营养学会制定的《中国居民膳食指南》（2007）提供了最基本、科学的健康膳食信息。

第四章
罪犯疾病预防与治疗管理

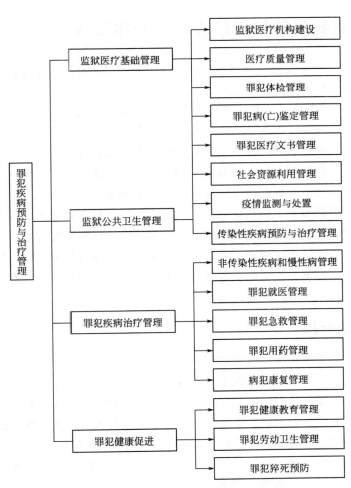

图 4-1 监狱疾病预防与治疗管理体系图

罪犯在监狱服刑期间，生命健康权应当依法得到保护。监狱应当建立罪犯疾病预防和医疗管理机构，制定相应的管理制度，加强对各类传染病、非传染性疾病、精神疾病和职业性损害等的预防与治疗工作，改善罪犯劳动现场作业环境，消除或降低职业性有害因素，积极做好健康宣传教育工作，提高罪犯的健康意识和疾病预防能力，切实维护罪犯的身心健康。

罪犯疾病预防与治疗工作应当实行属地化管理，通过地方卫生行政主管部门的监督检查和业务指导，进一步加强监狱医疗基础管理，建立健全监狱疫情防控和重大疫情处置工作机制，夯实健康促进、疾病预防与治疗的管理基础，切实提高监狱在罪犯体检、医疗文书制作、社会资源利用、疫情防控、各类疾病预防与治疗、罪犯急救、药品管理、健康教育等方面的工作质量与管理水平，增强罪犯医疗卫生保障水平，确保罪犯在服刑期间一旦患病，监狱能及时、有效、安全地为其提供医疗服务，并杜绝狱内传染病的暴发流行，降低罪犯病死率。图 4-1 为监狱疾病预防与治疗管理体系图。

一、罪犯疾病预防与治疗管理的基本要求

监狱应依据《中华人民共和国监狱法》、《中华人民共和国安全生产法》和《中华人民共和国传染病防治法》（简称《传染病防治法》）、《中华人民共和国执业医师法》（简称《执业医师法》）、《中华人民共和国药品管理法》（简称《药品管理法》）、《中华人民共和国医疗机构管理条例》（简称《医疗机构管理条例》）等医疗卫生法律法规的基本要求，扎实做好罪犯的传染病防治工作，防止传染病在狱内传播和暴发流行，加强对非传染性疾病的监测和管理，做到早发现、早诊断、早治疗、早干预。同时，监狱应严格罪犯劳动项目准入制度，落实好劳动保护措施，改善劳动作业环境。

罪犯医疗管理具有明显的执法性质，具有强制性、程序性和限定性。监狱必须保障患病罪犯及时获得相应的治疗，对于罪犯提出的就诊申请民警不得拒绝或拖延。罪犯必须按规定接受就诊、住院等医疗服务，不得主动放弃治疗。在就医过程中，罪犯的选择权受到一定程度的限制，必须到监狱医院或指定的医院就诊，不能自由选择医院和医生。罪犯在诊治过程中既要服从医嘱，还要遵守相关监管制度。

（一）依法开展

我国的法律法规和司法部、卫生部对监狱的疾病预防和控制工作有明确的规定和要求。我国《监狱法》第五十四条规定："监狱应当设立医疗机构和生活、卫生设施，建立罪犯生活、卫生制度。罪犯的医疗保健列入监狱所在地区的卫生、防疫计划。" 2004 年司法部、卫生部下发了《关于对监狱、劳教所羁押、收教人员全面开展艾滋病病毒抗体筛查的通知》（卫疾控发 [2004] 369 号）。监狱除必须严格执行卫生行业的法律法规如我国《执业医师法》、《传染病防治法》、《药品管理法》、《医疗机构管理条例》等外，还必须遵守相关的刑事法律规范，如我国《刑法》、《刑事诉讼法》中有关罪犯暂予监外执行的规定等。

（二）预防为先

监狱是人员高度密集场所，一旦发生疫情极易成为群体性、聚集性公共卫生事件。监狱应建立健康教育和健康促进的工作机制，广泛开展健康知识宣传教育活动，增强罪犯的自我保健意识，提高防病能力。同时，监狱应制订传染病暴发流行、职业中毒等各种预案，按照"统一规划、分类实施、分级负责、突出重点、适应需求"的原则，采取定期和不定期相结合的形式，开展应急演练，提高应急能力。要开展疾病筛查，做好影响危害因素的监测，通过采取综合防疫措施，做到早发现、早预防、早干预，并落实传染病防治的相关措施。

（三）健全组织管理体系

监狱罪犯疾病预防与治疗应在省级监狱管理局生活卫生管理部门的统一领导下，建立以监狱医院为主导，生活卫生、狱政、劳动等部门密切配合的罪犯疾病预防和治疗的管理机构，负责罪犯疾病预防和治疗管理的组织领导，制订工作计划，落实工作措施，加强监督检查，建立健全监狱医院、监区医务室、罪犯卫生员与疾控员分工合作的三级疾病防治工作体系。同时，在地方卫生行政部门和疾病预防控制机构的指导和支持下，科学、规范地开展罪犯疾病预防与治疗工作，依靠地方上级医院对监狱医院的业务支援、对口帮扶，增强监狱医院的整体医疗水平，提高监狱医院的医疗保障能力。

（四）纳入属地管理

我国《监狱法》规定，罪犯的医疗保健列入监狱所在地区的卫生、防疫计划，进行属地化管理，因此，罪犯疾病预防与治疗工作应按照属地管理的要求纳入地方管理。监狱要积极参加地方卫生行政部门和上级医院组织的业务培训和学术活动，接受地方卫生行政部门的业务指导、监督检查和考核。尤其是在艾滋病、结核病等重大传染病防治上，监狱应纳入地方疾病预防控制规划，积极配合地方卫生行政部门开展重大传染病的防治。同时，监狱应加强与地方上级定点医院的协作，充分利用社会医疗资源对监狱的支援，解决监狱医院所存在的医疗质量、技术水平及急救水平不高的问题。

二、监狱医疗基础管理

监狱应建设符合卫生行业标准要求的医疗机构，取得卫生行政主管部门核发的医疗机构执业许可证，并加强相关的基础管理。监狱医疗基础管理主要包括监狱医疗机构建设、监狱医疗质量管理、罪犯体检管理、罪犯病（亡）鉴定管理、罪犯医疗文书管理和社会资源利用管理等。

（一）监狱医疗机构建设

我国《监狱法》规定监狱应当设立医疗机构。罪犯的医疗保健列入监狱所在地区的卫生、防疫计划。因此，监狱应当设立功能布局合理的医疗机构，健全监狱医疗制度、技术操作规程，合理配置医务人员和医疗设施设备，完善医疗质量控制，开展医疗诊疗业务培训，提高医疗水平。同时，监狱医疗应取得属地卫生行政主管部门核发的医疗机构执业许可证。

1. **监狱医院（医务室）硬件建设**

监狱应根据监狱关押规模、罪犯医疗服务总人数、地理位置等情况，依据卫生行业有关标准，建设能满足罪犯医疗需要的监狱医院（医务室）。同时，监狱医院（医务室）应配置符合卫生标准的消毒供应室、医用氧气库等辅助用房。

监狱医院应当根据监狱医院的等级、押犯结构设置医务科、护理部、预防保健科等职能科室，同时设置独立的内科、外科、急诊室（二级及以上医院设立）、妇科（女犯监狱设立）等相应的诊疗科室；设置检验、放射、心电图、B超等功能检查科室，配置与检查项目相匹配的医疗设备，如500毫安以上的X线诊断仪、全自动生化仪、十二导联心电图机；建有符合属地药品监督管理部门要求的药房（药库）。

医院抢救科（抢救室）应配备洗胃器、电动吸引器、心电监护仪、电动除颤仪、氧气等急救设备，备齐各种抢救药品，对急救室实行六定管理，即定人、定类、定量、定位、定期核对和定时消毒，确保抢救设备设施完好。

监狱医院应在相对独立区域设置手术室，手术室建筑结构应符合卫生行业标准，设置有污染区、半污染区、清洁区，配置与手术等级相匹配的手术床、电动吸引器、无影灯、心电监护仪等设备。同时，手术室应安装空气净化装置和消毒设备，明确专职医务人员对手术室的设施设备进行定期养护和管理。

监狱的独立关押点应当设立医务室，满足罪犯的日常医疗需求。医务室应有独立用房两间以上（诊断室、治疗室），并有明确的功能分区，配备血压计、听诊器、温度计、消毒压舌板、医用担架、带盖污物桶、制式诊断床、药品柜、换药车及配套物品、便携式急救药箱等基本诊疗设施设备；配备办公桌椅、照明灯、资料柜、空调和水池等办公设施；配有罪犯就诊登记本、药品（耗材）领用（消耗）登记本、重点罪犯病情登记本、内外科工具书、急诊手册、病历书写规范等，医疗护理技术操作规范要上墙；保证一定储量的用于抢救的药品和相应物资；配有两名以上从事临床工作5年以上的医师和至少一名护士、两名以上医犯。同时，监狱医务室必须取得属地卫生行政主管部门核发的医疗机构执业许可证，按照许可项目开展诊疗工作。

2. **监狱医院人才与业务建设**

监狱应根据医院等级，按照医疗机构管理条例，配备相应的卫生技术人员，具体为：根据属地卫生行政主管部门对监狱医院医疗机构执业许可证核定的床位，按核定床位的1：（1.2～1.4）配置医院工作人员，其中卫技人员占医院工作人员的85%。卫技人员的构成为医生40%、护士30%、药剂8%、放射6%、其他8%左右。

监狱医院应加强人才梯队建设。要定期引进相关专业医务人员并加强对医务人员的培养与管理，完善医务人员的考核激励机制。每年要安排一定比例的医务人员外出进修，对全体医务人员实行分期分批到协作支援医院短期跟班学习，拓展视野提高技能。省级监狱管理局生活卫生主管部门要集中组织有关医学院校对医务人员进行专业再发展的培训，并对监狱医疗中一些带有共性的深层次业务问题，如伪病的鉴别、心理疾病等进行探讨研究，形成带有指导意义的专业工作规范。监狱医院应针对疑难病例及时开展讨论、业务学习、会诊等业务活动，同时积极参加属地卫生行政主管部门组织的专业学术活动，提高监狱医务人员的业务水平。

3. 监狱等级医院创建

目前，我国监狱一般设有监狱医院和医务室，部分省份建设了中心（区域）医院、精神病医院和传染病医院。有些城市监狱依靠社会医疗资源，只设立了医务室。截止2010年底，全国监狱系统共有注册医疗机构755个，监狱中心医院（含区域性中心医院）33个，监狱医院376个，疾病预防控制机构29个，特殊病犯监区（狱）66个。

医院等级划分是依据医院功能、设施、技术力量等对医院资质进行评定，全国统一，不分医院背景和所有制性质等。按照《医院分级管理标准》，医院经过评审，确定为三级，每级再划分为甲、乙、丙三等，其中三级医院增设特等，因此医院共分三级十等，即：一、二级医院分别分为甲、乙、丙三等；三级医院分为特、甲、乙、丙四等。对符合标准的医院发给铭牌，地方医院由国家卫生部、省卫生厅颁发。其中一级医院是直接为社区提供医疗、预防、康复和保健综合服务的基层医院，是初级卫生保健机构，其主要功能是直接对人群提供一级预防，在社区管理多发病、常见病、现症病人并对疑难重症做好正确转诊，协助高层次医院搞好中间或院后服务，合理分流病人。一、二、三级医院的划定、布局与设置，由属地卫生主管部门根据人群的医疗卫生服务需求统一规划而决定。医院等级划分的标准和指标主要有：医院的规模，包括床位设置、建筑、人员配备、科室设置四方面的要求和指标；医院的技术水平，即与医院级别相应的技术水平，在相应的标准中按科室提出具体的要求与指标；医疗设备；医院的管理水平，包括院长的素质、人事管理、信息管理、现代管理技术、医院感染控制、资源利用、经济效益七方面的要求与指标；医院质量，包括诊断质量、治疗质量、护理质量、工作质量、综合质量等方面的要求与指标。

某省监狱系统为加强监狱医疗工作的行业化、属地化与规范化管理，提高罪犯医疗保障水平，于2010～2012年间在全省监狱医疗机构中开展了达标创建活动，要求监狱医疗机构在通过属地卫生行政主管部门年度一、二级综合医院校验合格后报请省局验收，并对验收合格的单位进行正式挂牌、通报表彰，进而推进监狱医疗机构基础设施建设标准化、管理制度化和运行规范化，将监狱医疗机构打造成"建设达标、管理规范、运行有序、保障有力"的监管医疗执法单位。在属地卫生行政主管部门验收合格后，对照省局制定的《监狱医院建设标准》和《独立关押点医务室建设标准》要求进行自查、整改。自查评估达到900分以上的单位，向省局提出书面申请，省局组织专家评审小组进行评审验收。

拓展阅读

某省监狱系统《监狱医院建设标准》

类别	项目	检查标准及要点	标准分/分	检查方法及扣分标准	扣分/分	扣分原因
监狱医疗机构管理（180分）	监狱医院管理（100分）	1. 明确监狱领导分管医院工作	10	分管领导每年至少四次到医院检查、指导工作，以记录为准，少一次扣3分		
		2. 明确院长负责制	10	院长未主持业务工作扣5分，无人员引进、医务人员考核、设备、经费管理、内部事务管理权及建议权每项扣3分		

续表

类别	项目	检查标准及要点	标准分/分	检查方法及扣分标准	扣分/分	扣分原因
监狱医疗机构管理(180分)	监狱医院管理(100分)	3. 明确一名分管副院长负责罪犯医疗管理	5	未配分管副院长扣5分,无工作开展记录扣3分		
		4. 医院应按司法部和卫生行业标准设置	8	医疗用房面积、每床建筑面积、床单元设施不达标各扣5分,通风、透光不合要求扣3分,建筑不符合卫生学标准扣8分		
		5. 独立关押点医务室	30	独立关押点未设医务室扣30分,设置未达标扣20分		
		6. 基层卫生场所管理	10	各分监区(监区)没有专(兼)用医疗场所、药品柜(橱)、药品台账各扣3分(单独关押点分值加倍)		
		7. 人员配备及职称要求	9	医药护技专业人员结构合理,内外每科人员至少2人以上,缺一类扣6分,缺一人扣2分。医院至少配备1名副主任医师、5名主治医师,缺一名扣2分		
		8. 医院院前急救情况	8	无院前急救组织、措施和装备等每项扣4分;监区民警、罪犯卫生员未进行急救训练扣4分		
		9. 行业属地管理情况	10	查无医疗合作文件、无参加地方会议的记录、无地方卫生行政部门的发文、未向地方卫生部门报告相关事项,各扣2分,与地方卫生行政部门、医疗机构联系人通讯手段不畅通扣2分。与地方医疗、防疫机构挂牌协作加5分		
	医院科室设置(20分)	1. 医院行政管理科室设置	7	监狱医院应设办公室、医务科、护理部、会计室、预防保健科等职能科室,每缺少一个科室扣2分,专(兼)职科室领导每缺1名扣2分,无工作记录扣1分		
		2. 医院临床科室设置	3	医院应设内科、外科、急诊室,每缺一个业务科室扣2分		
		3. 医院医技科室设置	3	医院应设检验、放射、心电图、B超等科室,每缺一个科室扣1分		
		4. 医院药剂科设置	2	医院未设置专用药房、药库各扣1分		
		5. 医院手术室设置	5	医院未设手术室扣5分,无相关手术设备扣3分,无规章制度、操作规程扣2分		
	医院主要制度(60分)	1. 监狱医院院长每月办公会制度	10	缺少制度扣5分,未按标准执行,每少一次扣1分		
		2. 监狱医院院长、科主任、临床医师三级查房制度	10	抽查20份住院病历(手术、抢救病历至少5份),死亡病历必查。无制度扣10分,有制度但无查房记录扣8分		
		3. 十二项医疗核心制度	30	无医疗核心制度(成册)扣5分,一项制度未规范落实扣5分		
		4. 各科室工作制度	10	缺一科室制度扣1分,制度未上墙扣2分《各类岗位技术操作规程》每人一份,缺一份扣2分。抽查30%医务人员,考核熟练程度,每人次不合格扣1~3分		

续表

类别	项目	检查标准及要点	标准分/分	检查方法及扣分标准	扣分/分	扣分原因
疾病预防控制（50分）	精神疾病防治（20分）	1. 监狱精神疾病防治组织情况	6	监狱无精神疾病防治领导小组扣6分，无监狱领导参加精神疾病防治管理工作记录扣4分		
		2. 专（兼）职医务人员配备情况	4	未按省局规定要求配备人员扣4分，无工作开展记录扣2分		
		3. 卫生知识宣教情况	2	每年未开展至少一次的精神疾病知识宣教活动，扣2分		
		4. 精神病犯筛查管理情况	2	未执行扣2分		
		5. 精神病犯康复管理情况	6	精神病犯康复期是否集中管理，是否规范，没有集中扣6分，管理不规范扣4分		
	传染疾病防治（20分）	1. 专（兼）职医务人员配备情况	1	未按省局规定要求配备人员，扣1分		
		2. 传染病犯报告制度落实情况	5	未落实"双报告"制度，扣5分		
		3. 传染病病人及时隔离和治疗	2	延误隔离、治疗，一例扣1分		
		4. 卫生知识宣教情况	2	每年没有开展至少四次传染疾病知识宣教活动，扣2分		
		5. 传染病专用登记本使用情况	2	无专用登记本扣2分，登记不完全扣1分		
		6. 医院传染病隔离病房设置和管理符合专业要求	5	无传染病隔离病房扣5分，病房分类、使用和管理不符合卫生学要求各扣2分		
		7. 结核、肝炎和肠道传染病犯管理情况	3	结核、肝炎和肠道传染病犯是否及时发现，是否集中住院治疗，是否分室隔离，没有扣3分		
	慢性非传染病防治（10分）	1. 有老弱病残犯监区（分监区）	2	没有扣2分，未采取分类管理措施（查登记册）扣1分		
		2. 卫生知识宣教	2	每年至少开展两次慢性病知识宣教活动，没有扣2分		
		3. 医务人员参与结对管理，有分类健康管理档案并有计划矫治记录	4	无医务人员结对扣2分，无分类健康管理档案扣2分，无计划矫治记录扣2分		
		4. 慢性非传染病罪犯能得到规范治疗	2	发现一例不规范治疗扣2分		
罪犯医疗规范和安全管理（120分）	罪犯医疗规范管理（85分）	1. 罪犯疾病能得到及时、合理、有效治疗	10	查10份门诊病历、10份住院病历以及门诊登记本。三日内未确诊每一例扣2分		
		2. 监狱制定有罪犯就诊管理制度		查制度。缺少制度扣2分		
		3. 病犯住院管理符合规范	4	查住院登记本、住院期间医疗文件及住院制度。不符合要求扣4分		

续表

类别	项目	检查标准及要点	标准分/分	检查方法及扣分标准	扣分/分	扣分原因
罪犯医疗规范和安全管理（120分）	罪犯医疗规范管理（85分）	4. 收监体检符合规定	5	未体检扣2分；项目不符合要求扣2分，结论、签名和分类管理不符合要求扣1分		
		5. 医院有独立的候诊区(室)，符合监管和医疗要求	5	没有独立候诊区扣5分，不符合监管和医疗要求各扣3分		
		6. 罪犯(急诊)抢救室医疗设施配备齐全，符合行业规范	5	配备"四机六包"，缺一项扣1分。抢救室药品、设施配备管理不符合行业管理要求扣3分		
		7. 监狱医院手术室区域管理规范，符合行业要求，设施达标	10	医院区域管理不规范扣5分，不符合行业要求扣5分，设施缺项每项扣1分		
		8. 罪犯独立关押点应有专职医务人员	4	无医务人员扣4分，无值班记录扣2分		
		9. 医院定期开展罪犯巡诊工作	4	无制度扣4分，有制度未执行扣3分，执行不规范扣2分		
		10. 罪犯转诊程序符合要求	2	不符合要求扣2分		
		11. 转诊及时	4	发现未及时转诊，延误诊疗的扣4分		
		12. 门诊医疗应及时书写病历，提出诊疗意见	2	查门诊登记本及病历。未及时书写病历扣2分，处置不当扣1分		
		13. 监区卫生所(室)开展医疗活动时应填写罪犯就诊登记记录	2	未建立登记制度扣2分，记录不全扣1分		
		14. 监区(分监区)罪犯应有服药登记记录	2	无制度扣2分，未执行记录扣1分、记录不规范扣1分		
		15. 罪犯门诊、住院病历等医疗文件应由监狱医院统一保管	2	未集中管理(相对)扣2分，集中但不是由医院统一保管扣1分		
		16. 独立关押点卫生所(室)不得进行罪犯静脉输液、过敏类药物注射等医疗操作(抢救等特殊情况除外)	2	无制度扣2分，未按要求操作扣1分		
		17. 严禁使用罪犯独立从事诊疗活动	3	罪犯直接从事诊疗活动，有医务民警管理扣1分，无医务民警管理扣3分		
		18. 严禁使用罪犯书写医疗文件	3	罪犯书写门诊病历、处方和住院病历扣3分；书写其他医疗文件扣2分		
		19. 罪犯医疗工作应由具有执业资格的医务人员担任	3	看人员登记本、排班表，现场查看。不符合要求扣3分		
		20. 从事罪犯医疗工作的女性医务人员安全有保障	3	看制度、现场。无安全保护制度扣3分，未落实保护措施，每人次扣2分		

续表

类别	项目	检查标准及要点	标准分/分	检查方法及扣分标准	扣分/分	扣分原因
罪犯医疗规范和安全管理（120分）	罪犯医疗规范管理（85分）	21. 罪犯护理工作应由男护士完成（男犯监狱）	5	医院应有男护士3~5人，每少一人扣3分		
		22. 在监区康复治疗的罪犯能得到规范治疗	3	发现一例不能定时服药扣1分，无服药登记或医务人员未定时来监区复诊扣1分		
	罪犯医疗安全（35分）	1. 医院有医疗安全管理组织，负责罪犯医疗安全检查和监督	3	无组织扣2分，无专人负责扣1分，无检查记录扣1分		
		2. 罪犯医疗事故、纠纷应急处置预案	4	无预案扣4分，预案不合理扣2分，未落实到位扣4分		
		3. 罪犯食物中毒应急处置预案	4	无预案扣4分，预案不合理扣2分，未落实到位扣4分		
		4. 罪犯中暑应急处置预案	4	无预案扣4分，预案不合理扣2分，未落实到位扣4分		
		5. 传染病流行应急处置预案	4	无预案扣4分，预案不合理扣2分，未落实到位扣4分		
		6. 病情告知制度落实情况	4	保外就医、病情危重、特殊检查和治疗等未落实告知制度，每人次扣2分（特殊情况除外）		
		7. 定期（每季度）和不定期（有针对性）开展医疗安全教育，有罪犯医疗安全（季度）分析制度，有医疗安全分析检查整改记录	8	每年安全教育不得少于4次，少一次扣2分。查会议记录及制度。每季度一次，每缺少一次扣2分，无安全分析制度扣5分，分管监狱领导每年不少于4次，每少一次扣1分		
		8. 罪犯因病死亡报告制度	4	查看报表、记录及死亡病历。发现一起未报扣2分（及时报局狱政管理处、生活卫生处）		
		9. 近一年来定性为医疗事故、重大公共卫生事件、影响较大医疗差错		发生医疗事故扣35分、重大公共卫生事件20分、影响较大医疗差错扣10分		
罪犯医疗保障管理（100分）	罪犯医疗费及管理经费保障（40分）	1. 罪犯医疗费专款专用	5	查2009年以来罪犯医疗费收支账目，不符合要求扣5分		
		2. 罪犯重大疾病医疗诊治经费保障	5	查2009年以来重大疾病罪犯的治疗情况，不符合要求扣5分		
		3. 罪犯各种医疗费用及时到位	5	查2009年以来医疗费用划拨情况，不符合要求扣5分		
		4. 保证罪犯转诊、急救和暂予监外执行医学考察车辆的使用	5	无专用车辆，每人次扣2分		
		5. 医院有长途电话、院长通讯24小时保持畅通	5	没有专用长途电话扣5分，院长通讯不畅通扣3分		
		6. 直接从事罪犯医疗的医务人员享受一线民警相同待遇	10	没有享受到同等待遇扣10分		
		7. 医院信息化设备配置达省局规定标准	5	电脑或打印机每缺少一台扣2分		

续表

类别	项目	检查标准及要点	标准分/分	检查方法及扣分标准	扣分/分	扣分原因
罪犯医疗保障管理（100分）	监狱必备医疗设备（35分）	1. 设备达标情况	25	根据省局规定的监狱医院必备医疗设备清单，缺一台（套）设备扣3分		
		2. 医疗设备专项经费	5	不符合要求扣5分（每犯每年30元标准）		
		3. 医疗设备管理和维护	3	未建立管理档案扣1分，未定人管理和维护扣2分，管理不规范、未建立管理档案扣1分		
		4. 医疗设备采购规范	2	未实行招标采购（比值比价采购）扣2分，招标不规范扣1分		
	罪犯药品管理（25分）	1. 药房管理达标，药品摆放、储存有专用柜架	5	无药品专用柜架扣3分，摆放不规范扣2分，标识不清楚扣1分		
		2. 毒、麻、剧药品做到"五专"和"四专"	2	使用不符合规定扣1分，储存不符合规定扣1分		
		3. 有罪犯药品管理制度	2	无管理和使用制度各扣2分，未严格落实扣1分		
		4. 罪犯药品进出、消耗、报废等有记录	2	无记录扣2分，手续不完备扣1分		
		5. 罪犯自备药品经监狱医院审核验收合格后方可进入监区，建立专门的管理和使用登记台账	5	监狱无药品验收制度，扣3分，无台账扣2分		
		6. 严禁罪犯直接保管药品	5	药品非民警或监狱医务人员保管，扣5分。发现一例罪犯私藏药品扣5分		
		7. 罪犯服药现场有民警监督	2	监区实地查看。无民警管理或无罪犯服药记录各扣1分		
		8. 药品采购严格执行招标制度	2	未实行招标扣2分		
罪犯医疗信息管理（30分）	罪犯健康档案（15分）	1. 罪犯应建有统一编号的健康档案，有专人或兼职人员负责	10	罪犯没有建立健康档案扣5分（全过程医疗文件、收监体检表、健康检查表和罪犯自己携带的重要医疗文件），未统一编号扣2分		
		2. 罪犯健康档案由医院统一保管	2	罪犯健康档案医院没有统一保管扣2分		
		3. 罪犯医疗档案不得随意借阅、复制和泄密	2	未建立借阅、复制制度或因罪犯医疗档案泄密导致纠纷扣2分		
		4. 罪犯健康档案和医疗文件应规范储存	1	不符合要求扣1分		
	罪犯医疗信息管理（15分）	1. 监狱医院信息化管理	4	无信息化应用设施的扣4分，有但未使用扣2分		
		2. 远程医疗会诊管理	3	没有设施扣3分，未设在医院扣2分		
		3. 罪犯收监体检，传染病犯、精神病犯、老弱病残犯数据管理实行微机化管理	2	未实行微机化管理扣2分，数据不全扣1分		

续表

类别	项目	检查标准及要点	标准分/分	检查方法及扣分标准	扣分/分	扣分原因
罪犯医疗信息管理(30分)	罪犯医疗信息管理(15分)	4.传染病、毒剧麻药品使用管理情况应按行业管理规定落实网上直报	2	不能进行网上业务联系扣2分		
		5.监狱医院应有专(兼)职人员负责罪犯医疗信息收集、统计、分析、报送等	2	无专人负责扣2分,报送不及时、不准确各扣1分		
		6.向省局报表及时、准确	2	由省局统一考核、记录,一次不及时或不准确扣1分		
医疗执法管理(20分)	罪犯暂予监外执行医学鉴定(20分)	1.鉴定组织体系齐全	4	疾病伤残鉴定小组建立符合要求,不符要求扣4分		
		2.医学鉴定资料完备	4	表格、记录、医疗病历和重要诊断依据等资料。不符合要求扣4分		
		3.医学鉴定结论准确	4	符合5要素原则、适用条款准确。不符合要求扣4分		
		4.医学鉴定及时办理	3	申请鉴定及鉴定小组处置迅速,若发生因拖延导致后果的扣3分		
		5.鉴定程序操作规范	3	申请鉴定小组申请鉴定过程及鉴定小组鉴定过程程序不规范扣3分		
		6.鉴定标准严格掌握	2	对照司发[1990]247号、苏司通[2003]116号等条款。不符合要求扣2分 方法:抽查2009年以来10份罪犯暂予监外执行档案(其中5份保外就医,其余为续办或年老多病生活不能自理暂予监外执行罪犯),不足10份的全查		

拓展阅读

某省监狱系统《独立关押点医务室建设标准》

类别	项目	检查标准及要点	标准分/分	检查方法及扣分标准	扣分/分	扣分原因
基础条件(50分)	医疗场地建设(20分)	1.医务室有独立用房两间以上(诊断室、治疗室),并有明确的功能分区,管理规范	10	少一间扣5分,功能分区不明2分,管理混乱扣3分		
		2.室内通风、透光、照明状态良好,有防蚊蝇设施	4	不合要求每项扣1分		
		3.室内墙体、地面符合卫生学要求	4	室内墙体有斑驳、渗水情况扣2分,地面不符要求扣2分		
		4.室内外环境卫生良好	2	室内外环境卫生脏乱差扣2分		
	办公设施条件(20分)	1.有水池和清洁自来水源	5	无清洁水源扣5分,无水池扣2分		
		2.办公桌椅、资料柜等办公设施配套、整齐划一。	10	办公桌椅柜等办公设施不配套扣5分,室内物品排放不整齐扣2分,不干净扣2分		

续表

类别	项目	检查标准及要点	标准分/分	检查方法及扣分标准	扣分/分	扣分原因
基础条件（50分）	办公设施条件（20分）	3. 有空调、电话、电脑等办公设备	5	少一样扣2分，全无扣5分		
	人员配备（10分）	1. 至少配有医师两人，并从事临床工作5年以上	6	缺一人扣3分，无资质扣2分，从事临床工作未满5年以上扣2分		
		2. 至少配有护士1人	3	无护士扣4分，无资质扣2分		
		3. 有两名以上医犯协助工作	1	缺一名扣0.5分		
医疗管理（50分）	医务室管理（10分）	1. 有医务室管理规定	2	无扣2分，未上墙扣1分，执行不力扣1分		
		2. 医务室工作制度	2	无扣2分，未上墙扣1分，执行不力扣1分		
		3. 医务人员工作职责明确	2	无扣2分，未上墙扣1分，执行不力扣1分		
		4. 罪犯就诊管理规定	2	无扣2分，未上墙扣1分，执行不力扣1分		
		5. 罪犯转诊管理规定	2	无扣2分，未上墙扣1分，1例执行不力扣1分		
	医务室医用设施管理（30分）	1. 有制式诊断床	2	无扣2分		
		2. 药柜容量符合临床要求，药品摆放整齐、功能分区明确	6	容量不足扣2分，药品摆放零乱扣2分，未归类存放扣2分		
		3. 落地照明灯、紫外线消毒灯（车）、手电筒	4	一项没有扣2分		
		4. 换药车及配套物品齐全，管理符合要求	6	换药车配置：器械盘（止血钳、镊子、手术刀柄及刀片、持针钳、缝合针及缝合线等），无菌敷料罐、泡镊罐，75%酒精棉球罐，无菌生理盐水罐，5%碘酊（或碘伏），红汞，利多卡因注射液、注射器、棉签、弯盘。一项没有扣1分，管理不符合要求扣5分		
		5. 血压计、听诊器、温度计、消毒压舌板	4	一项没有扣2分		
		6. 便携式急救药箱，各种药品、器械配备齐全	4	急救药箱配置：按综合急救药箱标准配置（即购买时配置药品和器材），缺一类扣1分，管理不符合要求扣2分		
		7. 医用担架	2	没有扣2分		
		8. 带盖污物桶	2	无扣2分		
	必备学习资料（5分）	《医疗护理技术操作规范》、内外科工具书、急诊手册、病历书写规范、常见疾病抢救预案、至少订有一份临床医学杂志、学习笔记本	5	一类没有扣1分		
	必备登记材料（5分）	有罪犯就诊登记本，药品、耗材领用、消耗登记本，重点罪犯病情登记本	5	一类没有扣1分，没有使用扣1分		

注：1. 独立关押点必须设立医务室，未设立的或检查未达到合格标准的监狱医院不能达标；2. 独立关押点医务室检查标准分为100分，得90分以上为合格，70～90分为基本合格，70分以下为不合格，判定为不合格的医务室要限期整改。

（二）监狱医疗质量管理

医疗质量是监狱医院管理的核心内容，也是各部门、科室质量控制工作的综合反映。加强罪犯医疗质量管理是保障患病罪犯得到及时、有效、安全治疗，降低狱内因病死亡率的基本要求。监狱医院要推进全面质量管理、全过程管理和全员参与管理，持续改进医疗质量。

1. 医疗质量管理体系建设

监狱医院应建立医院医疗安全和质量管理委员会、科室质量管理和个体质量管理三者组成的三级体系。

管理委员会由院长和分管业务副院长任主任和副主任，委员由科主任、业务骨干等人员组成。医疗安全和质量管理委员会主要负责全院医疗质量管理具体工作的实施、监督、检查、统计分析和评价工作；制定全院性的质量管理规划、质量管理目标、医院安全与质量管理制度和主要措施；组织全院医疗质量的教育和培训；定期进行罪犯医疗质量安全分析，制定改进和控制措施。

科室医疗质量管理实行科主任负责制，组织实施科室医疗质量管理工作，严格落实质量管理的各项规章制度，进行质量教育，检查本科室医疗缺陷并及时纠正，分析总结本科室医疗质量，定期向管理委员会汇报。

个体质量管理是各级医务人员的自我管理，是医疗质量控制的主体。要落实各级各类人员的质量责任，做到人人参与质量控制、层层负责、逐级把关。

2. 医院感染控制管理

监狱医院应建立院内感染控制组织、管理制度和工作流程，严格落实医院感染控制措施，定期对医院诊疗环境尤其是手术室、治疗室等环境的空气、物体表面进行消毒效果监测，加强院内感染病例监测，及时掌握院内感染情况。完善监狱医院功能布局，确保符合医院院内感染控制技术要求，严格传染病房和普通病房诊疗分开管理，防止发生交叉感染。加强对消毒器械、一次性医疗器械、器具的监测，强化对隔离病房、手术室、治疗室、口腔科等重点部位的控制管理，督促医务人员严格执行无菌操作、消毒隔离措施。严格落实医疗废弃物管理要求，规范医院一次性医疗垃圾的分类存放、消毒、转运和无害化处理，保证医疗垃圾处置符合行业要求。

3. 医疗质量控制管理

监狱医院应建立医疗安全和质量管理委员会，制定医疗质量管理控制规划，持续抓好医疗质量的持续改进，定期组织监狱医务人员开展基础知识、基本技能、基本理论的训练和考核，夯实医务人员的基本功。有计划、有组织地开展监狱医疗质量检查，重点加强对门诊、住院病历书写的检查考核，确保住院病历甲级率在80%以上，通过病历书写质量检查，检查监狱医疗过程中门诊诊断与出院符合率、病人入院三日确诊率、入院诊断和出院诊断符合率、治愈好转率等质量控制指标是否符合卫生行业指标要求。

4. 护理质量控制管理

监狱医院应建立护理管理委员会，制定质量管理目标和达标措施，加强对护理质量的控制管理，定期开展护理质量检查，确保护理四种表格（体温表、医嘱联系单、护士交接班与护理记录）书写合格率在85%以上，对病人的基础护理质量合格率达100%，对检查发现的问题与不足，制定相应的整改措施。加强对无菌技术，生命体征监测技术，口腔护理技术，导尿技术，静脉采血技术，静脉注射法，肌内、皮内、皮下注射法，心肺复苏，物理降温法和口服给药法等护理技术的考核，确保合格率在100%。

5. 功能检查质量控制管理

监狱医院应建立功能检查科室质量控制机制，提高功能检查结果的正确率，降低误诊率和漏诊率。监狱医院每年应制订功能检查人员外出培训计划，持续改进功能检查人员的检查水平，完善功能检查科室内部质量控制机制，做到每项功能检查有监督、双审核。同时，监狱医院应有计划、有组织地开展功能检查科室检查质量的控制检查，确保X线片甲级率大于30%，检验报告及时、准确、规范。监狱应加大对功能检查设备的投资，及时淘汰落后陈旧的检查设备。监狱医院应积极与支援医院联系，定期邀请上级医院功能检查专家来监对各种功能检查设备进行质量控制，确保功能检查设备完好、运转正常。

监狱医疗质量管理模式如图4-2所示。

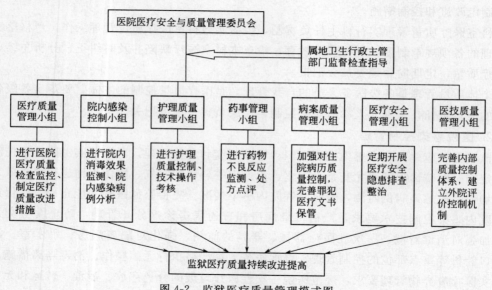

图4-2 监狱医疗质量管理模式图

（三）罪犯体检管理

监狱应加强对罪犯健康体检工作的管理，掌握罪犯入监时的健康状况，定期开展罪犯在押期间的健康体检，分析罪犯在押期间的健康状况、发病情况，并针对罪犯的健康状况及患病情况，制定有针对性的干预措施和个性化治疗方案。

1. 罪犯健康体检管理的组织

监狱应成立罪犯健康体检管理的组织，负责罪犯收监、在押期间有关健康体检的组织实施、体检资料分析、制定干预措施和效果评估等。监狱医院成立由医院院长为组长，由责任心强、业务素质高、有丰富临床工作经验的医务人员为组员的罪犯健康体检小组。罪犯健康体检小组应保持相对稳定，遇有成员调整应及时补充并做好相应交接工作，确保体检工作的连续性。

2. 罪犯健康体检管理的要求

所有入监罪犯在收监时必须到监狱医院进行健康体检,包括新收押、调入、逃脱追回、重新收监等;罪犯在押期间每两年进行一次健康体检,鉴定为老弱病残的罪犯每年进行一次健康体检;特殊工种罪犯应按要求进行上岗前、在岗期间每年一次、离岗时和应急健康体检;女犯应针对生理特点增加每年一次的妇女病检查;对禁闭前后的罪犯、有可能涉及法律纠纷即将出监的罪犯和其他特殊情况的罪犯,应及时进行相关方面的检查。所有体检资料、结论应该及时存入罪犯个人健康档案。

3. 罪犯健康体检的内容

罪犯健康体检的内容按照医疗行业门诊诊疗规范进行,具体如下。

(1) 病史采集　包括现病史,有无不适症状,所患疾病的既往诊治病史,有无肝炎、结核病等传染病史,有无高血压、糖尿病等慢性病史,有无精神病病史,有无外伤或手术史(主要包括骨折、脏器摘除、手术治疗等情况),有无药物过敏史,有无吸毒史,有无遗传性疾病等。

(2) 体格检查　检查罪犯的体温、呼吸、脉搏、血压等生命体征,进行神志、精神、发育、脊柱及四肢功能检查,浅表淋巴结检查,皮肤检查,五官检查,心肺检查,腹部检查等,女性罪犯增加相应的妇科检查内容。

(3) 实验室和功能检查　在体检当日完成血常规、尿常规、肝肾功能、血糖检查、胸部摄片检查,对有明确既往病史者应增加相关检查项目,体格检查有异常者增加B超等特殊检查。所有新入监罪犯一律进行艾滋病病毒抗体检测,由监狱医院或属地疾病预防控制中心来监采集罪犯血液标本。

4. 罪犯健康体检的结果和处置

监狱医院罪犯健康体检小组应及时对健康体检资料进行综合分析并出具体检结论,体检结论由体检小组组长签字盖章后存入罪犯个人健康档案。

(1) 新入监罪犯健康体检结果处置　在新入监罪犯体检过程中,发现罪犯既往患过较为严重的疾病、受过较大的外伤或残疾、检查发现有阳性体征或疾病等情况时,应由看守所送押民警和罪犯本人签字确认,必要时保留语音影像资料。对身体内有异物(如金属钢板、支架、起搏器等)或重大损伤、残疾的罪犯必须进行摄片、拍照保存证据,以免日后发生纠纷。

发现正在患病的罪犯应及时安排到监狱医院门诊或住院治疗,发现罪犯患有传染病或疑似传染病时,应及时隔离治疗。对所有新入监罪犯在入监监区隔离两周,严防将传染病带入监狱。发现慢性病罪犯时,监狱应及时进行疾病鉴定分级并纳入监狱疾病分级管理系统,明确责任医务人员进行监测和治疗。

入监体检时发现罪犯具有暂予监外执行情形不宜收押的,监狱应及时启动保外就医程序,提出书面意见报省级以上监狱管理机关批准。

(2) 罪犯在押期间健康体检结果的处置　监狱医院罪犯健康体检小组应对每年的体检结果进行综合分析,分析在押罪犯的疾病分布情况、疾病发病率、人群年龄分布,进行疾病预防效果评价,并针对罪犯疾病发病与罪犯劳作项目进行关联分析,形成罪犯健康体检报告,为监狱制订罪犯疾病预防治疗计划提供科学依据,也为监区有针对性开展疾病预防治疗提供指导意见。

对体检新发现的慢性疾病，监狱医院应及时进行疾病鉴定分级，按照疾病分级管理要求进行管理，明确责任医师进行监测和治疗。对以往已经确定为慢性疾病的罪犯，通过体检评价慢性病罪犯防治效果，对效果不明显或疾病继续发展的，应及时调整治疗方案并及时跟踪。对体检发现正在患病的罪犯，医院应及时与监区民警联系，督促监区及时安排罪犯到监狱医院门诊就医或住院治疗。

对禁闭前后的罪犯，有可能涉及法律纠纷即将出监的罪犯和其他特殊情况的罪犯，监狱医院应及时给予健康体检，健全特殊体检资料保管制度，并向监狱狱政部门提出医学指导意见，为监狱公正文明执法提供医学依据。

罪犯体检管理模式见图4-3。

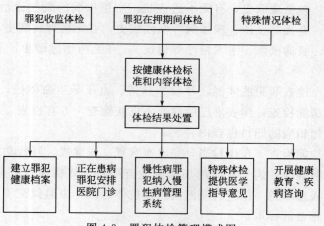

图 4-3 罪犯体检管理模式图

（四）罪犯病（亡）鉴定管理

监狱应加强罪犯疾病和因病死亡的鉴定管理。我国《监狱法》第五十五条规定：罪犯在监狱服刑期间死亡的，监狱应当立即通知罪犯家属和人民检察院、人民法院。罪犯因病死亡的，由监狱作出医疗鉴定。人民检察院对监狱的医疗鉴定有疑义的，可以重新对死亡原因作出鉴定。罪犯家属有疑义的，可以向人民检察院提出。

1. 监狱罪犯病（亡）鉴定管理的组织

监狱应成立由医院院长为组长，由责任心强、业务素质高、有丰富临床工作经验的医务人员组成的罪犯病（亡）鉴定小组，负责监狱罪犯疾病鉴定和罪犯因病死亡鉴定的管理工作。监狱病（亡）鉴定小组的人员组成应报省级监狱管理局批准，罪犯病（亡）鉴定小组的成员应保持相对稳定，确需调整小组成员时需要事先报批。

2. 罪犯因病死亡鉴定

罪犯在监狱内因病死亡，包括在监狱医院抢救无效死亡和在狱外医院抢救无效死亡两种情况。罪犯因病死亡后，经治医师或抢救医师应及时报告科主任和医院院长，由医院院长报告监狱刑罚执行部门和监狱分管领导，监狱应通知罪犯家属和人民检察院、人民法院并报告省级监狱管理局。

罪犯因病在监狱医院死亡的，监狱要及时组织对死亡罪犯进行死亡原因鉴定，并妥善保管好各种医学资料和抢救记录。医院鉴定要客观、真实。罪犯家属或人民检察院对死亡原因有疑义的,监狱可以重新进行鉴定,必要时,在征得罪犯家属同意后,邀请具有专业资质的人员进行尸检。罪犯因病死亡后,监狱医院应于一周内组织开展死亡病例讨论。讨论由临床科主任主持,科内成员参加,必要时医院院长、业务副院长和其他相关人员也参加,讨论内容主要是分析死亡原因、诊治中存在的不足和临床经验教训等。

罪犯因病在监狱外医院病亡时,由救治医院提供罪犯抢救记录、抢救措施、死亡原因和各种抢救医学资料。罪犯家属或人民检察院对医院提供的死亡鉴定有疑义时,可申请重新鉴定,必要时,监狱征得罪犯家属同意后委托专业机构进行尸检。

监狱应在罪犯死亡48小时内填写《监狱罪犯狱内因病死亡报告表》报省级监狱管理局。罪犯尸体应于24小时内送属地殡仪馆安置。

3. 罪犯保外就医鉴定管理

在押罪犯在诊疗过程中,监狱认为现有监狱医院的医疗条件不能满足医疗需求且符合保外就医法定情形的,监狱应及时为病犯启动保外就医鉴定程序。

(1) 罪犯保外就医鉴定　根据罪犯病情,经经治医生、科内及医院讨论,监狱医院提出罪犯保外就医申请,在监狱外医院住院诊疗的罪犯,由监狱医院根据监狱外医院的医疗诊断书及讨论意见提出申请,填写《罪犯保外就医疾病伤残鉴定申请表》。监狱罪犯保外就医疾病鉴定小组接到书面申请后于15日内组织鉴定,对病情危重有死亡危险的要及时进行鉴定。鉴定小组要认真了解病情,审阅有关资料,对资料的完整性、真实性予以查证并听取有关意见。对难以作出鉴定结论的病例,监狱可向省级监狱管理局作出专题报告,由其组织专家调查、审议或重新鉴定。要做好鉴定记录和鉴定材料的电子存档,填写《罪犯保外就医疾病伤残鉴定表》报监狱刑罚执行部门。

(2) 罪犯保外就医考察　监狱应适时组织对保外就医罪犯的全面考察。考察前,医务人员要事先掌握所要考察罪犯的基本病情,必要时可携带相关的医学资料。考察时医务人员要同罪犯本人见面,详细询问疾病治疗情况,了解目前疾病状况,进行相关的体格检查,必要时要带罪犯到所在地县级以上医院进行相关检查。考察结束,医务人员要填写《罪犯保外就医执行实地考察表》,考察获取的医学资料及时交监狱罪犯保外就医疾病鉴定小组。

(3) 罪犯保外就医的延长和收监　考察结束后,监狱罪犯保外就医鉴定小组要及时对保外就医罪犯进行病情鉴定。病情符合保外就医疾病伤残范围的,完成延长保外就医鉴定材料,交监狱刑罚执行部门办理延长保外就医手续。

刑罚执行部门根据考察结果,对符合收监条件的罪犯进行调查取证,查证属实的,制作《罪犯暂予监外执行收监执行审批表》,与调查取证的病历材料、公安(司法)机关的证明材料等一并提交监狱,监狱确认需收监执行的,上报省级监狱管理局批准。省级监狱管理局批复同意收监的,监狱应及时将情况通知相关公安(司法)机关,商定具体事项,制定收监方案。保外就医罪犯现实危险性较大需立即收监的,监狱经电话请示省级监狱管理局同意,可先予以收监再呈报相关手续。

(五) 罪犯医疗文书管理

罪犯医疗文书是罪犯收监后在所有的医疗活动中形成的具有保存价值的文字、图片、照片、影像、计算机数据等文件材料以及入监时携带的医学资料,它是监狱医疗行为的有效证明，是监狱公正执法的有效证据。监狱应加强罪犯医疗文书的管理。

监狱医院应设有保管罪犯医疗文书的病案室。病案室要保持通风，做到防盗、防潮、防霉、防火、防晒、防虫、防尘。病案室要有专人负责，管理人员必须具备良好的职业道德和业务水平，能自觉维护罪犯健康权益，严格执行医学档案管理的规章制度。罪犯医学文件应一人一档，所有档案要进行登记、编号、分类、统计和必要的加工整理，以便查找。罪犯医疗文书内容不得随意泄露，涉及罪犯隐私的应当保密。罪犯调监时，医学档案应随罪犯移交到其他监狱；罪犯假释、暂予监外执行的，医学档案仍由监狱医院保管。

1. 罪犯收监时的医疗文书管理

罪犯收监时监狱医院要认真进行入监体检，体检医师必须认真填写入监体检表。体检时应详细询问病史、认真检查罪犯体格，进行必要的医技检查，体检记录要翔实。对有外伤或外伤后遗症、器官移植或脏器切除、身体有残疾或功能障碍等情形的，医院应认真做好记录并追索过去的医学资料，必要时进行影像留存，由罪犯本人和送押看守所民警签字确认，对身体内有异物（如金属钢板、支架、起搏器等）或重大损伤、疾病的罪犯必须进行摄片或拍照保存证据。所有资料存入医院病案室进行集中保管。

罪犯收监体检结束后，监狱应及时对体检情况进行分析，并在罪犯健康体检表上出具体检结论。罪犯入监体检表一式两份，一份存入罪犯副档，一份随同入监体检时收集的语言音像、罪犯携带的原始医学资料交监狱医院病案室集中保管。

2. 在押罪犯健康体检资料管理

监狱组织罪犯例行健康体检时，应详细询问病史、认真检查体格，进行必要的医技检查。健康体检小组应及时对罪犯本次健康体检结果与上次健康检查结果进行比对分析，根据罪犯健康变化情况提出具体医学指导意见。所有体检医学资料及指导意见存入罪犯健康档案，同时书面反馈给罪犯所在监区。

3. 罪犯在押期间医疗文书管理

罪犯在押期间因病到监狱医院就诊时，监狱医院首诊医生必须为罪犯建立门诊病历，按照门诊病历书写规范认真书写门诊病历。罪犯门诊结束后门诊病历由监狱医院门诊部统一保管，罪犯复诊时到监狱医院门诊部领取本人门诊病历方可门诊。

罪犯门诊后，首诊医师认为需住院进行进一步治疗时，病区床位医师应对住院病人及时建立住院病历。住院期间，病区医师、护士应及时对进行的各种医疗行为进行记录，如体温记录、医嘱、查房、病情告知书、手术同意书等。罪犯住院期间监狱请外院专家会诊的资料（如远程会诊、专家来院会诊等），或罪犯到监狱外医院进行检查的资料，应及时在住院病历中进行详细记载。监狱外医院的检查资料要及时上交监狱医院病案室，存入罪犯个人档案。罪犯出院后，床位医师应及时对住院病历进行整理，整理后上交医院病案室集中保管。对危重病犯抢救、疑难病犯讨论或会诊等以及可能产生执法纠纷的医疗活动，监狱医院应进行全程录像，录像资料交医院病案室集中保管。罪犯刑满释放后，罪犯门诊病历及时交医院病案室存入罪犯健康档案并移交监狱狱政部门。

4. 特殊医学资料管理

监狱在刑罚执行过程中依法对罪犯实施惩处，必须保证罪犯的身体健康。监狱在对罪犯进行禁闭等执法活动时，监狱医院应对罪犯禁闭前和禁闭后进行健康体检，提出医学指导意见。体检意见一式两份，一份交狱政（侦）部门，一份随同检查资料交病案室。

对罪犯自伤自残、打架斗殴的，监狱医院应对救治情况及医疗过程及时进行详细记录，必要时对伤口处理等过程进行拍照。所有医学资料一式两份，一份交监狱狱政（侦）部门，一份交医院病案室。

对罪犯工伤等出监后有可能涉及法律纠纷和其他特殊情况的，监狱医院应建立专门的医学资料管理制度，对涉及罪犯诊治过程的所有资料进行集中保管。在罪犯出监前对其进行健康体检，检查资料一式两份，一份交监狱刑务作业部门，一份交医院病案室。

罪犯保外就医所有的鉴定资料、鉴定记录由监狱鉴定小组集中保管。鉴定材料实行电子存档。对保外就医罪犯医学考察结束后，考察的医务人员应及时将所有考察资料交监狱保外就医鉴定小组集中保管。

罪犯医疗文书保管见图 4-4。

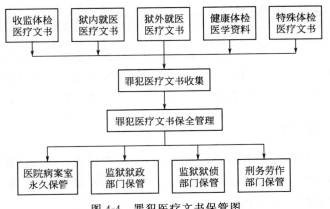

图 4-4 罪犯医疗文书保管图

（六）社会医疗资源利用管理

为充分发挥社会医院技术和资源优势，有效提高监狱医疗保障水平，监狱要在属地卫生行政主管部门的领导下，积极探索利用社会资源。针对监狱医院技术力量不足、医疗设备相对落后等情况，监狱应主动与属地卫生行政主管部门联系、沟通，争取扶持，将监狱医院纳入属地卫生行政主管部门重点对口支援范围，建立对口支援机制。

1. 签订对口支援协议，规范帮扶项目

监狱医院在属地卫生行政主管部门的支持下，本着就近的原则与社会二、三级医院签订医疗对口支援协议，明确帮扶内容和项目。

对口支援医院指导监狱医院建立院内感染控制、手术分级、病历质量控制等质量监控体系，规范三级查房、知情同意、病历书写等医疗核心制度，健全诊疗工作流程。

对口支援医院每年免费接受监狱医院医务人员的短期跟班培训，保证监狱临床医务人员每年都接受培训，重点围绕提高急危重症的研判水平和急诊救治处置水平等进行培训。

对口支援医院指导监狱医院进行技术准入、手术评估等建设，属地卫生行政主管部门在监狱医院条件许可并在对口支援医院的支持下，可适当放宽监狱医院二级手术等诊疗项目，进而有效减少罪犯外出手术和诊疗等频次，降低监狱安全风险。

对口支援医院应监狱要求进监开展手术治疗时，要组织术前诊断、手术风险和技术准入评估，并获得卫生行政主管部门的审批和备案。必要时，对口支援医院可给予监狱手术

物资和药品等支持。

对口支援医院应配合监狱做好病犯就诊或住院过程中的安全保卫工作，防止发生罪犯脱逃、自杀、行凶等事故，控制非医务人员与罪犯的接触，同时要做好保密工作，严格罪犯医疗文书资料的保管。

2. 加强信息沟通，建立绿色通道

监狱医院和对口支援医院应加强信息沟通和资源共享，保持通讯畅通，建立由对口支援医院各临床科室主任组成的专家库，开设专家咨询热线为监狱提供医疗咨询服务。对口支援医院和监狱医院应共同研究制定罪犯急诊救治绿色通道，将监狱纳入支援医院120救护覆盖范围，并定期联合开展紧急救治模拟演练，提高紧急救治处置能力。

三、罪犯公共卫生管理

监狱应加强公共卫生体系建设，完善公共卫生事件应急处置预案、组织管理和工作机制，开展疫情监测、预警，定期开展模拟演练，提高监狱公共卫生管理水平。同时，监狱要加强对在押罪犯传染性疾病的管理，开展传染病防治知识宣传教育。

（一）疫情监测与处置

监狱必须加强疫情的监测和预警，及时做好预防和控制，普及突发公共卫生疫情处置知识，开展突发疫情处置演练，提高监狱对疫情预防和控制的能力，最大限度降低或消除疫情的发生，坚决杜绝重大疫情的发生。

1. 预案管理

监狱应将监狱公共卫生工作纳入属地管理，根据所在地突发公共卫生事件应急预案，结合监狱实际制订突发公共卫生事件应急预案。预案要报所在地卫生应急办公室备案并报省级监狱管理局备案。监狱公共卫生工作要纳入地方统一规划，接受地方卫生应急办公室的业务指导。监狱要参加地方卫生行政部门组织的突发公共卫生事件模拟演练，定期邀请所在地卫生行政主管部门、卫生应急办来监指导工作，不断完善监狱突发公共卫生事件应急预案。

2. 疫情监测

医务室和各监区罪犯卫生员、疾控员为监狱疫情的监测点，负责所管辖区域疫情的监测。

各监区罪犯卫生员应在每天早晨对监区罪犯进行晨检，全面掌握本监区罪犯的健康状况，对监区发现疑似传染病、不明原因群体性发热等聚集性疾病时，应增加测量体温等检查，分析疾病发生原因，采取必要的措施并及时报告监狱。

医务室对每日就诊疾病进行统计，发现短期某种疾病群发等现象的要及时向监狱报告。

监狱医院应指定专人负责日常门诊统计分析工作，全面分析罪犯疾病发病、分布情况，对短期出现疑似传染病、不明原因群体性发热和群体性疾病等疫情时，门诊医生应及时向监狱医院领导报告，监狱医院应及时将疾病监测情况向监狱报告。

3. 疫情预警

根据医务室、监区罪犯卫生员及监狱医院门诊提供的监测信息，监狱医院会同监狱生活卫生管理等部门及时到达现场进行调查核实，研究分析监测信息，研判发展趋势、危害程度、可能波及范围等，根据疫情的发生、发展规律和特点，分析其对罪犯身心健康的危害程度、可能的发展趋势及时做出预警。

4. 疫情报告

监狱医院和生活卫生管理部门等接到监区、医务室、监狱医院门诊疫情报告后，应迅速组织相关专业人员前往发生可疑疫情的监区，对可疑病人进行核实判断，对不能排除传染病、不明原因群体性发热等疫情时，应及时报告监狱，监狱应及时报告地方卫生行政主管部门，请求地方卫生行政主管部门专家来监调查核实，必要时由地方应急办邀请省级专家来监狱核实诊断。同时，监狱应向省级监狱管理局报告疫情、地方卫生行政主管部门的意见和所采取的处置措施等情况。

5. 疫情处置

地方人民政府或卫生应急办经现场调查核实，确认监狱发生突发公共卫生事件的，地方政府宣布启动突发公共卫生事件应急预案及应急响应级别。监狱应立即启动监狱突发疫情应急预案，按照分级响应的原则作出相应级别的应急反应。

监狱应迅速组织协调有关部门参与突发公共卫生事件的处置，划定疫情控制区域，限制疫情控制区域罪犯的出入，必要时停止生产劳动和有关集体活动；采取封闭或者封存被传染病病原体污染的公共饮用水源等紧急措施，严格控制外来人员进入监狱并加强进出监狱车辆的管理。

监狱医院协助地方医疗机构开展病人接诊、收治和转运工作，实行重症和普通病人分开管理，对疑似病人及时排除或确诊；协助地方疾控机构人员开展标本的采集、流行病学调查工作；做好院内感染控制、消毒隔离、个人防护、医疗垃圾和污水处理工作；及时进行传染病的报告。

监狱医院应配合地方疾病预防控制机构开展突发公共卫生事件的调查与处理，开展对突发事件累及人群的发病情况、分布特点的调查分析，提出并实施有针对性的预防控制措施；对传染病病人、疑似病人、病原携带者及其密切接触者进行追踪调查，查明传播链，指导监区做好消毒隔离工作。

监区应按照要求对密切接触者进行隔离、医学观察，隔离观察期限以该病的最长潜伏期为准。对发现密切接触者出现临床表现时，监区应及时送医院进行隔离治疗。隔离期满未出现新发病例的，按照地方疾病预防控制机构要求解除隔离。同时，监区应做好随时消毒工作，对监区的生产、生活场所及时进行消毒。

6. 疫情应急反应终止

经地方卫生行政主管部门、业务技术部门及监狱的共同处置，当监狱突发疫情的隐患或相关危险因素消除，或末例传染病病例发生后经过最长潜伏期无新的病例出现时，地方卫生行政主管部门组织专家进行分析论证，提出终止应急反应的建议，报所在地人民政府批准后实施。监狱根据地方人民政府的批准宣布疫情应急反应终止，结束应急响应。

突发疫情结束后，监狱应组织有关人员对突发疫情的处理情况进行评估。评估内容主要包括事件概况、现场调查处理概况、病人救治情况,所采取措施的效果评价,应急处理过程中存在的问题和取得的经验及改进建议等。评估报告要上报属地卫生行政主管部门和省级监狱管理局。监狱应积极做好疫情监区罪犯的心理疏导工作,消除罪犯的恐惧心理。

监狱疫情监测与处置流程见图 4-5。

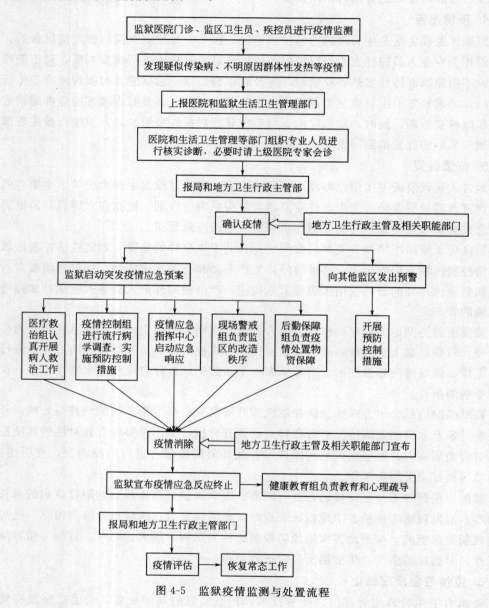

图 4-5 监狱疫情监测与处置流程

(二)传染性疾病预防与治疗管理

为了有效预防和控制传染病在狱内的发生、传播和流行,确保罪犯免受传染病的威胁,监狱必须按照属地卫生行政主管部门的要求,根据地方卫生行政主管部门疾病预防和控制规划,结合监狱实际,建立监狱传染病预防与治疗管理机制。

1. 传染病罪犯的发现

（1）罪犯收监体检时发现　所有罪犯入监时监狱医院必须在第一时间对入监罪犯进行全面健康体检。体检时医务人员须详细询问病史，进行常见传染病检查，对有可疑传染病以及不明原因发热等情况的罪犯，应及时隔离进行进一步的检查以明确诊断。对确诊为在传染期的传染病罪犯应及时送监狱医院进行隔离治疗。

（2）罪犯健康体检及疾病筛查时发现　罪犯健康体检的内容包含常见传染病检查如肺结核，乙型、丙型肝炎等。对健康体检发现的传染病，监狱及时通知所在监区送罪犯到监狱医院进行隔离治疗。

监狱根据属地卫生行政主管部门的疾病预防和控制规划，定期联系并配合属地疾病预防和控制部门开展羁押人员艾滋病病毒抗体筛查、结核病筛查。对筛查出艾滋病病毒抗体阳性的罪犯，监狱应配合属地疾病预防和控制部门开展流行病学调查，同时及时联系艾滋病关押监狱，将罪犯送艾滋病关押监狱进行集中关押治疗。在送治前，监狱要对罪犯进行告知并做好教育工作。对筛查发现的疑似结核病病犯，监狱应及时邀请属地结核病防治机构进行诊断，监狱医务人员负责督导管理，确保罪犯接受规范治疗，提高结核病的治愈率。

（3）罪犯日常门诊时发现　监狱医院应设立预检分诊室，对各监区所送病犯首先实行预检分诊。当发现可疑传染病时，应将可疑传染病罪犯分流至传染病门诊进行诊治。对确诊的传染病罪犯，医院要及时收到传染病病房进行隔离治疗。对一时不能明确诊断的罪犯要先进行隔离和医学观察，必要时邀请属地疾病预防控制中心或上级医疗机构专家来监会诊。确诊为传染病的要及时住院进行隔离治疗，对排除传染病的罪犯及时解除隔离。

2. 传染病罪犯的控制管理

（1）隔离传染病罪犯　监狱医院对罪犯入监体检、健康体检、疾病筛查和日常门诊中发现的可疑传染病罪犯，要及时收传染病病房进行隔离。传染病病房隔离标准按卫生行政部门规定执行，要防止发生传染病的医源性感染和医院院内感染。

监狱医院在罪犯隔离期间，按照传染病防治"早发现、早诊断、早报告、早隔离、早治疗"的要求，尽快对病犯进行明确诊断。对不能明确诊断的，监狱要及时邀请属地疾病预防控制中心或上级医疗机构专家来监会诊。

（2）传染病报告　监狱医院首诊医务人员是传染病报告的责任医生，对发现可疑或诊断为传染病的，应及时填写传染病报告卡并报告监狱医院的防疫部门。监狱医院防疫部门在接到传染病报告卡后应及时进行核实诊断，对诊断为甲类传染病和乙类传染病中需要进行甲类管理的病人或疑似病人，如炭疽、传染性非典型肺炎等应于2小时内将传染病卡进行网络报告；对发现其他乙类传染病病人、疑似病人和按规定报告的传染病病源携带者应于诊断后24小时内进行网络报告。

（3）传染病治疗　监狱医院对诊断为传染病的罪犯应严格按照卫生部传染性疾病诊断标准和治疗技术方案进行诊断、治疗；对监狱医院无条件治疗的病犯，应及时转送地方医院或省级监狱管理局所属的传染病医院（监狱、监区）。

3. 传染病的预防

（1）对接触者的预防措施　接触者是指曾接触传染源或可能受到传染并处于潜伏期的

罪犯。监狱医院在收监体检时发现传染病罪犯的，应及时通知入监监区对同一批次罪犯进行相对隔离观察，实施隔离期限应自最后接触之日算起，相当于该传染病的最长潜伏期。医务人员每日进行巡诊、测量体温，注意早期症状的出现，如出现早期症状应及时送监狱医院进行隔离治疗。对罪犯健康体检和日常门诊发现的传染病罪犯，监狱医院应及时深入监区进行传染病流行病学调查，排摸密切接触者，指导监区民警加强对接触者的医学观察，如有异常及时送监狱医院进行隔离观察。

对某些潜伏期较长的传染病接触者，可对接触者进行自动或被动免疫应急预防接种。对某些有特效药物防治的传染病，必要时可用药物预防，如用强力霉素预防霍乱、用青霉素或磺胺药物预防猩红热等。药物预防最好只用于密切接触者，而不要普遍投药。

（2）接触传染病罪犯民警的健康保护　监狱医院在发现罪犯患有可疑传染性疾病时，接诊医师及时对所在监区开展相关疾病预防知识的宣传教育，提高监区民警的自我防护意识，同时针对不同传染病的传播途径，及时为监区民警配置防护物资，如一次性口罩、一次性手套、"84"消毒液等，并指导监区民警正确使用防护物资。对民警未配备防护措施接触传染病罪犯的，监狱医院应加强对民警的医学观察，发现异常情况及时进行治疗；对医学观察无异常的民警，督促其在该传染病最长潜伏期后进行相关的医学检查。

（3）传染病消毒　传染病消毒是用物理或化学方法消灭停留在不同的传播媒介物上的病原体，以切断传播途径，阻止和控制传染的发生。消毒是传染病预防的主要措施，可分为预防性消毒及疫源地消毒。

预防性消毒是指在未发生传染病的情况下，对有可能被病原微生物污染的物品、场所等进行消毒。监狱医院应指导监区在平时开展经常性预防性消毒，如每天进行开窗通风（必要时进行空气消毒）；进行物体表面、餐具的消毒；罪犯食堂每天对炊具进行消毒；对粪便污水消毒无害化处理等。

对疫源地环境的处置措施。疫源地是指传染源及其排出的病原体向四周播散所能波及的范围，即可能发生新病例或新感染的范围。监狱医院应针对不同传染病的传播途径指导监区采取相应的措施：如肠道传染病由于粪便污染环境，故处置措施的重点是对污染物品、病犯排泄物和周围环境的消毒；呼吸道传染病由于通过空气污染环境，其处置措施的重点在于空气消毒、个人防护（戴口罩）、通风；经水传播的传染病的处置措施重点在于改善饮水卫生及个人防护。

疫源地消毒分为随时消毒及终末消毒。随时消毒是指当监狱医院收住传染病罪犯时，应对其排泄物、分泌物及所污染的物品及时进行消毒，以迅速将病原体杀灭。终末消毒是指收治的传染病罪犯在痊愈或转院后，监狱医院对传染病房进行一次彻底的消毒。

（4）传染病防治知识教育　监狱应定期利用墙报、讲座、健康咨询等形式和途径对罪犯进行传染病防治知识的宣传教育，提高罪犯的传染病防治知识知晓率。当监狱发生传染病时，监狱医院应及时组织对发生传染病监区的罪犯进行传染病知识的专门教育，重点是预防知识、自我保护、疾病危害等内容，同时，要说明监狱针对传染病尤其是对艾滋病、肺结核等重点传染病所采取的措施，消除罪犯的恐惧心理。

传染性疾病的预防与治疗管理流程见图4-6。

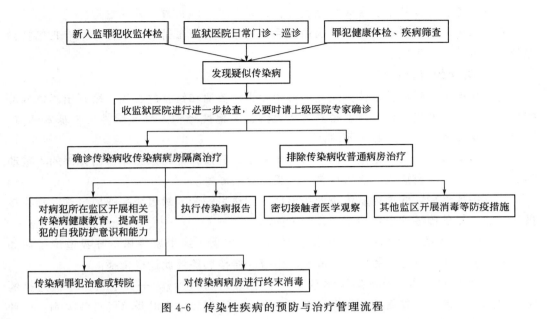

图 4-6 传染性疾病的预防与治疗管理流程

拓展阅读

传染病基础知识

由病毒、衣原体、立克次体、支原体、细菌、螺旋体、真菌及寄生虫等病原体感染人体所产生的疾病统称为感染性疾病，其中传染性比较强，可以引起传播的一组疾病称为传染病，如肺结核、病毒性肝炎、流行性感冒、艾滋病等。当病原体侵入机体后，即与机体相互作用、相互斗争，称为传染过程。在传染过程中，由于机体免疫状况和病原体的特性不同，传染过程不一定都会引起传染病，然而传染病的发生必然有传染过程。传染过程是在个体体内发生的，是一种纯生物学现象。当某病在某地区、某时期的发病率显著超过同一病种散发发病率水平时，即形成疾病流行。在一个集体或固定人群中，短时间内某病发病数突然增多，称为暴发，这里所指短时间主要是指在该病的最长潜伏期内。引起疾病暴发的原因多半是许多人接触了共同的传染源或污染物。传染病的暴发有时可表现为同时暴发（如流行性感冒、水痘及腮腺炎等呼吸道传染病的暴发），有时也可表现为连续蔓延暴发（痢疾、伤寒及甲型病毒性肝炎等消化道传染病的暴发）。目前传染病种类有甲、乙、丙三类 39 种。

1. 传染病的基本特征

传染病具有下列四个基本特征以区别于其他性质的疾病，这些特征可以作为确诊传染病的先决条件。

一是有病原体。每一种传染病都是由特定的病原体引起的，包括微生物与寄生虫等。

二是有传染性。传染性意味着病原体能排出体外、污染环境并能再感染易感者。这是传染病区别于其他感染性疾病的关键所在。传染病病人传染期的长短，取决于在每一种传染病中病原体何时排出体外以及持续多久。传染期是传染病病人隔离期限的依据。

三是有流行病学特征。主要包括流行性、季节性、地方性、外来性等。

四是有感染后免疫。人体感染病原体后，通常都能产生针对病原体及其产物的特异性免疫，称感染后免疫。

2. 传染病的流行过程

传染病的流行过程就是传染病在人群中发生、传播和终止的过程，表现出群体的发病特点。传染病要发生流行，必须具备传染源、传播途径和人群易感性三个基本环节，三个环节必须同时并存，缺一不可。

(1) 传染源　传染源是指体内有病原体生存、繁殖并能将病原体排出体外的人或动物。常见的传染源有病人、病原携带者、受感染的动物。

(2) 传播途径　病原体从传染源排出后，到达另一个易感者所采取的方式，称为传播途径。常见的传播途径包括以下几个方面。

① 经空气传播。包括经飞沫传播、经飞沫核传播、经尘埃传播。呼吸道传染病如流行性感冒、流行性脑脊髓膜炎、麻疹、水痘、结核病等经此途径传播。

② 经水传播。水源受到病原体污染，可导致传染病流行。一种是饮用了被污染的水后引起疾病流行，如霍乱、伤寒、细菌性痢疾、甲型和戊型肝炎等肠道传染病；一种是与疫水接触而引起的流行，如血吸虫病、钩端螺旋体病等。

③ 经食物传播。引起食物传播有两种情况：一是食物本身含有病原体；二是在不同条件下食物被病原体污染。所有肠道传染病、某些寄生虫病及个别呼吸道传染病（如结核病、白喉）均可经食物传播。

④ 接触传播。包括直接接触传播和间接接触传播，如性病、狂犬病等通过直接接触传播；许多肠道传染病和部分呼吸道传染病通过间接接触传播，如白喉、结核病。

⑤ 经媒介节肢动物传播。是指通过苍蝇、蚊子、虱子、跳蚤、蜱及螨等节肢动物作为媒介造成的传播。

⑥ 经土壤传播。是指易感者通过各种方式接触了被污染的土壤所致的传播。常见的有肠道寄生虫病（如蛔虫、钩虫）及破伤风、炭疽。

⑦ 医源性传播。是指在医疗预防过程中，由于未能严格执行制度和操作规程人为地造成某些传染病的传播。它包括两种类型：一类是易感者在接受治疗、检查措施时，由于所用器械针筒、针头、采血器、导尿管等受污染而引起的传播；另一类是由于输血或所使用的生物制品和药物遭受污染而引起的传播，如乙型肝炎、丙型肝炎、艾滋病等。

⑧ 垂直传播。是指病原体通过母体传给子代的传播。

(3) 人群易感性　人群作为一个整体对某个传染病的易感程度，称为人群易感性。

3. 传染病基本预防措施

传染病的预防是指在尚未出现疫情之前，针对可能存在的病原体的环境、媒介昆虫、动物等所采取的经常性预防办法，或针对可能受病原体威胁的人群采取的免疫预防措施。

(1) 经常性预防措施　一是改善卫生条件。传染病预防不仅与防疫工作本身有关，而且还涉及环境卫生、食品卫生、个人卫生和消毒、杀虫、灭鼠等综合性卫生措施。二是健康教育。它是一项通过教育来提高人们健康知识水平和自我保健能力的活动。健康教育要面向所有人员。许多传染病的根源之一就是不良的生活卫生习惯，通过对传染病预防知识的教育来提高人们的防病知识，通过卫生宣教来改变人们的不良行为。人们懂得的健康知识越多，传染病就不容易发生和流行。

（2）预防接种　预防接种又称人工免疫，是利用生物制品将抗原或抗体注入机体，使机体获得特异的免疫力，保护易感人群，以预防传染病发生及流行，是预防、控制甚至消灭传染病的重要措施。预防接种包括人工自动免疫和人工被动免疫。

四、罪犯疾病治疗管理

罪犯在押期间可能罹患各种疾病，监狱必须依法保障罪犯患病能得到及时有效的治疗和康复管理。因此，监狱应加强罪犯就医管理，提高急危重症的处置能力，规范罪犯药品管理，保障罪犯用药安全。同时，监狱要开展罪犯慢性病的系统管理，控制和延缓疾病的发展，提高罪犯的生活质量。

（一）非传染病和慢性病管理

监狱应结合实际，制定监狱慢性非传染性疾病的预防控制策略和工作网络，形成监狱医院主导，生活卫生管理部门、监区等多部门合作，全员参与的罪犯慢性病防治工作机制，达到控制病情、延缓发展、提高罪犯生活质量和健康质量的目标。

1. 非传染病和慢性病的发现、鉴定和分级

罪犯非传染病和慢性病的发现途径主要有收监体检、日常门诊、健康体检等。监狱医院应及时对罪犯疾病进行鉴定与分级，制订预防治疗方案，实行分级管理。非传染病和慢性病分为以下三级。

（1）三级疾病　发现罪犯身体有下列情形之一，经首诊医生或体检医生诊断、罪犯疾病鉴定小组鉴定，可鉴定为三级疾病：身体健康指标出现轻度异常，或短期异常经门诊、住院治疗可以治愈或控制但病情需要继续监测的；病情短期难以明确诊断需进一步检查和观察的非急重疾病；其他不易引起严重后果需监测病情和治疗的疾病等。

（2）二级疾病　罪犯经过监狱医院或社会医院的病情诊断，符合下列情形之一，经罪犯疾病鉴定小组鉴定，可鉴定为二级疾病：患有慢性疾病，需长期服药治疗病情能够得到控制的；患有慢性疾病，无需长期服药治疗但病情经常发作或发作较少但易引起严重后果，需长期监测病情及控制发作的；男性年龄60岁以上、女性55岁以上身体明显衰弱者，处于重症疾病后恢复期需较长时间休养康复的；身体健康指标出现中度异常疗效不佳的等。

（3）一级疾病　罪犯经监狱医院或社会医院疾病诊断，符合下列情形之一，经罪犯疾病鉴定小组鉴定，可鉴定为一级疾病：符合《罪犯保外就医疾病伤残范围》的；身患严重疾病短期内有死亡危险的；患严重慢性疾病长期治疗无效，病情逐渐恶化的等。

2. 罪犯非传染病和慢性病的预防控制

监狱根据罪犯非传染病和慢性病的鉴定和分级情况，采取不同的预防控制措施。

（1）罪犯一级疾病或疾病急性发作的预防和控制　监区民警应当及时安排就医，监

狱医院门诊医生要认真诊察病犯,经诊断需住院治疗的医院应及时收住院。罪犯收住院后,床位医师要及时进行体格检查,按时完成病历书写,及时下达医嘱。经治医师在对病犯进行诊治时应严格执行医疗制度和技术操作规程,采取有效措施促进罪犯早日康复。

罪犯住院期间病情加重、三日内仍无法确诊或住院七日内病情仍未缓解的,监狱医院必须请社会医院专家来监会诊,必要时应予安排罪犯到狱外就医。对符合保外就医条件的,监狱应及时启动保外就医程序。

(2) 罪犯二、三级疾病预防和控制　监狱医院对鉴定为二、三级疾病的病犯,按病种、监区进行登记汇总,明确责任医生挂钩相应监区。同时,将罪犯疾病登记表下发到各监区,监狱医务人员与监区进行固定结对的医疗服务,开展定期巡诊,了解监区罪犯的疾病控制、管理和健康状况。监狱要制定慢性病预防控制考核管理制度,对每一位责任医师的慢性病管理工作定期进行督导和考核,确保监狱所有二、三级疾病罪犯在医务人员的管理和控制之中。

监区针对慢性病不同类别及危险层次制定不同的管理要求,建立慢性病管理卡。监区民警协同医务人员加强对慢性病犯的督导管理,确保病犯按规则治疗。监区罪犯卫生员、疾控员每天对二、三级病犯进行生命体征监测,发现异常情况及时报告。监狱医院每天安排巡诊医师进行巡诊,及时处置罪犯卫生员、疾控员发现的问题并对二、三级病犯进行跟踪随访。

(二) 罪犯就医管理

罪犯在押期间患病,监区民警应及时安排患病罪犯到监狱医院就诊。同时,为确保罪犯在监狱医院、监狱外医院就诊、住院过程的医疗安全和监管安全,监狱必须制定相关的工作流程和制度,加强罪犯医疗全过程的管理。罪犯就医管理包括监内就医管理和狱外就医管理。

1. 罪犯监内就医管理

监区民警或巡诊医师发现罪犯患病,应及时安排患病罪犯到监狱医院就诊。监狱医院门诊医师根据罪犯病情作出是否住院的意见。

(1) 罪犯门诊就医管理　罪犯患病向监区民警提出就诊要求或巡诊医师、监区卫生员、监区民警发现罪犯患病需就诊时,由民警押解罪犯到监狱医院门诊就诊,在医院挂号室领取门诊病历。罪犯首次就诊时,应在挂号处填写基本情况,建立门诊病历,然后进入挂号、就诊等程序。门诊医师根据病情和检查情况作出初步诊断,需门诊治疗的罪犯,医生出具处方交给监区民警,由民警到药房取药。药房司药人员要向病犯和监区民警交代服药注意事项,填写服药单并由民警签字后取药,严禁将药品直接发放给病犯本人。就诊结束,门诊病历归入挂号室统一管理,监区民警将病犯带回监区,药品放置于监区专用药品柜内并建立登记本。监区民警按医嘱按时给药,罪犯要在民警直视下服用并在登记本上签字。监区民警、巡诊医师随时检查病犯的疗效,对治疗效果不佳的安排复诊。门诊医师认为需住院的,及时办理住院手续。

非传染病和慢性病管理流程见图4-7。

(2) 罪犯住院管理　门诊医师填写《住院通知单》交监区民警,监区民警将病犯带至

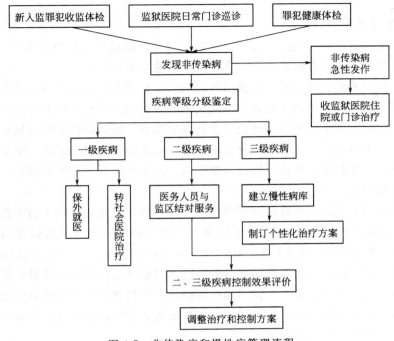

图 4-7 非传染病和慢性病管理流程

医院住院病区，凭《住院通知单》与病区民警进行交接。要交清病犯改造表现、是否需要重点管控等内容并做好登记。进入病房前，应对罪犯严格搜身，严防危险品、违禁品流入住院病区。

罪犯收住院以后，病区医护人员要及时进行检诊、询问病情、安排床位，向病犯介绍住院须知并通知床位医生。床位医生应在10分钟内前往诊治病人，系统、全面、突出重点地进行体格检查，有针对性地进行辅助检查，作出初步诊断及时下达医嘱。危重病人入院后，经治医生应立即接诊并报告上级医生。大批危重病人入院时，科主任或院领导应组织全科或全院医护人员分别进行接诊抢救，做到分秒必争，防止延误抢救时机。

罪犯住院期间，床位医师应按照卫生行业疾病诊断标准和治疗方案，进行罪犯疾病的诊断和治疗，认真遵守医疗核心制度尤其是三级查房制度、交接班制度、病例讨论制度、会诊制度等，确保医疗行为符合行业标准要求。

罪犯住院期间，监区民警及医院民警共同对罪犯进行教育管理。所在监区分管民警每周找罪犯谈话不少于1次，监区领导每半月谈话不少于1次。监区根据医院考核结果研究确定住院罪犯每月的基础分和奖励分。罪犯住院期间发生违规违纪行为的，监狱医院可根据具体情节直接对其进行考核并上报狱政管理部门备案，由狱政管理部门通知其所在监区。罪犯病情治愈或稳定后，由床位医生安排出院并与监区民警办理交接手续。

罪犯经监狱医院治疗后治愈或好转可安排出院的，监区民警及时将罪犯带回，并按出院医嘱做好罪犯后续治疗及病情观察。出院后罪犯的病历资料经质控后及时归入医院病案室进行永久保存；病犯经治疗效果不佳或病情恶化的，监狱应及时启动罪犯狱外就医程序。

2. 罪犯狱外就医管理

罪犯外出就医的原则是就近、及时、有效和安全。监狱可选择就近1~2家医疗条件好的上级医院作为定点协作医院，签订合作协议，建立绿色通道。

临床医生根据罪犯病情向科主任提出外诊请求，科室主任召集科内人员进行会诊，如确需外诊则填写罪犯外诊申请审批表，由院长或业务副院长审核签署外出就诊建议后报狱政管理部门。狱政管理部门审核后经监狱主要领导同意，报省级监狱管理局审批。如遇紧急情况或病情严重有生命危险需立即外出就医的，经监狱主管领导审定、电话请示省级监狱管理局同意后，先行安排外诊再履行审批手续。外出就医罪犯返回监狱后，监狱要及时报告省级监狱管理局。

狱政管理部门要制订外出就医押解方案。一个押解组只允许押带1名罪犯，押解组由4名以上民警组成并指定一名组长，1名医务人员负责随诊。罪犯由监狱警用车辆或救护车押送，押解车辆需配置GPRS定位系统、可视电话等装置，保持通讯畅通。涉黑涉恶涉恐涉毒罪犯以及其他有严重危险的罪犯外出就医时监狱应商请驻监武警押解。罪犯外院就诊必须加戴戒具，夜间急诊，可同时加戴脚镣。如因检查和治疗需要解除戒具的，在检查和治疗结束后及时加戴戒具。押解民警必须落实有关监管制度，确保罪犯不脱离监管视线，罪犯就诊结束应及时带回监狱。

罪犯因病确需住院治疗的，监狱必须配备充足的警力实行24小时全程现场监管。每班次应有3名以上民警，每班次值班时间不应超过8小时。民警应携带远程视频监控单兵装备，对罪犯实施24小时视频监控，监狱监控中心要加强巡检。民警不得擅自透露罪犯外出就医的信息；严禁罪犯单独活动；严禁罪犯擅自以写信、电话等方式与外界联系；不允许罪犯与其他病人等无关人员接触。随诊医务人员应每日向监狱医院院长汇报病人病情，监管民警每日向监狱分管或主管领导汇报罪犯情况。罪犯病情稳定且可以在监狱医院进行后续治疗的，经院方同意后，罪犯应及时转入监狱医院治疗。住院罪犯病情危重的，监狱要及时通报驻监检察室并告知罪犯亲属。罪犯亲属来医院看望和获许陪护时，监狱要向罪犯亲属告知相关的管理要求。

3. 罪犯病情告知

监狱对罪犯本人或家属进行病情告知，既是法律的规定和要求，也是医院的责任和义务。除一般性疾病、一般性治疗和检查等情况直接告知罪犯本人外，具有下列情形之一的，监狱应当书面告知罪犯的亲属或监护人：病情较重或治疗效果不佳的；所患疾病无有效治疗方法，对罪犯身体机能有明显影响的；在诊疗过程中病情突然加重、医疗检查有重大疾病发现或治疗措施有明显变更的；需要进行手术治疗的；有创伤性检查、特殊诊疗方法、使用有较大毒副作用的药品或制剂的；病情危重，正在进行抢救治疗的；对其本人告知会产生不利情形的；可能导致医疗纠纷的；其他需要告知的情形。

对罪犯本人要求选择告知对象的，监狱应尊重其意愿。罪犯本人无明确选择的，监狱可按下列顺序选择告知：配偶；父母子女；其他家庭成员；无上述关系的其他监护人。

监狱应该采取书面告知方式，通过电话、电报、挂号或特快专递信函的形式通知告知对象。告知对象来监狱后，由监区、医院、狱政管理部门、刑罚执行部门和驻监检察室指派的代表，联合向告知对象告知罪犯病情，必要时，监狱医院或社会医院的主诊医师参与告知。

告知的主要内容有：罪犯目前的身体状况、检查情况、诊断情况、治疗措施、危险程度、预后预判以及未来可能采取的检查、治疗措施和医疗风险；监狱对罪犯疾病医疗救治的有关规定等。告知结束，告知对象要在《服刑人员病情告知书》上签字确认，如告知对象不愿意在《服刑人员病情告知书》上签字的，应由监区、医院、驻监检察室代表共同签字确认。罪犯不同意告知家属的，应由罪犯本人在《服刑人员病情告知书》上签名确认并由驻监检察室代表签字。《服刑人员病情告知书》一式三份，一份存入罪犯副档，一份存入罪犯健康档案，一份交驻监检察室备案。病情告知的影音资料、票据、文书及其他有关资料统一由监狱狱政管理部门妥善保存。

罪犯监内就医流程见图4-8。罪犯外出就医管理模式见图4-9。

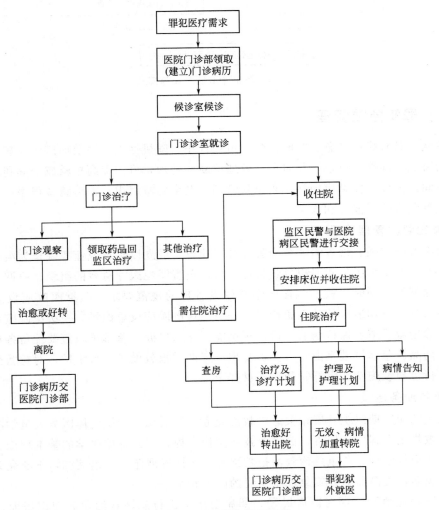

图4-8 罪犯监内就医流程

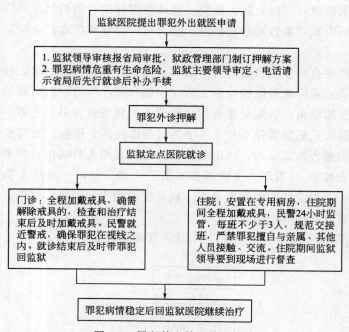

图 4-9 罪犯外出就医管理模式

（三）罪犯急救管理

急诊病犯具有病情紧急、时间性强、可控性小、随机性大、涉及面广以及病种多、病死率高的特点，准确、迅速、及时和有效地诊断和处理，可为提高抢救成功率和治愈率赢得宝贵时间。因此，监狱应加强罪犯急救管理，健全急救组织，完善急救程序，开展急救演练，提高急救处置能力和水平。

1. 罪犯急救管理建设

监狱医院应加强急诊救治"黄金五分钟"建设，成立以院长或业务院长为组长，各科室主任或业务骨干为组员的罪犯急救管理小组，负责罪犯医疗急救的组织、协调、警力安排和后勤保障等。同时，根据急诊医学科建设管理的规范要求，监狱医院应设立布局合理、规模与急诊量相适应的独立急诊区。一般二级医院应设急诊科，一级医院应设急诊抢救室。急诊抢救通道要保持畅通，保证车辆能到达入口处。急诊抢救室要配备各种抢救设备和抢救药品。急诊抢救室由专人负责管理，定期对抢救设备进行维护，对抢救药品进行检查，保持急救设施功能完好、药品器材齐全。

2. 急救业务建设

监狱医院应定期组织开展相关急诊救治业务学习活动，组织全体医务人员学习首诊负责制和抢救规则、程序、职责、制度及技术操作常规，掌握急诊医学的基本理论和基本技能。同时，根据各种急危重急诊救治抢救预案，定期开展急诊救治演练，不断完善和健全急诊救治预案，提高监狱处置急危重疾病的能力和水平。

监狱医院应负责定期对监区民警、罪犯卫生员进行急诊救治业务知识培训，加强对心肺复苏、止血、包扎、伤员搬运等急救技术技能的训练，开展罪犯突发疾病时急救技巧、程序及罪犯伤员搬运的演练，防止因第一时间处置不当或伤员搬运不妥对病犯造成二次伤害。

3. 院前急救

院前急救的任务就是把有效的初步急救措施以最快速度送到病人身边，维持他们的生命。当罪犯发生急性疾病或创伤时，现场民警要在第一时间进行初步急救，同时及时通知医院值班医生。值班医生接到通知后，根据实际情况电话指导在场民警采取必要措施并立即送医院救治，必要时赶赴现场进行抢救，如为心搏骤停则立即进行心肺复苏；如为其他急诊病人则立即送医院抢救室进行救治。在送往医院途中，应注意防止不正确的搬运而加重病情。

4. 院内处置

监狱医院急诊抢救室实行24小时值班制。抢救室工作人员必须熟练掌握各种抢救仪器、药物性能和使用方法，抢救时要遵守各种疾病抢救常规程序，严格执行查对制度；各种物品、器械保持性能良好，无菌物品、抢救药品必须保证在有效期内；抢救物品、器械放在指定位置，一切物品实行四固定（定量、定位、定人、定期检查）制度，抢救室设备有专人管理；药品和器械使用后均需及时清理、消毒，消耗部分应及时补充；每日由专人检查核对物品一次，班班交接，做到账物相符；室内每日进行消毒，每周进行清洁、整理工作；每次抢救患者完毕，要由责任医生及护士（长）做现场评估和初步总结。

监狱要建立急救预案。急救预案应包含以下内容：急诊医务人员应掌握的基本技能；急诊抢救程序；院前急救——心肺复苏等；院内急救（含接诊、呼救、会诊、汇报、病情告知、病案记录、善后处理等）；转院——建立绿色通道等。

急诊病人处置应强调危重优先、生命优先，围绕"快、准、好"按照急诊抢救程序进行。要牢固树立时间、效率、技术就是生命的急诊理念。罪犯急救工作的重点是：抢救生命、缓解症状、稳定病情、平安转出。急诊罪犯来院时，由急诊医师书写病历、开具医嘱，急诊医护人员共同负责救治。对无生命危险的急诊病人以缓解症状为主。对危重病人，急诊值班人员不得以任何理由延误抢救，必须全力抢救、分秒必争，并做到严肃、认真、细致、准确。接诊医生首先要判断急诊病人的病情，对危重病人需判明危重程度和性质，同时通知科主任或院领导组织全院力量进行抢救。对暂时不能明确诊断的病人，立即组织科内会诊或全院会诊或请外院专家来院会诊，并应留院观察。对监狱医院救治困难的病犯，要及时、平稳转诊。抢救过程要尽可能留有影像资料，抢救危重病人要告知驻监检察室。

5. 转院护送

在院内急诊抢救过程中应密切关注罪犯病情变化，并根据罪犯病情及时组织召开科室、全院性病例讨论，对急危重病犯的抢救效果进行评估，研判病情发展趋势。对由于监狱医院条件限制的、经监狱医院积极抢救仍不能有效控制病情的，监狱医院应及时向监狱汇报，请求将罪犯转上级医院进行抢救。

监狱接到医院汇报后及时向协作医院通报，请求上级医院启动绿色通道，同时，请求上级医院派120救护车来监接送病犯或安排监狱车辆送治。罪犯外出急诊时，监狱应及时安排监管民警、医务人员随同，随同医务人员应详细介绍病犯病情和救治经过等情况。

（四）罪犯用药管理

监狱必须保障罪犯药品供给并确保罪犯用药安全，应根据《中华人民共和国药品管理法》（简称《药品管理法》）的要求，设置符合卫生行业要求的药库和药房，加强合格药房建设，规范罪犯药品采购、验收、储存、领发、使用等环节的管理。

1. 罪犯用药的原则

罪犯用药必须坚持规范、安全、有效、分次进行、全程监控的原则。监狱医院、监区应加强对罪犯用药过程的管理，杜绝药品使用过程中的各种安全隐患。

2. 监狱医院门诊药品管理

罪犯就诊后如需服药，经治医师开具处方交与所在监区民警，由监区民警凭处方亲自到药房取药。医院对普通病犯或急诊病人一般配三日药物量，最高不超过五日量，慢性病用药最多不超过一个月药量。医院药房发药时须认真填写罪犯服药单，与在场民警共同签字确认，药品发放给监区民警并交代服药注意事项。监区民警将罪犯药品及服药单带回监区集中保管，严禁将药品交给罪犯自己保管。

3. 监狱医院病区罪犯药品管理

罪犯门诊静脉输液一律在监狱医院输液室进行，严禁到医务室或监区进行静脉输液。药品领取和配置由监狱医院医务人员亲自执行。罪犯住院期间口服药由医院药房按医嘱配置后，由医院民警逐个分发，看服下肚。监狱医院病区对罪犯每一项药品使用都必须进行登记。对精神类、麻醉类和有毒类等特殊药品，监狱医院应按《药品管理法》要求专人保管，罪犯因病确需使用的，由具有处方权的执业医师开具专用处方后民警到药房领取，按医嘱分次发给罪犯并在民警直视下服用。

4. 监区罪犯药品管理

监区应配备专用药品柜用于存放罪犯药品。对罪犯在医院领取的药品应认真做好药品台账，由监区民警直接保管和发放，严禁罪犯私自接触药品。监区备有服药登记本，用于罪犯服药登记。罪犯服药要在监区民警直视下进行，服药完成后，罪犯和监区民警均需在服药登记本上签名确认。监区民警及卫生员要密切观察服药罪犯身体康复情况、有无药物不良反应，如疗效不佳或出现药物不良反应，监区民警要将情况反映给经治医师或带罪犯复诊。

医院巡诊医生要定期检查监区药品柜内的药品，认真查看药品有无过期、霉变、潮解等现象。所有过期和失效药品，监区不得自行处理和销毁，应交由医院药剂部门统一处置。

5. 罪犯自购药品管理

监狱原则上不允许罪犯及其亲属自购药品。确因治疗需要，超出基本用药目录范围，罪犯或其亲属自愿购买的，必须由罪犯本人或其亲属提出书面申请，经监狱审批后由监狱医院代为购入。

罪犯自购药品办理程序：罪犯本人或其亲属提出书面申请，经治医生对所申请的自购药品进行需求确认，填写《罪犯自购药品审批单》，详细写明药品名称、规格、数量，提交医院领导审批后由药房代为购买。药房采购人员仔细核对罪犯身份、用药品种和数量，按要求进行采购。采购完成后，由经治医师开具处方并填写服药单，及时通知罪犯所在监区民警领取药品,在监区按医嘱服药。自购药品只供本人使用,不得提供给他犯。罪犯自购药品的申请和发票副联由医院药房保存备查,发票正联交罪犯本人保管。

罪犯用药管理流程见图4-10。

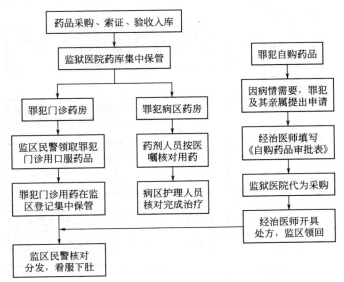

图 4-10 罪犯用药管理流程

（五）病犯康复管理

病犯康复管理主要包括以下具体内容。

1. 老病残犯的康复管理

目前,对老病残犯没有一个统一规范的定义。实践中,老病残犯主要包括年老、残疾和患病三类罪犯。对老病残犯,监狱在刑罚执行过程中应贯彻落实宽严相济的刑事政策,实行分类考核,给予不同的处遇,促进其身体康复。

老年罪犯是指男性年满60周岁以上、女性年满55周岁以上的罪犯；患病罪犯是指患有严重疾病或者慢性疾病,久治不愈,不能正常参加学习、劳动的罪犯；残疾罪犯是指在心理、生理、人体结构上,某种组织器官功能丧失或者不正常,不能正常参加学习、劳动的罪犯。

监区认为罪犯符合老病残罪犯标准的,集体研究提出建议,监区主要领导签署意见后,将《老病残罪犯认定表》以及有关资料报送刑罚执行部门审核。刑罚执行部门对监区上报的材料进行初审,需要进行病残鉴定的,报监狱分管领导同意后组织实施。监狱疾病伤残鉴定小组依据临床表现、医学检查结果,经鉴定组成员集体研究,出具鉴定结论并签字确认。鉴定结论包括患病罪犯的病名和病情、残疾罪犯的残疾类别和程度等内容。刑罚执行部门依据鉴定结论,判定罪犯学习、劳动和生活自理能力情况,提出建议并提交审核小组审定,同时报送驻监检察室备案。监狱审核小组召开会议对刑罚执行部门审查提交的建议进行评审,形成评审结论。老病残犯评定名单要在罪犯所在监区进行公示,公示期限为2个工作日。公示期内,监区民警或罪犯对认定结论有异议的,可以向监狱审核小组书面申请复核,监狱审核小组应当及时复核并在5个工作日内予以答复。老病残犯的认定和撤销流程分别见图 4-11、图 4-12。

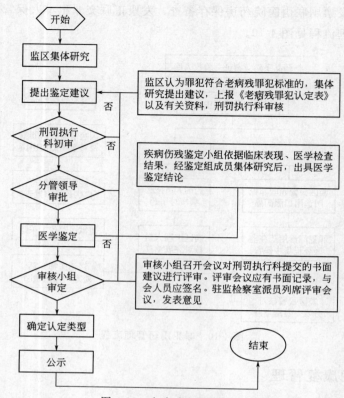

图 4-11 老病残犯认定流程

监狱应建立老病残犯监区，对老病残犯实行集中管理。监狱应根据罪犯计分考核及奖罚规定，结合老病残犯具体情况，制定单独的老病残罪犯计分考核实施细则，对老病残罪犯实行分类考核。根据考核结果，结合刑期、奖惩情况，在生活、会见等处遇方面给予适当倾斜。老病残罪犯监区应做到视频监控全覆盖，实行 24 小时实时监控。

监狱应当组织老病残罪犯从事一些力所能及的劳动，并组织开展有利于老病残罪犯身心健康的娱乐活动。老病残监区应建立医务室（站）并配备专职医务人员，提供日常测量血压、急病初期处置、身体康复指导等服务。对老病残犯，医生巡诊、健康体检的频次要增加。对病犯要做好病情跟踪监测，及时发现病情变化并及时送诊就医。要保证监舍空气流通、温度适宜，老病残犯能够经常到室外活动。老病残犯一般睡下铺。要配备老年人生活用品（如老年人专用坐便器）、残疾人用具（如轮椅、拐杖）等，地面要有防滑处理。老病残监区可以配备洗衣

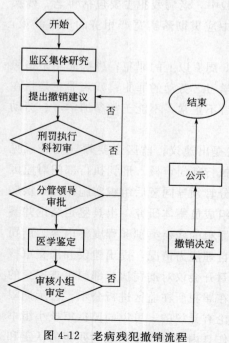

图 4-12 老病残犯撤销流程

机。有聋哑罪犯的监区应该配备会哑语的民警。对一些病重、年老等无生活自理能力的罪犯要安排专人陪护、料理和看管。

要将心理疏导与疾病治疗、身体康复有机结合起来。安排好春节、中秋节、端午节、重阳节、助残日等节日生活。平时多开展一些有利舒缓身心、促进健康的文娱活动，增加老病残犯的休息与自主支配时间。民警要多找老病残犯谈心，动员其亲属多来监探视并尽可能地协调有关部门解决老病残犯释放后的养老、看病、就业问题。要特别防范老病残犯自伤自残和自杀。

案例链接

30名监狱民警获得《手语培训合格证书》

近日，江苏省残疾人联合会委托南京市聋人学校在南京举办了江苏省社会服务及窗口单位工作人员手语培训班，全省监狱系统、相关培训及服务机构以及部分残疾人福利企业等单位共计57名同志参加培训。

培训班邀请了南京市聋人学校具有副教授职称以上的3名专家对参训学员进行了中国手语概论、通识手语以及相关行业手语等实践操作、技能辅导以及角色扮演训练。我省监狱系统30名民警认真听课，勤学苦练，积极与授课老师互动，经考试考核，全部获得南京市聋人学校发放的《手语培训合格证书》。——江苏监狱网 2012-09-05

2. 传染病犯管理

监狱内常见的传染病主要有乙肝、肺结核和艾滋病。对这些病犯进行必要管理，对防止传染病扩散，维护其他罪犯的身心健康具有重要的意义。

（1）乙肝等经血液传播的传染病犯管理　乙肝等经血液传播的传染性疾病罪犯，住院治疗病情稳定回监区后病情可能反复发作。监区应加强管理，建立相关疾病登记管理台账，民警应每天督促病犯按时服药并做好登记。罪犯卫生员对病犯进行生命体征监测，发现异常及时报告监区民警，监区民警应及时安排病犯就医。同时，民警应加强对病犯生活行为习惯的关注，发现病犯身体破损，按照传染性疾病伤口处理技术要求进行包扎处理，防止发生罪犯接触感染。监区应严格落实各项防疫措施，乙肝等传染病病犯的碗、洗漱等用品应与其他罪犯分开管理，每天用"84"消毒液等进行消毒。监区应定期对监区活动室、寝室等公共场所进行预防性消毒。同时，监区应开展相关传染病防护知识的宣传教育，提高罪犯的自我保护意识。

（2）肺结核等呼吸道传染病犯管理　肺结核病犯在医院进行两个月的强化期治疗后，如经痰检阴性且传染性小，监狱医院可安排出院。监狱可将肺结核病犯集中在老病残监区并实行菌阳和菌阴病犯分开管理，防止发生交叉传染。监狱医院医务人员定期进行督导管理，定期安排罪犯进行痰检、胸片检查等，跟踪病犯治疗效果。老病残监区应按照呼吸道传染病防治技术要求，严格落实各项防疫措施，对结核病犯监舍每天进行紫外线消毒，对监区活动室、走廊、寝室等公共区域运用过氧乙酸等强氧化剂进行定期消毒，督促所有罪犯每天开窗通风，对结核病犯痰液等排泄物用过氧乙酸进行无害化处理，督促罪犯不随地吐痰。

（3）HIV病毒携带罪犯的康复管理　司法部、卫生部《关于对监狱、劳教所羁押、收教人员全面开展艾滋病病毒抗体筛查的通知》（卫疾控发［2004］369号文）要求，对所有新入监罪犯包括新收押、调入、逃脱追回、解回再审收监等，必须进行HIV病毒抗体检测，确认阳性的送监狱系统HIV关押监区（监狱）进行集中关押管理。各省监狱系统应建立HIV病毒携带罪犯集中关押监区（监狱），负责收押省属监狱单位在新入监罪犯体检中发现的HIV病毒携带罪犯。HIV病毒携带者监区（监狱）应按照艾滋病防治技术要求，建有符合生物安全技术标准的HIV病毒初筛实验室，加强对在押HIV病毒携带罪犯的督导管理，定期开展HIV病毒携带者病毒载量监测和治疗等工作，控制或延缓疾病发展。

HIV病毒携带者监区（监狱）应制订艾滋病职业暴露处置预案，加强对监区民警艾滋病防护知识的宣传教育，严格落实各项防护措施。HIV病毒携带者监区（监狱）应加强预防性消毒工作，定期开展各项消毒工作，尤其是对医疗废弃物等感染性污物的处理应按照艾滋病污物处理规范进行科学处置，防止污染环境。

监狱应定期开展艾滋病防护知识宣传教育，特别是利用世界艾滋病日等重大节日，安排社会各界艾滋病防治志愿者、专业人士进监区开展健康教育和宣传，消除歧视，体现人文关怀，引导HIV病毒携带者正确面对，防止罪犯产生破罐子破摔的心理甚至发生恶意报复事件。

 案例链接

艾滋病犯监区连续多年"零事故"

接连通过四道门禁，进入此前从未向媒体开放的某监狱二监区罪犯生活区，一脚跨过地上鲜红色的警戒线，映入眼帘的这个某省唯一一个集中关押艾滋病罪犯的监区，和记者之前采访过的其他监狱一样，环境干净整洁明亮，多功能室、期刊阅览室、心理咨询室一应俱全。

陪同采访的某省监狱管理局生活卫生处处长向记者介绍，为了集中关押收治分散于各监狱、看守所的艾滋病罪犯，解决分散关押容易造成感染等安全隐患和监管防范压力，2006年某省有关部门批准省监狱管理局筹建艾滋病罪犯监区。2007年该监区正式收押艾滋病罪犯，由此，这里成为某省监狱系统最为特殊和神秘的监区。

而与其他监区的区别，首先体现在生活区内的3间卫生室。"监区罪犯在狱内生病了，考虑到安全性，有专业医生24小时值班应急处置。"监区长吴某介绍说，这里已经先后完成了3000余次的门诊工作量，42人的抗病毒治疗，没有发生一起医疗事故，没有一名罪犯在服刑期间因病死亡。

普通人对艾滋病罪犯的恐惧感来源于病毒的传染性。采访恰逢中午用餐时间，记者看到民警没有戴任何防护用具管理着排队等候用餐的犯人们，记者也走近几个已经打好饭坐下静静用餐的罪犯。热腾腾的一大碗米饭、一盆青菜炒肉片加上一碗汤，"不够了可以添饭，管饱！"一位湖北籍罪犯面露微笑地边吃边答。就在几步远的另一排餐桌旁边，一位民警还在给一个30多岁模样的犯人做着思想工作"好好吃饭，不要多想！"这种在任何监狱里都在普通不过的场景，似乎让人忘记了这里是艾滋病监区。

王副监狱长介绍，监狱先后建立起了艾滋病罪犯制度、职业暴露制度、艾滋病房出入巡查制度、艾滋病监区消毒管理规定，采用"医院管理与刑罚执行并行并重"的管理模式，坚持强制性和人性化相结合，实行了民警与艾滋病犯的无障碍接触，积极开展"改造·感恩"系列教育活动，促进罪犯积极改造。

对这个特殊群体来说，"绝情"恐于"绝命"。社会的歧视、亲人的抛弃会让他们感受到比死亡更可怕的孤独。但是在这里，有规律的康复治疗、免费的药品救助、逐步萌生的感恩情愫，让一个个走进监区时抱着"破罐子破摔"想法的犯人，逐步激发了勇敢生活下去的希望。

"我是因犯诈骗罪收监时被筛查出感染的，妻子知道后，像疯了一样哭得撕心裂肺。"服刑人员李某见到记者并没有回避采访，而是讲起了他的故事，"我当时感觉天要塌下来了，11年刑期，要死在监狱里了，哪里还有希望！幸好妻子、女儿检查没有被感染，但思前想后，还是提出了离婚。"李某回忆说，当进到这个监区后，温馨的监管条件、人性化的执法、稳定的治疗，让他慢慢燃起生活的勇气。"民警将我们所有的劳动收益都公开，60%都记入大账，余下的记入伙食。可以说，每一个走进这里的人，都会收获感恩。"李某的妻子没有同意离婚，而李某也慢慢走出阴影，并萌生了出狱后成为一名志愿者的想法，"我要帮助更多的感染者重拾生活的信心！"

记者了解到，为了延伸社会管理职能，该监狱还协同公安机关、司法局社区矫正机构签订"感染到我为止"承诺书，着力解决社会不接纳、亲人不接受、谋生无门路的难题。为了最大限度地降低艾滋病人的重新犯罪率，监狱还提前与疾控中心联系，安排民警护送艾滋病人至户籍所在地公安机关，坚持监狱、公安、罪犯亲属、疾控中心四方现场进行人员和资料交接，落实管理措施实行"无缝对接"，确保每一个离监罪犯都能安全送回当地，顺利实现病犯管理由监区模式向社区模式的转变。

难能可贵的是，自该监区收押艾滋病罪犯以来，未发生一起艾滋病罪犯自杀事件，未发生一起刑释人员违反承诺感染他人事件和重新犯罪行为，未发生一例民警职业暴露事件。——人民网 2012-04-10

3. 精神病犯的康复管理

精神病犯极易违反监规纪律，并有突发行凶、脱逃、自杀等倾向，监狱应及早发现并治疗精神疾病罪犯。

监狱对精神疾病罪犯应实行相对集中关押，实行康复管理与教育转化相结合、社会功能恢复与心理矫正相结合的原则。监狱要对民警开展精神卫生防治常识的培训，使其对精神卫生防治知识、心理健康保健知识知晓率达 90% 以上，并初步掌握精神分裂症、抑郁症、双相障碍、偏执性精神病、分裂情感障碍等重症精神疾病的症状，以便民警能尽早发现疑似精神疾病罪犯。加强对新入监罪犯的精神疾病甄别工作，对疑似精神疾病罪犯应及时进行鉴定确诊，对确诊为精神疾病的罪犯要建立心理健康档案和精神疾病防治档案。监狱应设置远程医疗会诊设备，与省局监狱精神病院实现"网络视频综合应用系统"联网。

对鉴定为精神疾病的罪犯，在发病期间要及时送省局监狱精神病院或社会医院治疗。符合保外就医条件的，由省局精神病院出具《罪犯精神疾病鉴定书》或由属地二级以上

（含二级）精神疾病专科医院、三级综合医院精神科出具《疾病诊断证明书》，监狱依据保外就医的有关规定办理罪犯保外就医手续。

罪犯结束狱外治疗、病情稳定回到监狱需继续药物治疗、心理矫治的，监狱应明确专兼职精神卫生医生、心理矫治民警进行督导管理，密切跟踪罪犯的治疗效果和精神行为变化，采取必要的医疗康复措施，开展适宜的技能培训和社会适应能力培训，防止和减少精神残疾的发生。

五、罪犯健康促进

监狱应加强罪犯的健康教育管理，制定罪犯健康维护策略，创造促进罪犯健康的支持环境，选择适宜罪犯身心健康的劳作项目，并促使罪犯养成良好的生活习惯和健康的生活方式。

（一）健康教育管理

监狱应成立由监狱医院、生活卫生管理、教育改造等部门组成的罪犯健康教育领导小组，负责罪犯健康教育和健康促进工作计划的设计、实施和效果评价。同时，监狱应加强与属地卫生行政主管部门、疾病预防控制部门的沟通与协作，将罪犯健康促进工作纳入属地管理，接受属地业务部门的技术指导和监督检查，提高监狱的健康教育和健康促进水平。

① 监狱应完善健康教育的相关制度，确保罪犯健康教育与健康促进工作规范进行。罪犯健康教育制度要明确各监区罪犯健康教育的内容和频率；要建立罪犯健康教育效果考核评价制度，通过对各监区的过程考核和对罪犯健康知识知晓率的考核，评价健康教育的效果；健全罪犯工间休息制度，罪犯每天的劳作安排中必须有一个小时的休息时间，工间操活动要规范进行；监狱应定期邀请有关专家来监开展健康教育和健康促进工作。通过制度建设形成监狱、监区、属地卫生行政主管部门齐抓共管的良性机制。

② 加大健康教育设施投入，丰富健康教育的内容和形式。监狱应在公共场所设有用于健康教育的橱窗等专有设施，制作健康知识宣传展板定期在各监区巡回展出，加大信息装备投入，利用监狱局域网等多媒体手段丰富健康教育的形式和内容。各监区应在罪犯活动场所设有教育橱窗、黑板报等设施，保障罪犯在监区都能接受到健康知识的教育。同时，监狱应建有用于罪犯健康讲座的专门场所。通过监狱健康教育和健康促进工作，为罪犯提供健康信息、生活技能等内容以支持个人发展，使罪犯选择更有效维护自身健康的生活行为习惯和生活方式。

③ 调整卫生服务方向。监狱要根据罪犯健康教育效果评价结果、罪犯生活行为习惯养成情况及罪犯疾病分布、罹患情况，制定改进措施，及时调整卫生服务和健康教育方向。

监狱医院要进一步扩大服务内涵，将医疗服务向纵深延伸，组织医务人员深入监区一线开展卫生知识咨询、疾病防治宣传、慢性病干预、跟踪慢性病管理。监狱医院应根据罪犯疾病等级鉴定及罪犯在押期间所患疾病情况，及时提出医学指导意见。

监狱要制定行为干预措施，强化罪犯良好行为习惯的养成，如对糖尿病罪犯在积极治疗的同时，教育引导其严格控制饮食；对高血压罪犯要求其加强体质锻炼，严格控制盐的摄入量；制定内务卫生管理制度，加强监督和检查，严禁罪犯随地吐痰等不良行为。

健康教育管理流程见图4-13。

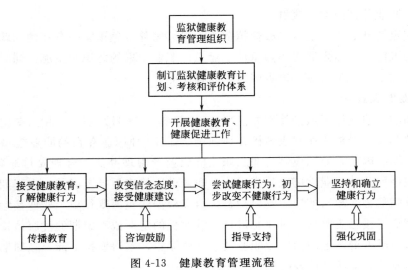

图 4-13 健康教育管理流程

（二）劳动卫生管理

我国《监狱法》规定，有劳动能力的罪犯，必须参加劳动，监狱对参加劳动的罪犯，应当按照有关规定给予报酬并执行国家有关劳动保护的规定。因此，监狱必须对劳作项目选择、作业环境危害因素监测、罪犯职业健康等加强管理，严格执行国家劳动安全卫生规程和标准，建立健全罪犯劳动卫生制度，对罪犯进行劳动安全卫生教育，配齐防护设施，防范生产安全事故，减少职业危害。

1. 劳动卫生管理组织

监狱应成立由刑务劳作、安全生产、生活卫生等部门组成的罪犯劳动卫生管理机构，明确工作职责和目标任务，对罪犯劳作项目、现场管理、劳动保护措施落实情况等实施监督检查。监区应明确专人负责本监区的罪犯劳动卫生管理工作。

监狱对新建、改扩建工程项目在可行性研究、设计阶段和竣工验收阶段的职业病危害因素控制进行预评价，建立职业卫生"三同时"档案，委托有资质的机构对劳动项目的职业病危害、职业病危害控制效果进行评价。监狱不得引进、实施有毒有害的劳作项目。

监狱应成立由教育、安全生产等部门组成的罪犯岗前培训小组，对罪犯进行劳动技术、安全生产和劳动保护知识的教育培训，培训考试合格后方可上岗，对转岗、调岗的罪犯要进行岗位安全操作规程和劳动防护知识的培训。监狱罪犯劳动卫生管理机构对劳动卫生管理人员每年至少组织一次职业卫生专业知识与法律法规的教育培训，对职业卫生主管人员进行职业病防治基本法规的教育培训。

2. 现场管理

各监区的劳动防护设施要有专人负责，做好定期维护、保养工作并建立台账，每天劳作前进行检查。个人防护用品的发放应专人负责，建立发放台账，监狱要对发放和使用情况进行监督检查。现场民警要对罪犯正确使用防护用品情况进行检查。

监狱要动态掌握劳作场所职业性有害因素的性质、强度，对职业危害因素超标岗位、隐患点及时制订整治计划进行整改，对一时难以整改的岗位应对有毒作业进行有效隔离，减少罪犯与职业危害因素的接触。

监狱应定期开展职业危害事故模拟演练，修订完善应急预案中存在的问题，提高职业危害事故处置能力，增强罪犯预防急性、亚急性职业中毒的意识和技能。同时，应急预案要明确应急救治、人员疏散、危害因素控制程序等。

3. 职业健康监护

卫生部的《职业健康监护管理办法》（卫生部令第 23 号）规定，用人单位应当建立职业健康监护制度，严格职业健康体检并详细规定了 79 种职业存在的职业禁忌证、体检项目和体检周期。因此，监狱应制定罪犯职业健康监护管理办法，合理安排罪犯劳作岗位，规范罪犯在押期间的职业性健康检查工作。职业健康检查包括上岗前、在岗期间、离岗时和发生职业病危害事故时的应急健康检查。监狱根据罪犯的既往史、职业接触史、从事工种、职业病危害接触史等情况对罪犯进行有针对性的定期或不定期的健康体检，检索和发现职业危害易感人群。上岗前发现职业禁忌证的罪犯，不得安排上岗；在岗期间体检发现罪犯存在职业禁忌证的，应及时调整罪犯的劳作岗位。

4. 职业健康档案管理

职业健康档案是劳动者健康变化与职业病危害因素关系的客观记录，监狱应建立罪犯职业健康档案管理制度，加强对罪犯职业健康档案的管理。罪犯职业健康档案的内容应当满足连续、动态观察罪犯健康状况的需要，内容要完整简要。职业史、既往史、职业病危害接触史、职业健康检查结果及处理情况等有关资料为职业健康档案的主要内容。罪犯职业健康档案为永久性保存资料，要妥善保管，防止丢失。罪犯职业健康档案不得随意外传，罪犯有权查阅、复印本人的职业健康档案。罪犯刑释后，罪犯职业健康档案应由监狱保管。罪犯劳动卫生管理工作流程见图 4-14。

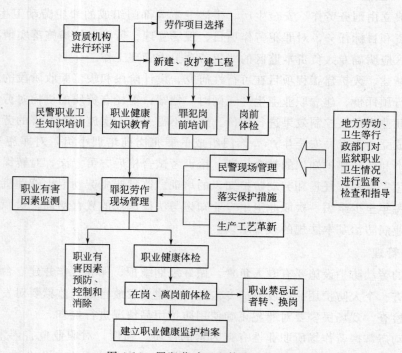

图 4-14　罪犯劳动卫生管理工作流程

> **拓展阅读**

中暑基础知识

中暑是高温环境下发生的急性疾病,按其发病机理可分为热射病、日射病、热痉挛和热衰竭四种类型。但这种分类是相对的,临床上往往难以截然分开,通常表现为混合型。

1. 致病因素

生产环境中气温过高,劳动强度过大,劳动时间过长是中暑的主要致病因素。如同时存在着强热辐射或高气湿,而风速又小时,更易发生中暑。此外,过度疲劳,睡眠不足,体弱以及未热适应者,都可能成为促进中暑发病的因素。

2. 发病机理与临床表现

(1) 热射病　这是中暑最严重并较常见的一种,病情危急,死亡率高。主要是由于机体产热与受热超过散热,引起体内蓄热,体温不断增高,导致体温调节功能障碍所致。其临床特点是在高温环境中突然发病,体温升高可达 40℃,开始时大量出汗,以后出现"无汗"并可伴有干热和意识障碍、嗜睡、昏迷等中枢神经系统症状。

(2) 日射病　这是由于太阳辐射或强热辐射线直接作用于无防护的头部,致使颅内受热而温度升高,脑膜和脑组织充血所引起。临床表现为头晕、剧烈头痛、耳鸣、恶心或意识丧失,也可见体温升高。

(3) 热痉挛　主要是高温作业时大量出汗,引起机体缺水、缺盐而发生水和电解质平衡失调所致。主要表现为明显的肌肉痉挛,伴有收缩痛。痉挛以四肢肌肉及腹肌等经常活动的肌肉为多见。痉挛常呈对称性,时而发作,时而缓解。患者神志清醒,体温多正常。

(4) 热衰竭　本病发病机理尚不明确,多系老年人,一般认为是由于热引起皮肤血管扩张和大量失水而造成循环血量减少,引起颅内供血不足所致。一般起病迅速,先有头昏、头痛、心悸、出汗、恶心、呕吐、皮肤湿冷、面色苍白、血压短暂下降,继而晕厥。

(5) 中暑的诊断　根据高温作业人员的职业史和主要临床表现,排除其他引起高热伴昏迷的疾病即可诊断为中暑。中暑按其临床症状的轻重可分为先兆、轻症和重症中暑。

3. 中暑的治疗

(1) 先兆中暑和轻症中暑　使患者迅速离开高温作业环境,到通风良好的阴凉处安静休息,解开衣服,给予含盐清凉饮料。有条件时,可在空调房间休息,如有头晕、呕吐者,可选服人丹、藿香正气水等解暑药物。

(2) 重症中暑　除采取上述处理措施外,应迅速将患者送医院进行抢救。治疗原则为降低过高的体温,纠正水与电解质平衡紊乱,维持良好的呼吸和循环功能,积极防治休克、脑水肿。迅速降低过高的体温,主要措施有物理降温,最有效的措施是置患者于冰浴盆中并不断擦洗躯干与四肢皮肤,以促进血管扩张而尽快散热;药物降温,常用氯丙嗪 25～50 毫克加入 500 毫升生理盐水中静脉滴注,纠正水与电解质平衡紊乱,应按病情适当补充水盐量，静脉滴注不宜过快，以每分钟 20~30 滴为宜。维持良好的呼吸和循环功能，给氧，必要时考虑气管插管、正压吸氧，注意保持呼吸道通畅。

（三）罪犯猝死预防

罪犯猝死大多原因不明，但因罪犯于在押期间死亡，罪犯家属往往持怀疑态度，极易引起矛盾和冲突并损害监狱执法公信力。因此，监狱应加强对罪犯猝死的预防，完善目标人员管理，提高救治能力，尽量减少罪犯猝死事件的发生。

猝死是指未能预期到的突然死亡。目前大多数学者倾向于将猝死的时间限定在发病 1 小时内。医疗界也比较一致认为引起猝死的器质性病变可见于各种器官系统，在成人中以心血管系统疾病占绝大多数，约占病因的 40%~50%，其次为中枢神经系统或呼吸系统，第三为消化、泌尿、生殖系统和内分泌系统。引起猝死的根本死因是客观存在的自然性疾病，但猝死的发生往往是有条件的，有些条件起着诱发作用。这些条件对完全健康的人本无危害或危害较小，但对患有潜在严重疾病的病人却能引起猝死。可能诱发猝死的因素很多，精神因素有狂喜、悲伤、过度兴奋、紧张等；体力活动因素有剧烈运动、过度疲劳等；其他因素有外伤或感染、暴饮暴食等。监狱发生的罪犯猝死基本上属于非外伤性猝死。

1. 易发生猝死罪犯的发现和登记

监狱对罪犯进行入监体检、在押期间体检、疾病治疗时，应加大对冠心病、心肌炎、肥厚型心肌病、扩张型心肌病、先心病等心血管疾病的检查，发现有导致猝死基础疾病的罪犯应进行专门登记，并纳入猝死预防管理的目标人群。要重点调查罪犯既往有无猝死根本死因的自然疾病史、家族中有无心血管疾病史、家族中有无猝死史等，对发现既往有或家族中有引起猝死根本死因的自然疾病史，应进行专门登记。

2. 罪犯猝死的预防和控制。

（1）建立健全罪犯易猝死潜在危险因素的预防控制体系　监狱医院通过日常门诊、巡诊、收监体检、健康体检等手段，发现存在易猝死潜在危险因素的罪犯要及时进行登记，对危险因素进行分析，制定潜在危险因素预防控制措施。所有预防控制措施落实到具体医务人员、监区民警、罪犯卫生员并加强对罪犯潜在危险因素的监测和控制。

（2）主动干预　针对罪犯猝死的潜在危险因素，监狱医院应落实主动干预措施，对排摸筛查出的潜在危险因素如高血压、冠心病等及时安排治疗、控制病情。定期开展罪犯健康体检尤其是对存在潜在危险因素的罪犯，每年要进行一次全面健康体检。加强对罪犯的健康教育，减少诱发因素的发生，促使罪犯养成良好的生活习惯，一旦身体出现某些异常情况应及时报告监区民警。对存在潜在危险因素的罪犯，监区应明确责任民警加强管理。监区罪犯卫生员应做好监测，一旦发现异常情况，要及时报告监区民警。监区民警、罪犯卫生员要重视夜间、罪犯家庭发生变故时、减刑假释办理期间等对易猝死人员的管理、心理疏导和监测。

（3）提供支持环境　监狱应制定有利于罪犯身心健康的制度如工间休息、吸烟管理、劳动保护等制度。对易发生猝死的罪犯可进行相对集中关押，安排专门医务人员进行 24 小时动态跟踪服务。监狱要合理调整易发生猝死罪犯的饮食，引导易发生猝死罪犯戒烟，合理安排劳动任务避免过度劳累，鼓励罪犯坚持适度体育锻炼，帮助罪犯保持心情舒畅、情绪稳定。监狱应加大设施投入，实现视频监控全覆盖，确保发生罪犯猝死能第一时间发现并及时快速处置。监区要完善罪犯的联号管理，民警要增加夜间巡查的频次。

（4）提高处置水平　监狱医院应加强业务建设，提高医务人员的业务技术水平和应急救治能力。监狱要组织医院、监区经常性开展急危重症救治预案模拟演练。监狱医院应经常性组织监区民警、罪犯卫生员进行急救知识培训，重点是对心肺复苏、伤员搬运等知识的培训。

第五章
罪犯心理卫生管理

人的健康,包括身体健康和心理健康两个方面,缺一不可。监狱内的罪犯作为社会的一个特殊群体,由于长期拘押和特殊环境的原因,不少罪犯表现出各种各样的精神障碍。2002年,有人针对12个西方发达国家的62份调查信息进行了统计分析和系统总结,结果显示,大约4%的罪犯患有精神障碍,10%～12%的人表现有抑郁症,65%的男性罪犯和42%的女性罪犯出现人格障碍。随着我国监狱工作的不断发展,罪犯心理卫生工作日益得到重视和加强。目前,罪犯心理卫生管理已经成为罪犯教育改造的重要内容。

罪犯心理卫生管理是监狱针对罪犯的心理健康状况,运用心理学的原理和方法帮助罪犯消除犯罪心理及其他心理问题,重塑其人格,维护其心理健康而对心理健康教育、心理评估、心理咨询、心理危机干预等进行组织、计划、协调、监控的活动。

罪犯心理卫生管理的内容具有整体性,涵盖了罪犯心理健康指导活动的全过程。从心理健康教育、心理评估、心理咨询到危机干预,都离不开监狱专门的计划、组织、协调和监管。相关活动计划的制订与调整、具体环节的组织与实施、活动结果的考核与评价都是罪犯心理卫生管理的内容。同时,罪犯心理卫生管理的方法具有科学性,特别强调专业性和针对性,这就决定必须具有科学的方法和技术作为支撑。无论是心理疏导还是危机干预,个别心理咨询还是集体的心理辅导,都是建立在科学的矫正方法基础之上的,因此,对这些过程的管理也必须建立科学有效的方式。

罪犯心理卫生管理主要功能为:一是对处于服刑期间的罪犯进行心理卫生管理,可以使罪犯保持健康的心理。一方面,通过心理卫生教育、心理咨询和心理危机干预,可以起到防止心理问题发生和心理问题恶性发展的作用;另一方面,对于存在各种心理问题的罪犯,通过心理咨询和治疗可以达到缓解病情、恢复健康的作用,同时促使罪犯自己面对问题,实现心理自我调节和控制。二是通过罪犯心理卫生管理,可以促进罪犯转变思想、矫正恶习、完善人格,实现矫正目的。心理卫生管理工作的开展,有利于帮助罪犯规划自己未来的发展,从而在将来更好地适应社会生活。三是评价和激励功能。罪犯心理卫生管理的评价功能涉及对罪犯改造表现和民警工作业绩两个方面的评估。加强对罪犯的心理评估,对罪犯改造表现和民警工作业绩进行科学评估,既能准确、及时地反映出罪犯的改造状况,起到鼓励先进、鞭策落后,促进罪犯积极改造的作用,又能帮助民警及时总结经验、发现问题、改进工作和提高效率。同时，心理评估、心理咨询等工作十分重视建立相互尊重、平等和信赖的管理关系，强调针对罪犯的个性特点、智力和技能，相信罪犯自己有能力面对各种问题，这些体现人性的管理措施和行为，能培养罪犯的自尊和自信，激发他们的改造积极性。

一、罪犯心理卫生管理的组织和从业人员

依据司法部监狱管理局印发的《关于加强监狱心理矫治工作的指导意见》[司狱字(2009)28号]和《关于进一步加强服刑人员心理健康教育指导中心规范化建设工作的通知》[(2009)司狱字335号]的相关规定，监狱应成立相应的罪犯心理卫生管理组织机构，并要加强服刑人员心理健康指导中心的规范化建设。监狱罪犯心理卫生管理工作的主要目标是：监狱对罪犯开展心理健康教育的普及率达到应参加人数的100%，罪犯心理健康教育合格率达到90%；监狱对新入监罪犯的心理测试率达到应参加人数的100%；罪犯的不良心理得到有效改善，心理疾病得到及时治疗。监狱对危险罪犯、顽固罪犯、危害国家安全罪犯等重要罪犯的心理测试、心理状况动态跟踪、心理矫治档案建档率达到100%。见表5-1。

表5-1 服刑人员心理健康指导中心建设规范（试行）

建设规范	预约等候室	面积	20米²左右/间
		环境要求	相对独立的场所，色调温和平静、自然、大方、温馨、舒适
		硬件设施	墙上挂有心理咨询范围、心理咨询师守则、来访者须知、咨询师的情况介绍等宣传资料，配备饮水设备、沙发、办公桌椅、电话、相关读物等
	个体咨询室	面积	12米²左右/间
		数量	每2000名服刑人员设置1间，且每个监狱至少有1间，大型监狱可适当提高比例
		环境要求	独立的场所和出入口，室内色调温和、平静、和谐，充满生机；让服刑人员感觉亲切、放松、恬静、祥和、优雅
		硬件设施	光线柔和；咨询椅质地柔软舒适，开放式或有隔离栏式，根据情况，合理摆放；配备录音笔或录音机和观察摄影设备或安装单向可视玻璃墙壁；其他基本用品齐全
	团体辅导室	面积	40米²左右/间
		环境要求	独立的场所和出入口，明亮整洁，通风好，采光好，能体现宽松、和谐的特点
		硬件设施	配置可移动桌椅、坐垫、隐藏式黑板等，应当安装多媒体设备、墙壁安装单面镜子，反映心理互动的挂图和操作要求等。有条件也可配备团体活动心理评估和干预系统
	心理测评与档案室	面积	40米²左右/间
		环境要求	安静通风，采光好
		硬件设施	配有电脑、读卡机、扫描仪、打印机、专用测试桌椅、档案资料橱柜、相关测评量表和软件系统
	心理宣泄室	面积	15～20米²左右/间
		环境要求	隔声效果好、安全性能好、保密性强
		硬件设施	配备心理宣泄设备、放松器材、监控设施等

续表

建设规范	心理治疗室	面积	10米²左右/间
		环境要求	色调温和平静,自然,大方,温馨,舒适,张贴有心理挂图
		硬件设施	音乐治疗仪、小型情绪调节器;特殊配置:多参数生物反馈仪、沙盘治疗设备;其他:坐椅、躺椅
	中央控制室	面积	10米²左右/间
		环境要求	安静通风,采光好,保密性强
		硬件设施	监控设施
运行规范	规章制度建设	心理矫治工作制度	有服刑人员心理健康教育工作制度;有咨询工作制度,包括咨询室管理制度、咨询人员工作职责、咨询室值班制度、咨询预约制度、咨询反馈制度和咨询档案建立、使用及保管制度、各功能室有日常使用记录
	工作计划与总结	心理矫治工作计划与总结	有心理健康教育和心理咨询工作计划总结,有详细合理的年度心理咨询工作计划与总结
	心理健康教育	教育方式与途径	心理健康教育方式多样化,包括普及性心理教育、适应性心理教育、发展性心理辅导与训练、补救性心理教育、自我教育、专题研究等
	心理测试评估	心理测试与评估的软件及应用	根据评估内容、评估对象、评估目的等需求配备适合于监狱服刑人员心理评估的标准化的测验工具和相关管理系统软件。包括基础性评估、矫治性评估和预测性评估(如改造及矫治质量评估、危险性评估和发展性评估)等。试点单位应试用心理矫治工作管理系统
	心理咨询	咨询手段与途径	咨询方式多样化,包括个别面询、团体咨询、信函咨询、电话咨询、网络咨询等
	心理档案	档案记录与管理	每名服刑人员均建立心理档案,内容包括:服刑人员基本信息、心理测评、心理咨询或干预记录、效果评价等,专人保管。应当配备带锁的档案柜
	心理危机干预	监控系统	服刑人员心理危机信息收集及时、准确,日常监控工作严密
		干预系统	规范心理危机干预工作流程,对有严重心理危机的服刑人员,做到发现及时、处理得当、干预有效,必要时认真组织专家会诊并处置
		转介及危机善后系统	处置有严重精神疾患方面的服刑人员时,保持与精神卫生专业医疗机构建立畅通、快速的转介渠道,转介过程记录翔实。对危机当事人及其周围人员提供支持性心理辅导,对危机事件进行总结

(一)罪犯心理卫生管理的组织

省级监狱管理局教育改造部门负责对各监狱心理卫生管理工作的组织、管理、指导和督察,负责制订本省监狱心理卫生管理工作计划和有关制度,组织开展理论研讨和经验交流活动,对各监狱提供技术指导,参与疑难、特殊心理问题罪犯的心理矫治工作。

监狱应当建立罪犯心理健康指导中心。每个监狱具备国家心理咨询师资格的警察人数要达到罪犯人数的1%。每个监狱领导班子中至少有一名成员具备国家心理咨询师资格。心理健康指导中心配备的专职心理矫治人员原则上不低于押犯总数的1.5%,但不少于3人。

监区(分监区)应当至少配备1名民警担任专兼职心理辅导员。专职心理矫治人员必须取得心理咨询师国家职业资格证书和司法部监狱管理局颁发的上岗证书。

监狱罪犯心理卫生管理网络如图5-1所示。

图5-1 罪犯心理卫生管理网络

监狱应当完善心理咨询工作的设施和经费保障，设立心理咨询室、心理宣泄室和治疗室等场所。监狱应当保障罪犯心理卫生管理所需经费，并随监狱经费的增长而相应增长。

（二）罪犯心理卫生从业人员的素质要求及培养

目前监狱中罪犯心理卫生的从业人员主要是心理健康指导中心的专职心理矫治人员和监区（分监区）的专兼职心理辅导员，他们都是警察身份。监狱也会聘请大专院校、科研院所、心理咨询机构的社会专业人士到监狱帮助开展心理健康教育、心理咨询与心理治疗等工作。

罪犯心理卫生从业人员除了具备监狱人民警察的基本要求和素质以外，参照《心理咨询师国家职业标准》，还要具备以下素养或能力。

1. 遵守基本的职业道德

一是能处理好心理咨询师和罪犯的关系，基本要求是心理咨询师不得对罪犯在性别、职业、民族、年龄、国籍和宗教信仰等任何方面给予歧视。二是咨询的保密性，除非法律要求披露该秘密或者确定该信息对其本人或对他人有危险，否则心理咨询师要对罪犯的隐私进行保密。三是心理咨询师的职业责任，基本要求是在职业责任和职业能力允许的范围内进行工作；要持续参加继续教育，不断提升个人素养和从业能力；要避免个人问题或人际关系冲突对罪犯造成伤害；不能利用个人的职业地位谋取不正当的利益。

2. 健康的心理素质

一是要具有健全的人格。心理咨询师的人格对罪犯的影响是巨大和直接的。一个善解人意、乐观、宽容、耐心、真诚的心理咨询师会带给罪犯放松、信任、积极和开放的氛围，有利于与罪犯进行沟通，并在日常相处中对罪犯的言行产生积极的影响。二是要有良好的认知，包括丰富、合理的知识结构和灵活全面的认知风格。心理咨询师的知识结构应该以人文学科为主、自然科学为辅，从而构建起以心理学、教育学为核心知识的知识结构。心理咨询师首先要了解罪犯的内心状态和活动、认知内容和成因等，不应该主观框定罪犯的问题，应该学会站在对方的角度思考和体会，细致领悟罪犯心理活动的轨迹，再引领罪犯通过角色扮演等方法进行换位思考，从而帮助罪犯突破惯性的不良认知。三是具备丰富、积极和稳定的情感。人既有理性，也有情感，理性和情感是心理活动中必不可少的两大部分。心理咨询师的关注对象是人，因此，需要具备良好的情感品质和丰富的情感体验，对大起大落的情绪有着充分的体验。心理咨询师比一般岗位的民警更要致力于通过自我成长、疏导和转化负面情绪，缓解内部压力，升华内部动力，从而使自己的常规情绪保持积极乐观的状态。喜怒无常或极不稳定的情绪不仅不利于与罪犯沟通，甚至会引发罪犯的焦虑和惶恐情绪，阻碍心理咨询的进行。

3. 必备的专业素养

一是爱心。心理咨询师的工作性质是对罪犯的心灵世界进行了解和矫正，只有对罪犯怀有无私的大爱情感，从人性角度理解、爱护和体贴他们内心深处的渴望，才能做到这一点。二是耐心。在心理咨询过程中，从信念和认识的转变，到情绪的释放和宣泄，再到整个人格的整合，都是复杂、长期、循环往复的过程，对于罪犯和心理咨询师来说都是一种挑战和考验。三是洞察力和智慧。洞察力和智慧作为专业素养之一，能够帮助心理咨询师不被罪犯身上纷繁复杂的现象所迷惑。

4. 娴熟的专业基本功

一方面是深度沟通能力，包括理解力、表达力和观察力。心理咨询师不断处在与罪犯进行沟通的情景和状态中，因此沟通的成效和质量构成心理咨询工作效果的重要部分。另一方面是自我反思、自我觉察的内省力。在整个专业基本功甚至整体素养方面，心理咨询师对自我的认识和觉察都具有首位的重要性，这种重要性不仅仅在于促进罪犯的成长，更重要的是，心理咨询师会不断通过内省实现自我的成长。

监狱应当建立一支专业化的心理卫生工作者队伍，加强对心理卫生从业人员的培训和考核，使其真正发挥作用。

首先，监狱要制订心理卫生从业人员的培养计划。一个途径是组织和选拔在职民警参加国家心理咨询师资格考试。另一个途径是在公务员招录聘任时，引进心理学专业人才。目前，心理学专业人才已被纳入监狱的六大核心专业人才。同时要加大全体民警心理健康知识的普及力度，使民警都了解心理学的基本知识。

其次，监狱要建立专职心理矫治人员业务培训和督导机制。专职心理矫治人员每两年要接受一次业务培训或督导。督导是由专业成长更好的督导者对一般心理咨询师通过观察、分析和评价，在业务学习与实践操作上给予及时的、集中的、具体的指导和帮助，以不断提高学习者对心理咨询工作理论的理解和操作技能的掌握，是心理咨询师专业成长与个人成长的重要环节。另一方面，心理咨询师也面临着自我人格成长的问题，也有难以面对和解决的心理冲突需要在督导者的帮助下进行处理。监狱要通过邀请专家授课、选派外出学习、参加行业协会和理论研讨会等方式，提高现有心理咨询师的能力和水平。

再次，要注重对心理卫生从业人员的长期培养。心理卫生从业人员的专业成长、素养养成以及技能掌握都不是短期培训所能达到的，监狱要树立通过长期培养使心理卫生从业人员逐步成长的意识和观念。要建立梯级式、常规化培训机制，在考核和评价的基础上进行梯级式培养，建立和完善初级、中级和高级的培养模式。另外，监狱要为心理咨询师建立统一的档案，对心理咨询师的培养、考核和工作变动等情况进行跟踪并建立相应的激励机制和专业技术职称评定机制。作为一个专业技术性岗位，心理卫生从业人员应该相对固定。

最后，监狱应当建立心理卫生工作的评估和考核体系，将心理卫生工作绩效考核作为衡量监狱整体工作和考核干部的一项重要内容，与民警的奖励和监狱（区）评优挂钩，定期公布考核结果并加强工作监督。探索对心理矫治人员的咨询工作补贴制度，调动心理咨询人员的积极性。

二、罪犯心理健康教育管理

罪犯心理健康教育是罪犯心理卫生工作的一项重要内容，有助于提高罪犯的心理素质，促进其全面、协调和健康发展，进而帮助罪犯有效预防各种异常心理和心理障碍的发生，正确应对和消除所出现的异常心理和心理障碍，为顺利度过服刑生活奠定基础。

（一）罪犯心理健康教育的目标

罪犯心理健康教育应当纳入罪犯教育总体规划。新入监罪犯在入监教育期间的心理健康教育不少于12课时；其他罪犯每年接受心理健康教育不少于50课时。为确保罪犯心理健康教育管理的标准化，心理健康教育需要一个统一而明确的工作评估考核指标。

（1）罪犯心理健康教育效果的评估指标　主要包括：心理健康教育课程覆盖面，心理健康知识的知晓率、参与率；心理健康自觉意识；心理调适能力；人际关系满意度；发生心理危机事件次数；精神疾病的发生率等。

（2）罪犯心理健康教育效果评估的分级　根据罪犯心理健康教育效果评估指标，可以对心理健康教育的效果进行分类，如表5-2所示。

表5-2　罪犯心理健康教育效果分类表

评估指标 评级	心理健康教育覆盖面	心理健康知晓率	心理调适能力	人际关系满意度	心理危机发生率	精神疾病发病率
优秀	100%	90%以上	强	高	很少	很低
良好	80%以上	70%以上	较强	较高	较少	较低
及格	60%以上	60%以上	低	一般	常见	低
不及格	60%以下	60%以下	差	低	很多	高

（二）罪犯心理健康教育的内容和形式

根据罪犯心理健康教育的目标以及罪犯心理发展和变化的规律，罪犯心理健康教育应当包括四个方面的内容，即适应环境，认识自己；了解心理，理解健康；端正态度，积极参与；分析问题，理智调控。

根据罪犯心理健康教育的目标和内容，罪犯的心理健康教育主要有罪犯课堂教育、监狱板报广播宣传、专题讲座、电视教育、团体心理辅导、心理游戏和心理剧等形式。如图5-2所示。

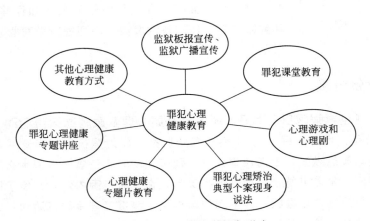

图5-2　罪犯心理健康教育形式

根据罪犯服刑阶段的不同，心理健康教育分为入监初期心理健康教育、服刑中期心理健康教育、出监前期心理健康教育等。每个阶段所涵盖的内容也比较丰富，入监教育的内容在服刑中期可能会出现，出监心理健康教育的内容可能在入监后就进行教育，所以这三个阶段是相互联系的，没有明确的划分界限。

（三）罪犯心理健康教育的管理

罪犯心理健康教育管理就是心理健康指导中心等相关部门制订合理的教育计划，对罪犯进行心理健康知识的教育，引导罪犯积极参与实施，并在实施过程中对教育计划、有关资源、组织实施、教育效果等进行控制、协调、考核和改进。

首先，建立监狱心理健康教育的组织体系。心理健康教育的组织机构一般设在监狱心理健康指导中心，主要职能是制订本监狱心理健康教育工作的制度和计划、总结工作成效和经验教训、发布狱内心理健康信息，组织实施罪犯心理健康知识普及、罪犯学习心理健康知识情况的考核，对监区负责心理健康教育工作的民警进行业务培训和管理，为监狱民警提供心理学方面的服务等。监狱心理健康指导中心至少配置一名专职或兼职心理健康教育教员，心理健康教育教员应当具有心理学知识背景和国家三级心理咨询师的职业资格。监区成立心理健康辅导站，至少配备1名三级心理咨询师作为心理健康教育辅导员，主要职责是对监区民警、罪犯进行心理知识的普及和宣传，组织罪犯心理健康知识课堂教育及对其学习心理健康知识情况的考核，收集和整理罪犯的心理信息资料，筛选和发现心理状态不健康、心理异常者，联系并协助监狱心理健康指导中心的工作。

其次，建立心理健康教育的工作体系。罪犯心理健康教育管理是一个系统的过程。心理健康指导中心制订教育计划，计划形成后由心理健康指导中心领导，基层心理辅导站、基层监区负责组织实施。心理健康教育计划可根据不同的目标要求分为年度计划、季度计划、月度计划和专项计划，对心理健康教育的教育者、受教育对象、教育方式、内容、课时、需要达到的效果以及检查考核教育效果的方式方法和奖罚措施等作出具体规定。心理健康指导中心根据教育计划对教育的执行情况进行督查，及时发现和解决教育过程中出现的问题，总结推广教育过程中好的做法和经验，不断推进心理健康教育工作的持续发展。心理健康教育管理流程如图5-3所示。

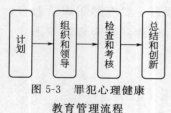

图5-3 罪犯心理健康教育管理流程

案例链接

"世界睡眠日"上海多所监狱开展心理健康辅助教育活动

3月21日是"世界睡眠日"，上海市多所监狱以此为契机，组织开展系列心理健康辅助教育活动。某监狱邀请上海海事大学心理咨询中心主任董海涛博士来监作"睡眠与心理健康"讲座；某监狱结合老病残罪犯实际，在全监范围内深入开展了以中国睡眠研究会提出的"关注中老年睡眠"为主题的黑板报、墙报等宣传教育活动；某监狱开展睡眠音乐赏析，播放《弦上的思绪和平静》等具有一定安神睡眠作用的曲目，由专业人员进行深入浅出的讲解，服刑人员在聆听过程中，放松情绪并掌握了日常音乐调节睡眠的技巧；某监狱举办《梦与健康》心理健康知识讲座，心理咨询师通过具体案例剖析罪犯群体容易遇到的特定梦境，消除服刑人员对梦境的疑虑。——中国上海 2011-04-11

三、罪犯心理评估和心理咨询管理

随着心理学在教育改造罪犯中的应用和推广，对罪犯开展心理评估和心理咨询已成为罪犯心理卫生管理中的一项基础性工作。抓好罪犯心理评估和心理咨询管理有利于全面准确地掌握罪犯心理信息，为解决罪犯心理问题和制订有效的矫正方案提供可靠的依据，为提高罪犯教育矫正质量奠定基础。

（一）罪犯心理评估管理

为了清楚地分析罪犯的心理健康状况和了解罪犯入监后心路历程的发展变化，监狱应该利用相关量表或具体的量化指标，对罪犯的心理卫生状况进行评估并建立罪犯心理档案。

罪犯心理评估主要分为入监心理评估、中期心理评估和出监前心理评估等。根据罪犯入监时间的长短，心理评估的内容也有所不同，每个阶段所涵盖的内容都比较丰富，每个阶段的评估结果都将被统一汇总到罪犯的个人心理档案中去。

罪犯入监后，监狱要对其进行入监心理健康教育，心理咨询师要通过结构性面谈，了解罪犯的需求和个人成长史，对其心理状况进行评估。同时，监狱组织罪犯参加需求量表、中国罪犯心理测试个性分测验（COPA-PI）、人身危险性评估（RW）、再犯罪危险性评估、心理-认知-行为评估测试（XRX）、90项症状自评量表（SCL-90）等测试。监狱在罪犯出监前期还将对其进行再犯罪危险性评估、社会适应力评估等。每项评估的结果都要汇总到心理档案中。心理咨询师要结合心理测量结果对罪犯心理健康状况进行及时评估，尽早发现罪犯心理和人格方面的问题，提出解决方案，并对罪犯心理发展情况进行跟踪问效。

对罪犯进行心理评估后，针对不同的评估结果，采取的诊断及矫正措施有所不同。无心理问题的罪犯，监区只要进行日常的教育即可；存在一般心理问题的罪犯，监区或心理健康指导中心要安排心理咨询师进行心理疏导；如果疑似为神经症或精神疾病，则需要立即与监狱心理健康指导中心、医院取得联系，商请有资质的专业机构人员进行进一步的明确诊断，予以科学治疗。

罪犯心理评估和心理档案的管理是密不可分的两个部分。罪犯心理评估是一个长期的对罪犯心理状况进行认识的过程，每一次的心理评估结果构成了罪犯个人心理档案的重要内容。心理档案伴随着罪犯从入监直至刑满，其内容主要是罪犯多次心理评估的内容结果及分析。

1. 罪犯心理评估管理

罪犯心理评估管理是指监狱心理健康指导中心和心理咨询师通过制订面谈评估前计划，遵照咨访的责任和义务，对心理评估活动进行适当的控制和协调，有效地将通过观察、谈话、测验所获得的资料进行整合，达到正确评估罪犯心理状态、顺利调控评估过程的目的。

监狱对罪犯心理评估工作要制定一个相对统一的标准。心理评估应当坚持定性与定量相结合、理论与实践相结合、分析与综合相结合的原则。罪犯心理测试应当根据需要选用相应的临床量表，严格心理测试的标准和要求，使用标准心理测试软件进行数据分析，确保测试结果准确。专职心理评估人员应当在心理测试的基础上，结合罪犯的成长经历、家庭教育、家庭基本情况、重大疾病史、犯罪经历以及入监后改造表现等情况，进行结构性面谈和行为观察，收集相关资料，开展科学评估。评估结束后，应当将评估结果反馈给监区，对其中有严重心理问题、具有较大现实危险或者可疑精神病罪犯，应当在评估当日进行反馈并将相关情况通报有关部门。

心理评估管理的主体是心理健康指导中心与从事心理咨询的民警。心理健康指导中心主要负责对各监区的心理评估工作进行统一的组织和管理，从事心理咨询的民警主要负责对罪犯进行评估过程的调控和管理。罪犯心理评估要求民警和罪犯必须遵守相应的原则，心理卫生从业人员要对评估的整个过程进行调控和协调，通过心理评估，实现深入了解罪犯心理健康状况的目的。

罪犯心理评估管理的主要内容是三个环节的控制。

（1）罪犯结构性面谈的管理　在与罪犯进行面谈的过程中，谈话内容是关键。心理健康指导中心要根据罪犯的特点，围绕面谈一般需要的内容设置固定的面谈格式及询问内容。询问内容不求面面俱到，但要求获得的信息都是必需的，以确保心理咨询师通过面谈能在较短的时间内获得较多的有用信息。

（2）罪犯心理测验的管理　罪犯心理测试中，对于需要统一施测的要及时安排场所组织罪犯统一参加测试，需要单独施测的则要安排心理咨询师对罪犯进行一对一的测验。罪犯心理测验应当根据具体诊断需要选用适当的临床量表，严格心理测试的标准和要求，使用标准心理测试软件进行数据分析，确保测试结果的准确性。测试结果监区必须归档，对于测验中发现存在问题的罪犯要再次组织面谈，确保有问题的罪犯能及时得到心理疏导。

（3）罪犯心理诊断和矫正方案的管理　在对罪犯进行心理诊断的过程中，心理咨询师必须保持客观和中立，诊断结果要明确记录并注明原因。如果诊断为心理问题，则将情况汇报心理健康指导中心并由其安排心理咨询。根据罪犯的心理状况，监区要制订具有针对性的矫正方案，方案要明确实现的目标和步骤。心理健康指导中心对咨询过程和咨询方案的完成情况进行监督考核。心理健康指导中心和监区在对罪犯进行心理咨询的过程中，要为每名罪犯建立心理档案，提出矫正措施，控制和协调罪犯参与心理测验等心理评估活动，并对档案进行分类、整理、留存，以确保罪犯个人档案的完整性。罪犯心理档案的管理由心理健康指导中心统一组织分工，以监区为主体，心理咨询师通过面谈、心理测试等方式丰富和完善心理健康档案，同时提出咨询建议和意见，并对罪犯心理发展情况进行跟踪问效，跟进和记录罪犯心理发展的完整历程。

2. 罪犯心理档案管理

罪犯心理档案主要包括书面档案和电子档案。罪犯心理档案的管理是罪犯心理卫生管理工作的重要内容之一，通过心理档案可以看出罪犯个体心理发展的动态过程。

罪犯入监后在分流中心或入监监区，监狱就要对罪犯进行各类心理测验，心理咨询师对测试结果进行分析。罪犯分流到各监区后，监狱根据罪犯的个人改造表现、需要或监狱统一安排，再次进行心理测试和评估。罪犯刑满释放前，监狱要再次对其进行心理测试和评估。所有测试和评估情况都要记入罪犯的心理档案，不仅要完善有关的书面资料，配套的电子资料也要做到规范、完整。

罪犯个人心理档案在入监后就要建立起来，由监区担任心理辅导员的民警负责保管并及时补充和完善档案的内容。罪犯心理档案随着罪犯的调动而移交。罪犯刑满释放后，罪犯心理档案交相关职能科室进行保存。罪犯心理档案一般仅供专职心理咨询师查阅和使用，其他民警需要调阅使用时，需要经过心理健康指导中心负责人批准，登记调阅原因并及时归还。在使用罪犯心理档案时，应当遵守保密原则，对不宜公开的事项不得公开。监狱要对罪犯心理档案保管情况定期进行检查考核。

（二）罪犯心理咨询管理

罪犯心理咨询是监狱心理卫生从业人员运用心理学的理论和方法，帮助有心理问题的罪犯发现自身问题及其根源，挖掘罪犯的内在潜力，改变其原有认知结构和不良的行为模式，提高罪犯对监狱生活的适应性和应对各种不幸事件的能力。罪犯心理咨询在监狱心理卫生工作中占据重要地位，监狱要对咨询过程进行控制，根据实际情况对罪犯进行分类治疗，实现心理咨询工作功能的最大化。

1. 罪犯心理咨询的形式和流程

心理咨询的内容多种多样，但不是所有的方式都适合罪犯心理咨询。针对监狱特殊的环境，罪犯心理咨询主要包括以下形式。

（1）门诊咨询　监狱和监区设立心理咨询室，由咨询师与求助者开展面对面的心理咨询。

（2）电话咨询　这是以电话为媒介的心理咨询，罪犯通过拨打心理咨询热线向心理咨询师宣泄自己的烦恼或者寻求帮助。

（3）专栏咨询　主要利用黑板报、监狱办的内刊报纸、广播等传播媒体，针对罪犯提出的典型心理问题进行解答。

（4）现场咨询　是指心理咨询师到罪犯生产、生活的现场进行咨询，可以起到简便、快捷的效果，也是最受罪犯欢迎的一种形式。

（5）书信咨询　是以书信为媒介的心理咨询方式。其优点是可以不受空间的限制进行咨询，对涉及隐私方面的问题的咨询更为有利，缺点是咨询难以深入和具体，易受文字表达能力的限制。

（6）网络咨询　网络心理咨询以网络视频为媒介，心理咨询师通过网络视频对罪犯开展心理咨询。

罪犯心理咨询管理流程见图5-4。

2. 罪犯心理咨询管理的主要内容

罪犯心理咨询管理主要指监狱心理健康指导中心及监区心理辅导员民警根据在押罪犯心理评估情况和罪犯的个人申请，选择合适的心理咨询师，按步骤有计划地组织对罪犯进行心理咨询活动。包括合理协调和运用监狱和社会心理咨询师资源；管理相关监狱咨询的仪器设备；对咨询的过程予以适当的控制等内容。罪犯心理咨询管理是监狱心理卫生管理的重点和难点，内容是系统而繁杂的，从程序设计、过程监控、效果评估到跟踪调查，必须紧贴监狱工作实际，并要及时动态地进行修正。

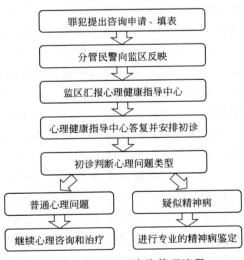

图5-4　罪犯心理咨询管理流程

（1）心理咨询设施的管理　心理咨询工作设施管理主要是指对工作场所和工作设备的管理。如同罪犯的训练、教育需要有一定场所，对罪犯的心理咨询也总是在一定的场所中进行的，而且有的场所还有特殊的要求。监狱设立专门的心理咨询工作场所，具体包括心理观察室、心理宣泄室、心理测验室和心理咨询室等。同时，在心理咨询过程中，心理咨询师为了提高工作效率，需要一定的辅助设备，主要是各种心理测验设备如计算机化测验设备、测谎仪、情绪治疗仪、摄像设备和录音笔等。

(2) 罪犯心理咨询操作程序管理　罪犯心理咨询操作程序包括罪犯提出心理咨询的申请、监狱心理健康指导中心的审批、心理咨询师的选取、心理咨询的开展以及过程的监督等。有心理咨询需求的罪犯应该主动填写《心理咨询申请表》，填写的申请表中应该包括罪犯的身份信息、犯罪信息、存在心理问题的具体描述。监区分管心理咨询的民警对申请内容进行初步审核，审核的内容主要有：罪犯提供的情况是否真实，是否存在其他不良咨询动机等。申请表经监区民警审核后及时报送心理健康指导中心进行审批，审批的主要内容是分辨罪犯提出申请咨询的症状是否属于心理咨询范畴，属于哪一种心理问题等。对于是心理问题需要进行咨询的，心理健康指导中心要根据罪犯心理问题的类型和程度，及时选取合适的心理咨询师进行咨询和心理疏导。心理咨询结束后应该做好资料的记录和个案整理工作。

(3) 罪犯心理咨询的监督管理　由于罪犯心理咨询与监管改造密不可分的特点，对心理咨询的过程必须予以合理有效的监督。监督的主要内容包括合理性监督和安全性监督。合理性监督主要是指在对罪犯心理咨询过程中所应用的心理学原则和采取的咨询方法是否得当，疗程是否合适等进行监督。安全性监督的目的就是保护心理咨询师和咨询罪犯人身安全，防止罪犯攻击或挟持心理咨询师，防止罪犯在咨询过程中自杀等。安全性监督主要通过技术监督和人力监督来实现，包括进行全程视频监控，采用网络、电话咨询等方式，现场安排足够的警力等。女性心理咨询师对男性罪犯进行咨询时，必须有男性民警在场或在有防护设施的咨询室内进行，对有严重暴力倾向或者特别现实危险罪犯的咨询必须由男性心理咨询师在有防护设施的咨询室进行。

(4) 罪犯心理咨询业务协调管理　罪犯心理咨询是一项繁杂、牵涉面广的工作，必须由监狱相关部门共同协调和配合才能取得实效。如与狱政管理部门的协调，在心理咨询中经常会发现罪犯有现实危险如自杀、自残等，需要狱政管理部门强力介入，开展侦查、做好管控。与监狱医院的协调，对于身体患病的罪犯来说，单纯的心理咨询往往达不到最佳效果，必须与医院的有效治疗配合才能取得实效。心理咨询中发现疑似精神类疾病的罪犯，也需要医院的及时介入。

(5) 心理咨询对象和心理咨询师选择　合适的罪犯心理咨询对象应当包括以下条件：以自愿申请的罪犯为主；排除不良动机如企图利用心理咨询逃避劳动，达到调换工种或调动监区等目的；精神正常，无智力缺陷。罪犯心理咨询师必须持证上岗，应该同时拥有国家劳动和社会保障部颁发的《心理咨询师资格证书》和司法部颁布的《罪犯心理矫治上岗证》(监狱聘请的社会专业人员应当具有执业资格证书)。

(6) 心理咨询的层级目标管理和效果评价　罪犯心理咨询的目标主要有三级：一是释放情绪，缓解冲突；二是改变认知，消除障碍；三是破除旧我，重塑新我。罪犯心理咨询的终极目标不仅在于解决罪犯存在的心理问题，更重要的还在于教给罪犯解决问题的办法，挖掘其潜能，最终达到自我调节、自我完善的良好状态。因此监狱心理咨询工作要建立相应的目标管理体系，进行心理咨询效果的评价。罪犯心理咨询效果的评定是罪犯心理咨询管理工作的重要环节，它不仅是对前期咨询工作的总结，更是开展下一阶段工作的出发点和参照物。罪犯心理咨询效果的评定主要采用以下几种方法：一是量表评定法，通过对比罪犯在咨询前、咨询中和咨询后的心理测试数据变化来分析罪犯心理咨询的效果；二是追踪调查法，通过追踪调查罪犯在心理咨询后的各种心理、行为等表现情况来评定心理咨询的效果；三是矫正作业法，通过对罪犯布置矫正作业和罪犯完成作业的情况来评定罪犯心理咨询的效果，这种方法具有矫正效果好、评定信度高的特点。

四、罪犯心理危机干预管理

罪犯心理危机通常指罪犯在服刑改造期间，由于人格缺陷或意外事件的压力而产生严重的紧张、焦虑、抑郁、悲观等强烈情绪体验，可能引发自杀、行凶、脱逃等行为或存在着潜在的严重危险的应激状态。罪犯心理危机干预是指在发现征兆与诊断预测的基础上所进行的心理诱导、危机调停和劝解等综合性措施，目的是缓解罪犯心理冲突、平息焦虑，防止心理危机演变为严重的精神疾病或发生突发事故。准确、及时、有效地对罪犯心理危机进行干预，是监狱心理卫生管理工作的重要内容。罪犯心理危机干预管理是心理健康指导中心通过前期排摸或形势分析，排查出需要进行危机干预的罪犯，制订干预计划，组织心理咨询师对罪犯的心理危机进行及时的干预，帮助罪犯恢复心理平衡、战胜心理危机，进而预防监管安全事故的发生，维护监狱的安全稳定。

心理危机干预管理的主体是心理健康指导中心。一旦发现需要进行危机干预的罪犯，监区要在第一时间报告心理健康指导中心，由心理健康指导中心安排进行干预。具体操作者是专门从事心理咨询的民警，在心理危机干预中，心理咨询师必须服从心理健康指导中心的安排。罪犯心理危机干预管理是一项比较系统的工作，主要包括罪犯心理危机的信息采集、危机排查、危机处置和跟踪调查等一系列内容，每项内容环环相扣，紧密联系，构成了罪犯危机干预的管理体系。

（一）罪犯心理危机信息的采集和排查

对具有下列情形的罪犯，监狱应该采取心理危机干预措施：
① 家庭发生变故或家庭有实际困难导致思想负担严重，影响改造稳定的；
② 情绪长期处于极度紧张、压抑、焦虑、抑郁、绝望状态的；
③ 有严重心理问题需要进行心理咨询的；
④ 存在涉及法律方面的财产、婚姻、家庭等问题需要法律援助的；
⑤ 与民警对立情绪严重的；
⑥ 长期患病、情绪低落需要进一步治疗的；
⑦ 缺乏适应环境的应对方式和问题解决技巧的；
⑧ 有脱逃、行凶报复、自伤、自残、自杀意念或行为的；
⑨ 其他适合心理危机干预的情况。

罪犯心理危机的采集渠道很多，民警获取罪犯心理危机信息的方式也是五花八门，但归根结底不外乎以下几种途径：监狱民警在个别教育谈话中了解或是在罪犯日常表现中发现以及在罪犯通信、亲情电话中了解、获知；罪犯本人主动向民警汇报；其他罪犯向民警反映；监狱相关职能部门反馈。

罪犯心理危机排查不是单个民警和单个部门的事，需要监狱各部门的通力合作。一是监区的心理辅导员民警和分管民警要结合罪犯谈话工作，依据心理测试和历次评估、就诊等资料对罪犯进行初次筛查。二是监区和监狱召开专项的罪犯心理危机排查工作例会。三是监狱心理健康指导中心会同狱政管理部门、医院等进行专门的罪犯心理危机排查评估。

（二）罪犯心理危机的处置和流程

罪犯心理危机的处置主要内容和程序为：一是确保安全。监区排查出发生心理危机的罪犯后，要立即落实有效的安全防范措施，确保监管安全。二是确定和澄清问题。监区对显现危机信号的罪犯要及时安排相关民警对其进行谈话，确定问题的性质和危险的等级。三是制订计划、实施干预。监狱职能部门对监区上报的名单要逐一进行走访了解，确定问题后与监区联合制订干预计划，结合罪犯的改造质量评估，对罪犯实施危机干预。四是评估干预成效、巩固干预成果。在罪犯心理危机解除后，还要做好跟踪考察，了解罪犯心理变化的轨迹，检验其是否运用了所学的应对方式和技巧，与罪犯定期交流，鼓励他们巩固矫治成果。

罪犯心理危机干预的内容见图 5-5。

罪犯心理危机干预要按照一定的程序进行，即遵循有关流程，其操作流程如图 5-6 所示。

① 监区心理辅导员民警发现需要心理危机干预的罪犯，填写《罪犯心理危机登记表》报监狱心理健康指导中心。

② 监狱心理健康指导中心会同罪犯所在监区或监狱有关部门会诊，研究制定干预方法、措施建议。

③ 实施干预。监狱心理健康指导中心指派心理咨询师，在心理辅导员的配合下共同实施罪犯的心理危机干预活动。

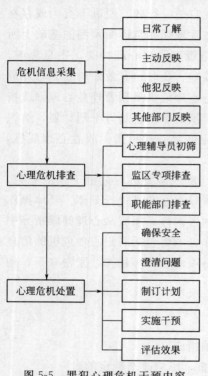

图 5-5　罪犯心理危机干预内容

④ 各监区落实心理咨询建议或教育、管理措施，并注意观察罪犯心理变化情况，随时向监狱心理健康指导中心反映情况。

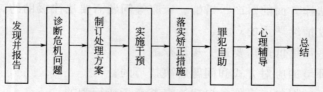

图 5-6　罪犯心理危机干预具体操作流程

⑤ 罪犯自助。各监区的罪犯心理联络员（心理互助员）要注意观察心理危机罪犯的心理和行为表现，协助民警做好罪犯情绪稳定工作，随时向民警报告情况。

⑥ 心理辅导。心理辅导员民警应注意强化运用罪犯能领悟到的新技巧，鼓励和支持其运用新的应对方式和有关社会支持系统解决和处理心理危机问题。

⑦ 总结。心理健康指导中心和监区做好个案的总结，促进干预技术的提高。

（三）罪犯心理危机干预管理

罪犯心理危机干预的目的就是帮助处于严重心理危机状态的罪犯恢复心理平衡、战胜心理危机，预防监管安全事故的发生，具体目标有：防止罪犯发生过激行为如自杀、自伤或攻击行为等；促进罪犯交流与沟通，鼓励当事人充分表达自己的思想和情感，鼓励其自信心和正确的自我评价，并提供适当建议促使问题解决；为罪犯提供适当的医疗帮助，处理昏厥、情感休克或激惹状态。罪犯心理危机干预由心理咨询师实施、监区心理辅导员民警协助，有时还需要罪犯分管民警、罪犯亲属和其他罪犯参与。

与心理健康教育管理、心理评估和心理咨询管理一样，罪犯心理危机干预管理包含建立管理组织、制订管理计划、落实从业人员、提供必要资源、实施过程监督和效能考核评价等内容。罪犯心理危机干预管理的特别之处主要在于要对采集到的罪犯心理危机信息进行分析进而采取分级管理。

由于罪犯个体差异，每个罪犯的心理危机程度不尽相同。为了提高罪犯心理危机干预的效率，根据危机处置的急缓程度和处置主体的层级，将罪犯危机分为二级三等共六个等级。"级"表示危机处置时间上的缓急，具体为立即处置和近期处置两种类型；"等"表示处置危机主体的层级，具体为监狱层面、相关职能科室层面和监区三个层面。具体危机等级如表5-3所示。

表 5-3　各级危机处置层级表

危 机 评 级	处 置 信 息	处置危机主体层级
一级甲等	立即	监狱
一级乙等	立即	相关职能部门
一级丙等	立即	监区
二级甲等	近期	监区
二级乙等	近期	监区
二级丙等	近期	监区

 案例链接

某监狱心理干预效果好

某监狱从实际出发，采取心理咨询师轮值的办法对服刑人员进行心理帮助，取得明显成效。

监狱在心理咨询室建立咨询间、宣泄间和沙盘室，购置电脑和心理咨询软件、沙盘、躺椅和音响等。将志愿于此项工作的7名心理咨询师组织起来编成一个轮值队伍编排轮值顺序，每周两天轮流值班咨询，既开展本监区的个案咨询，也对其他约定的罪犯进行咨询。两个月内7名心理咨询师成功地干预了8例心理异常且出现事故隐患的个案。一名在心理咨询师的帮助下走出心理误区的罪犯，还通过电话让家人给监狱送来了锦旗以表感谢。

罪犯张某在打亲情电话向家里索要零用钱时得知父亲已经去世，罪责感突然加重，神情抑郁、行为迟缓、痛不欲生并写好了遗书，选择了自杀的方式和地点。心理自助员反映情况后，心理咨询师对其进行了应急干预使张某打消了自杀的念头。——北方法制报 2010-07-12

第六章
特定类型罪犯生活卫生管理

特定类型罪犯包括未成年罪犯、女性罪犯、少数民族罪犯、老病残犯和外国籍罪犯等。由于性别、年龄、身体健康状况、民族、国籍、宗教信仰和风俗习惯等不同,他们的生理特征、心理特征和文化背景呈现出相应的特定性。对这些罪犯的生活卫生管理必须关注其差异性。

我国《监狱法》对未成年犯、女犯、少数民族犯的刑罚执行作了专门规定。主要内容包括:未成年犯、女犯与成年男犯分开关押;照顾女犯、未成年犯的生理、心理特点;适当照顾少数民族罪犯的特殊生活习惯;对未成年犯执行刑罚在未成年犯管教所内进行,以教育改造为主,其劳动要符合未成年人的特点,以学习文化和生产技能为主。我国未成年人保护法、妇女权益保障法、残疾人保障法等关于未成年人、妇女、残疾人的保护规定,监狱在刑罚执行过程中必须予以遵守。我国关于监狱刑罚执行的行政法规、部门规章以及司法部监狱管理局的规范性文件也对特定类型罪犯生活卫生管理作了相应的规定。有关刑罚执行的国际公约、文件等也要求对未成年犯、女犯、外国籍犯、老年犯、病残犯等予以区别对待和特殊保护,如《囚犯待遇最低限度标准规则》、《联合国少年司法最低限度标准规则》、《联合国关于女性囚犯待遇和女性罪犯非拘禁措施的规则》等。

对这些特定类型罪犯实施特殊的矫正和管理,既是保护弱势群体的必然要求,也是刑罚差别化和矫正个别化的应有之义。就这类罪犯的生活卫生管理工作来说,要在遵循普遍性规定的基础上,优先适用特别规定。同时,由于对新入监罪犯、即将刑满释放罪犯和被禁闭罪犯的生活卫生管理重点有别于正常服刑的罪犯,本章也将这三类罪犯纳入特定类型罪犯进行专门阐述。

一、未成年犯、女犯和少数民族罪犯的生活卫生管理

(一)未成年犯的生活卫生管理

未成年犯处于青春期,生理上最大的特点是身体发育尚未成形,正处于第二个成长加速期,性别差异明显显现。其心理发展受环境影响较大,同一个体及个体之间有着明显差异,心理、行为等方面呈现不稳定的特征。同时,由于心理和生理发展的不协调,生理上

各种机能到青春期基本成熟,但心理发展与身体发育不同步,一般情况下是相对滞后的,由此可能产生很多青春期的烦恼和困惑,影响其心身健康。因此,未成年犯具有冲动、易受暗示、情感脆弱、个人英雄、贪欲、猎奇、逆反、盲从等特征。而过早辍学、家庭缺乏关爱、交友不慎、意气用事、贪图玩乐等则是未成年犯犯罪的主要原因。未成年犯的可塑性强,但生活自理能力、自我控制能力和社会认知能力较弱。

对未成年犯生活卫生管理的特殊规定和实践中的主要做法有以下几个方面。

(1) 分开关押和管理　未成年犯关押在未成年犯管教所,未成年男犯与未成年女犯分开关押,在此基础上实施与成年犯不同的管理。未成年犯年满18周岁时,剩余刑期不超过2年的,仍可以留在未成年犯管教所执行剩余刑期;剩余刑期超过两年转送成年犯监狱,在管理上仍然要考虑其生理心理特点,区别于成年犯予以适当照顾。

(2) 劳动时间与强度　对未成年犯执行刑罚应当以教育改造为主。不满16周岁的未成年犯不参加劳动。未成年犯的劳动,应当符合未成年人的特点,以学习文化和生产技能为主。未成年犯的劳动时间,每天不超过四小时,每周不超过二十四小时,适当增加工间休息时间和次数。应保证未成年犯每天的睡眠时间不少于八小时。未成年犯劳动,应当在工种、劳动强度和安全保护措施等方面严格执行国家的有关规定,不得安排未成年犯从事过重的劳动或者危险作业,不得组织未成年犯从事外役劳动。参加劳动的未成年犯要每年体检一次。

(3) 居住、饮食营养、娱乐与心理保健　未成年犯不得睡通铺和两人以上合铺。监舍人均面积不得低于3米^2。尽量不安排未成年犯睡上铺。未成年犯监舍可适当增加花草、图画和其他装饰品,营造相对宽松和温馨的氛围。未成年犯的饮食要在吃得饱、吃得热、吃得卫生的基础上吃得有营养,以保障未成年犯的身体发育和身体健康。要保证未成年犯的娱乐和休息时间,经常开展一些有益于未成年犯身心健康的文体活动。要关注未成年犯的心理发育,对未成年犯生活攀比、江湖义气、喜欢打架、手淫等不良习气习性加强教育疏导。

(4) 生活辅导　监狱应该及时为每个未成年犯指定一名民警为其生活辅导员,关心和辅导其服刑生活。养成未成年犯良好的生活卫生习惯是生活辅导的重点内容。应辅导未成年犯养成按时作息、保持个人卫生、礼貌待人的习惯,严禁未成年犯抽烟。要辅导未成年犯树立"自己的事自己做,能做的事努力做,计划的事按时做"的观点,增强生活自理能力。要针对未成年犯思家恋亲的情绪,适当放宽离监探亲、会见、通信、亲情电话、邮汇包裹的条件限制,邀请其父母、老师或社会人士进监开展帮教活动。特别是节日期间要安排好未成年犯的生活。

(二) 女犯的生活卫生管理

对女犯生活卫生管理的特殊规定和实践中的主要做法有以下几个方面。

(1) 分开关押和管理　女犯与男犯分开关押、分开管理。女犯关押在女犯监狱或女犯监区,由女性监狱人民警察直接管理。女犯搜身必须由女性工作人员进行。严格控制男性(包括男性监狱人民警察)进入女犯监狱(监区)生活区,确有必要进入的,必须严格执行审批和安全管理制度。

(2) 劳动强度与禁忌劳动　禁止安排女犯从事繁重的体力劳动和单一体位的劳动,不得安排女犯从事矿山、井下和国家规定的第四级体力劳动强度和其他禁忌从事的劳动,如每小时负重6次以上、每次负重超过20千克的作业,或者间断负重、每次负重超过25千克的作业。女犯在经期应禁忌从事冷水作业分级标准中规定的第二级、第三级、第四级冷水作业；低温作业分级标准中规定的第二级、第三级、第四级低温作业；体力劳动强度分级标准中规定的第三级、第四级体力劳动强度的作业；高处作业分级标准中规定的第三级、第四级高处作业等。对更年期的女犯，视实际条件和更年期症状反应轻重，应采取相应的保护措施。

（3）经期生活护理及妇科病预防　女犯监舍应当在通风、透光、干净的基础上，增加保护隐私的设施，设置女性需要的设施如衣柜、存放卫生巾的设施等。女犯监舍可适当摆放装饰物，布置得温馨一些。对经期身体不适反应比较明显的女犯应当适当安排休息。要保证经济困难女犯必需的生活卫生用品，如卫生巾、文胸、卫生纸、肥皂等。女犯在月经期间的饮食要增加铁和蛋白质含量丰富食品的供应，如牛奶、鸡蛋、豆浆、猪肝、菠菜、猪肉等。应当保证女犯的热水供应。开展妇科病预防知识宣传，对女性罪犯每年至少进行一次妇科检查。

（4）心理健康促进　女犯有强烈的情爱需要，如思家恋亲、希望得到关心照顾、依附归属感突出等，监狱应通过一切合理的方式鼓励和便利女犯与家人接触。尊重女犯爱美之心，因地制宜开展一些健康的展示女性美的活动。女犯的生活用品、零花钱、消费额度可酌情增加，节日期间要安抚好女犯情绪。做好不同年龄女犯的针对性心理健康指导，如青春期女性罪犯易出现性困惑，易走向极端，与人发生冲突，民警可以在生活上与她们平等对话，在充分尊重的情况下询问性方面的问题，引导其了解自己、学会与人交往、对自己的行为负责，正确面对性困惑；更年期女性罪犯易出现焦虑、暴躁、多疑、恐惧、悲观等情绪，民警应多与之交流，多给予关心，指导她们保持乐观与积极的态度，教会她们防治更年期疾病的知识。

（三）少数民族罪犯生活卫生管理

我国《监狱法》规定，对少数民族罪犯的特殊生活习惯，应当予以照顾。实践中，少数民族罪犯人数较多的监狱，可集中关押在某一监区、分监区或小组，尽可能安排本民族的警察进行管理，单独设立食堂或分立食物灶。没有该民族民警的监狱应当对民警进行培训，使之掌握该民族基本的语言文字，了解该民族的风俗习惯、禁忌和宗教信仰等。

（1）尊重少数民族罪犯使用本民族语言文字的权利　应当允许少数民族罪犯在日常生活中使用本民族的语言文字，如会见、通讯（信）、向民警汇报、与其他罪犯交流，民警要尊重其文字语言表达方式和禁忌。

（2）尊重少数民族的风俗习惯　在管理少数民族罪犯的过程中，要充分尊重各民族的风俗习惯。在饮食方面，要尊重少数民族独特的饮食习惯，为少数民族罪犯制作符合他们习惯的少数民族餐。如有清真饮食习惯的少数民族罪犯较多时，应设置清真食堂或清真灶或制作清真餐。在少数民族节日方面，要在不影响安全的前提下，允许他们自己安排节日活动，用自己的方式过节，对于一些少数民族的节日活动无法满足的，可以结合实际开展一些贴近他们生活的节日活动。

（3）尊重少数民族罪犯的宗教信仰　我国宪法规定公民有宗教信仰自由，任何国家机关、社会团体和个人不得强制公民信仰宗教或者不信仰宗教，不得歧视信仰宗教的公民和不信仰宗教的公民，国家保护正常的宗教活动。《囚犯待遇最低限度标准规则》规定在可行范围之内，囚犯应准予参加监狱举行的仪式并准予持有所属教派宗教、戒律和教义的书籍，以满足其宗教生活需要。监狱在实际管理的过程中，在尊重和保护少数民族宗教信仰自由的同时，要引导好少数民族罪犯进行合法的宗教活动并置于监规纪律的规范之下。

二、出入监罪犯和被禁闭罪犯生活卫生管理

（一）新入监罪犯生活卫生管理

新入监罪犯是公安机关交付执行的被判处死刑缓期执行、无期徒刑、有期徒刑余刑三个月以上的经监狱审查审核后符合收监条件决定予以收监的罪犯。

我国《监狱法》规定，监狱应当对交付执行刑罚的罪犯进行身体检查；罪犯收监，应当严格检查其人身和所携带的物品，非生活必需品，由监狱代为保管或者征得罪犯同意退回其家属，违禁品予以没收；罪犯收监后，监狱应当通知罪犯家属，通知书应当自收监之日起5日内发出。罪犯收监流程、新收罪犯管理流程和分类关押管理流程分别如图6-1～图6-3所示。

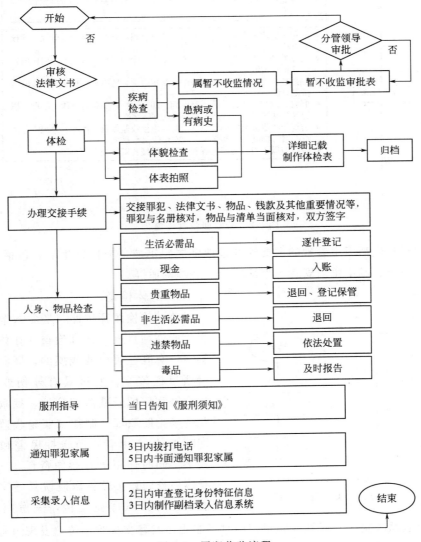

图 6-1 罪犯收监流程

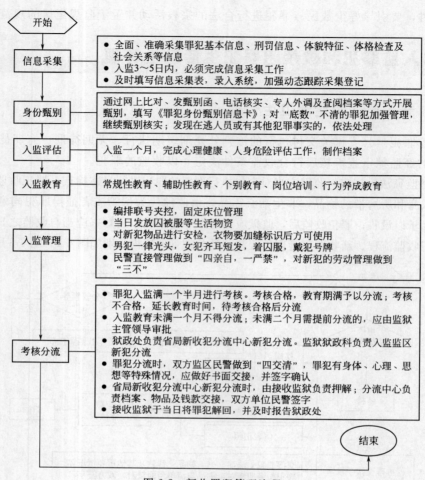

图 6-2　新收罪犯管理流程

新入监罪犯生活卫生管理的主要任务是帮助罪犯迅速适应监狱生活，包括身体检查、人身及物品检查、基本生活安置与生活辅导、心理调适等。

1. 身体检查

监狱体检医师按照《罪犯收监身体检查表》所列项目逐一认真检查并在体检结论上签字。有既往病史或残疾的，罪犯应当在体检项目栏签字。发现具有外伤或外伤后遗症、器官移植或脏器切除的，狱政管理部门要现场拍照取证，制作《罪犯收监健康检查询问笔录》，由看守所送押民警和罪犯本人签字，同时保留语音影像资料。《罪犯收监身体检查表》由监狱医院院长签字，一式三份，一份归入罪犯正档，一份归入罪犯副档，一份由监狱医院统一保管，罪犯调动时随罪犯档案移交接收单位。发现患有严重疾病符合保外就医条件的罪犯、病情危重有死亡危险的罪犯、艾滋病病毒反应呈阳性的罪犯、

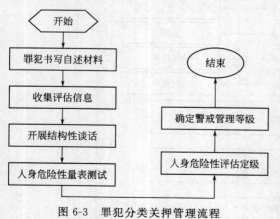

图 6-3　罪犯分类关押管理流程

怀孕或正在哺乳自己婴儿的女犯，监狱应当按照相关规定予以妥善处置。

2. 人身及物品检查

入监监区民警、看守所民警、罪犯本人必须当面清点物品，贵重物品由狱政管理部门封存、保管，物品清单由罪犯本人签字确认。违禁品、危险品等依据有关规定处理。非生活必需品征得罪犯本人同意退回其家属，无法退回的，由监狱依法处理。现金一律存入罪犯个人账户。

3. 基本生活安置与生活辅导

罪犯收监当日，入监监区民警应当发放《罪犯服刑须知手册》并告知有关内容，如监狱的性质、罪犯的基本权利和义务、监狱的基本情况、相关管理规定等。当日要组织罪犯理发、剃须、洗澡，发放统一配发的被褥、囚服和日用品，指定罪犯的小组、联号、寝室和铺位，发放罪犯的番号牌，对允许自带的衣服要加缝标识。罪犯收监五日内，监狱要向罪犯家属发出《罪犯入监通知书》，入监通知书应附有罪犯权利义务、监狱地址、电话、邮编、接见日、接见规定以及其他狱务公开的相关内容，因特殊原因无法寄送罪犯家属的，可寄送罪犯家属所在地派出所或司法所转交。罪犯收监后一周内，安排罪犯拨打电话一次，告知亲属监狱名称、通讯地址、会见注意事项等。监狱要及时组织罪犯学习《服刑人员行为规范》，对罪犯进行个别谈话和集体教育，回答罪犯关于生活卫生细节如晾晒衣物、使用储藏室、看病等疑问。对未成年犯、女犯、老病残犯、少数民族犯、外籍犯以及文化程度较低的罪犯，要加大生活辅导的力度。

4. 罪犯心理调适

新入监罪犯心理调适侧重于以下内容：熟悉与适应环境；接受现实，置换自身角色；确定改造目标，充实服刑生活；调节个人情绪，改善心情。监狱要对每名新入监罪犯进行心理测试，并根据测试结果建立专门的心理健康教育档案。组织新入监罪犯学做心理健康操，放松心情，缓解心理压力。监狱要安排心理咨询师等心理卫生从业人员对新入监罪犯进行心理健康知识讲座，具体讲述如何调节情绪、在日常改造中如何做好自我心理保健、常见心理障碍的解决办法以及当遇有心理问题时该如何寻求帮助等内容。

（二）出监罪犯生活卫生管理

出监罪犯是指在服刑末期（余刑一般为3个月）即将释放的罪犯，包括正常服刑即将期满的罪犯和减刑后余刑较短的罪犯。这类罪犯集中关押在出监监狱或监狱的出监监区，生活卫生管理可以适度宽松，适当增加罪犯的自由度，劳动以巩固技术教育和技能培训的效果为主。罪犯释放流程如图6-4所示。

出监罪犯生活卫生管理的主要任务是：开展出监教育，教会罪犯社会生活技能；帮助罪犯做好重返社会的心理准备；准备办理释放手续；做好罪犯财物交接准备。罪犯出监财物交接流程如图6-5所示。

罪犯在出监前期会有各种各样的心理冲突，监狱应注意调节和把握，教育罪犯做好充分的心理准备，从容回归社会，适应新生活。心理辅导的相关活动可以围绕以下几个方面进行：善始善终，贵在有恒，要求罪犯自问一句"我改造好了吗"；理清头绪，做好心理准备，要求罪犯对自己说"我准备好了"；面对歧视，坦然面对，要求罪犯对自己说"我早有心理准备"；强化自信，消除自卑，要求罪犯对自己说"我一定行"；控制自我，增强社会适应能力，要求罪犯对自己说"我已经不是以前的我"。同时，要对罪犯开展以重新犯罪预测为主要内容的人身危险性评估。

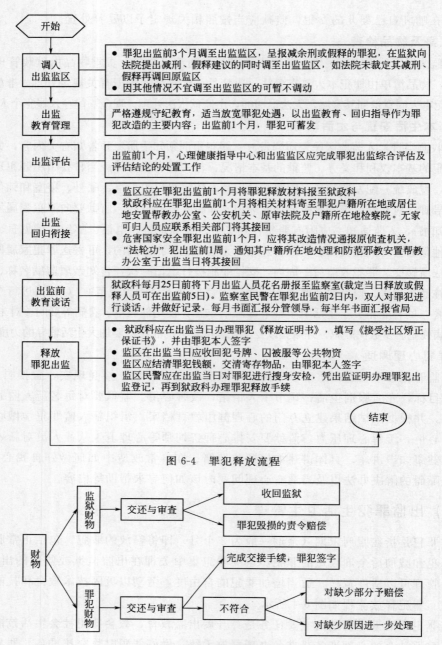

图 6-4 罪犯释放流程

图 6-5 罪犯出监财物交接流程

对出监罪犯，劳动时间相对少一些；饮食可根据罪犯表现情况给予一定的选择权；起居可以相对宽松一些，增加他们的休息和娱乐时间；放宽他们的通信会见时间和次数等；尽可能安排与社会相似的生活场景和内容。要开展社会适应性教育，告知罪犯寻求社会帮助的形式和途径，释放后居住地及周边的经济文化和社会发展情况，政府机构的设立及其主要功能等。对假释人员应进行与社区矫正相衔接的相关教育指导，如到社区矫正机构报到、遵守监督考察规则以及寻求帮助等。监狱可联合劳动部门、社会企业等进行罪犯创业指导、技能培训和就业指导，为罪犯提供社会用工信息。如某监区的出监分监狱模拟设立了交通服务站、派出所、人才市场、行政办证中心、银行等功能室，对罪犯开展适应社会的专项训练，让罪犯亲身体验各项社会生活，帮助罪犯学会在社会立足和谋生的基本知识和技能，譬如掌握回归社会后户口申报的基本程序、就业招聘的基本要求和银行卡办理的基本方法等。湖南星城监狱的罪犯出监教育模式更是得到中央政法委和司法部的高度肯定并被全国推广。

> **案例链接**
>
> **湖南星城监狱：创新出监培训"星城模式"搭建罪犯"新生桥"**
>
> 新华网湖南频道长沙11月26日电 湖南省星城监狱以职业技能培训和社会化训练作为主要改造手段，为服刑人员搭建"新生之桥"，其独创的"出监培训"模式被司法部向全国推广。
>
> 星城监狱是我国第一所以出监教育、职业培训、回归指导工作为主要职能的特色型出监监狱。成立10年来，星城监狱始终围绕提高刑满释放人员社会生存能力、降低重新违法犯罪率的核心目标，加强与社会高职院校合作，先后开办了电工、电焊、烹调、汽修等14个专业，建立了一整套特色鲜明、新兴实用、相对稳定又兼具灵活性的专业结构。在职业技能培训之外，星城监狱还开设了励志、形势时事、法律法规等公共课程，使学员了解社会动态，树立回归后自强自立信心。
>
> 为促进社会和谐，使刑释人员更好回归社会，星城监狱还不断加强对刑释人员的就业指导和服务工作，在全国监狱系统创造了"多项第一"：第一家刑释人员职业介绍中心和再就业指导中心，第一个创办了刑释人员"回归在线"网站，第一个引入罪犯创业培训，第一个成立职业技能鉴定所。
>
> 一系列创新使星城监狱的监管模式获得了中央政法委和司法部的高度肯定，2010年"星城监狱模式"被作为司法部创新社会管理的重要经验在全国推广。截至目前，星城监狱已累计完成出监培训53期，培训学员32040名，全部获得国家培训合格证；其中11360人取得国家职业资格或技能鉴定证。回访调查结果显示，经星城监狱培训的刑释人员中，重新犯罪率仅为1.67%，远低于全国平均水平。

（三）被禁闭罪犯的生活卫生管理

禁闭是监狱依据罪犯的现实改造表现实施的一种行政处罚。罪犯有下列情形之一的，可以给予禁闭：聚众哄闹监狱，扰乱正常秩序的；辱骂或殴打人民警察的；欺压其他罪犯的；偷窃、赌博、打架斗殴、寻衅滋事的；有劳动能力拒不参加劳动或消极怠工，经教育不改的；以自伤、自残手段逃避改造的；在生产劳动中故意违反操作规程，或者有意损坏生产工具的；有严重违反监规纪律的其他行为的。罪犯有下列情形之一的，可用作防范措施，对罪犯使用禁闭室：加戴戒具仍不能消除危险的；发现漏罪或在狱内又犯罪，正在审理的；报处死刑待批的。禁闭的期限，为7~15天。罪犯禁闭管理流程如图6-6所示。

监狱应当按照规定统一设置禁闭室。禁闭室应集中设置于监区内，自成一区，离监舍距离宜大于20米，并设值班及预审室，单间禁闭室室内净高不应低于3米，单间使用面积不宜小于6米^2。禁闭室内不应设电器开关及插座，应采用低压照明（宜采用24伏电压），照明控制应由民警值班室统一管理。禁闭室要防潮保暖、通风透光，门窗、电灯都应装置防护设备。

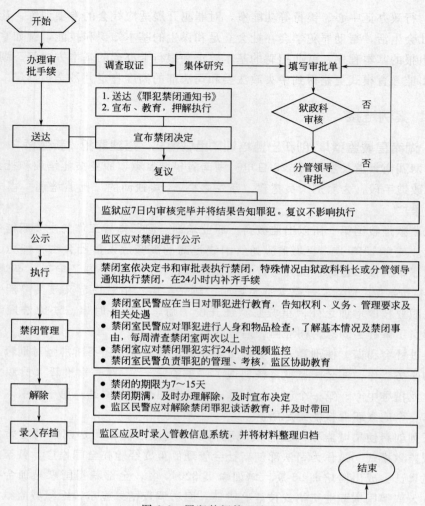

图 6-6 罪犯禁闭管理流程

罪犯被执行禁闭前，由押送民警和禁闭室值班民警共同对其人身和携带的物品进行检查，对不宜带入禁闭场所的生活用品由禁闭室暂时统一保管，对携带的违禁品一律予以清缴。罪犯被禁闭期间，原所在监区民警应当配合禁闭室的民警，加强对罪犯的教育，并做好记载。罪犯禁闭期满当日应及时解除禁闭，由原监区民警负责带回，其副档材料、禁闭室代为保管的物品应同时移交。

在禁闭期间，被禁闭罪犯的伙食、饮用水供给与其他罪犯同一标准；禁闭罪犯每日应放风两次，每次不少于半小时；禁闭室应当保持清洁卫生，并应定期消毒。罪犯在禁闭期间应严格遵守《罪犯改造行为规范》，并暂停娱乐活动和亲属会见。

罪犯在禁闭期间，监狱必须保障其伙食实物量标准，不得克扣。要保障罪犯饮水的供应，禁闭室要具备洗澡、如厕、洗衣、睡觉的相关条件。要保障罪犯生病得到及时治疗。在决定对罪犯实施禁闭前，可安排相应的身体状况体检，如身体状况不宜禁闭的，可推迟禁闭或采取其他处分措施。在禁闭期间，要安排监狱医生为罪犯测量血压、心跳等，防止罪犯在禁闭室猝死或染病。同时，心理健康教育与心理危机干预等工作要跟上，并和其他教育转化手段结合起来，促使罪犯认识到错误行为，正确接受监狱对自己的惩处。

附　录

附录一　中华人民共和国监狱法

（1994年12月29日第八届全国人民代表大会常务委员会第十一次会议通过，1994年12月29日中华人民共和国主席令第35号公布。根据2012年10月26日第十一届全国人民代表大会常务委员会第二十九次会议通过，2012年10月26日中华人民共和国主席令第63号公布，自2013年1月1日起施行的《全国人民代表大会常务委员会关于修改〈中华人民共和国监狱法〉的决定》修正）

第一章　总　则

第一条　为了正确执行刑罚，惩罚和改造罪犯，预防和减少犯罪，根据宪法，制定本法。

第二条　监狱是国家的刑罚执行机关。

依照刑法和刑事诉讼法的规定，被判处死刑缓期二年执行、无期徒刑、有期徒刑的罪犯，在监狱内执行刑罚。

第三条　监狱对罪犯实行惩罚和改造相结合、教育和劳动相结合的原则，将罪犯改造成为守法公民。

第四条　监狱对罪犯应当依法监管，根据改造罪犯的需要，组织罪犯从事生产劳动，对罪犯进行思想教育、文化教育，技术教育。

第五条　监狱的人民警察依法管理监狱、执行刑罚、对罪犯进行教育改造等活动，受法律保护。

第六条　人民检察院对监狱执行刑罚的活动是否合法，依法实行监督。

第七条　罪犯的人格不受侮辱，其人身安全、合法财产和辩护、申诉、控告、检举以及其他未被依法剥夺或者限制的权利不受侵犯。

罪犯必须严格遵守法律法规和监规纪律，服从管理，接受教育，参加劳动。

第八条　国家保障监狱改造罪犯所需经费。监狱的人民警察经费、罪犯改造经费、罪犯生活经费、狱政设施经费及其他专项经费，列入国家预算。

国家提供罪犯劳动必需的生产设施和生产经费。

第九条　监狱依法使用的土地、矿产资源和其他自然资源以及监狱的财产，受法律保护，任何组织或者个人不得侵占、破坏。

第十条　国务院司法行政部门主管全国的监狱工作。

第二章　监　狱

第十一条　监狱的设置、撤销、迁移，由国务院司法行政部门批准。

第十二条　监狱设监狱长一人、副监狱长若干人，并根据实际需要设置必要的工作机构和配备其他监狱管理人员。

监狱的管理人员是人民警察。

第十三条　监狱的人民警察应当严格遵守宪法和法律，忠于职守，秉公执法，严守纪律，清正廉洁。

第十四条　监狱的人民警察不得有下列行为：

（一）索要、收受、侵占罪犯及其亲属的财物；

（二）私放罪犯或者玩忽职守造成罪犯脱逃；

（三）刑讯逼供或者体罚、虐待罪犯；

（四）侮辱罪犯的人格；

（五）殴打或者纵容他人殴打罪犯；

（六）为谋取私利，利用罪犯提供劳务；

（七）违反规定，私自为罪犯传递信件或者物品；

（八）非法将监管罪犯的职权交予他人行使；

（九）其他违法行为。

监狱的人民警察有前款所列行为，构成犯罪的，依法追究刑事责任；尚未构成犯罪的，应当予以行政处分。

第三章　刑罚的执行

第一节　收监

第十五条　人民法院对被判处死刑缓期二年执行、无期徒刑、有期徒刑的罪犯，应当将执行通知书、判决书送达羁押该罪犯的公安机关，公安机关应当自收到执行通知书、判决书之日起一个月内将该罪犯送交监狱执行刑罚。

罪犯在被交付执行刑罚前，剩余刑期在三个月以下的，由看守所代为执行。

第十六条　罪犯被交付执行刑罚时，交付执行的人民法院应当将人民检察院的起诉书副本、人民法院的判决书、执行通知书、结案登记表同时送达监狱。监狱没有收到上述文件的，不得收监；上述文件不齐全或者记载有误的，作出生效判决的人民法院应当及时补充齐全或者作出更正；对其中可能导致错误收监的，不予收监。

第十七条　罪犯被交付执行刑罚，符合本法第十六条规定的，应当予以收监。罪犯收监后，监狱应当对其进行身体检查。经检查，对于具有暂予监外执行情形的，监狱可以提出书面意见，报省级以上监狱管理机关批准。

第十八条　罪犯收监，应当严格检查其人身和所携带的物品。非生活必需品，由监狱代为保管或者征得罪犯同意退回其家属，违禁品予以没收。

女犯由女性人民警察检查。

第十九条　罪犯不得携带子女在监内服刑。

第二十条 罪犯收监后，监狱应当通知罪犯家属。通知书应当自收监之日起五日内发出。

第二节 对罪犯提出的申诉、控告、检举的处理

第二十一条 罪犯对生效的判决不服的，可以提出申诉。

对于罪犯的申诉，人民检察院或者人民法院应当及时处理。

第二十二条 对罪犯提出的控告、检举材料，监狱应当及时处理或者转送公安机关或者人民检察院处理，公安机关或者人民检察院应当将处理结果通知监狱。

第二十三条 罪犯的申诉、控告、检举材料，监狱应当及时转递，不得扣压。

第二十四条 监狱在执行刑罚过程中，根据罪犯的申诉，认为判决可能有错误的，应当提请人民检察院或者人民法院处理，人民检察院或者人民法院应当自收到监狱提请处理意见书之日起六个月内将处理结果通知监狱。

第三节 监外执行

第二十五条 对于被判处无期徒刑、有期徒刑在监内服刑的罪犯，符合刑事诉讼法规定的监外执行条件的，可以暂予监外执行。

第二十六条 暂予监外执行，由监狱提出书面意见，报省、自治区、直辖市监狱管理机关批准。批准机关应当将批准的暂予监外执行决定通知公安机关和原判人民法院，并抄送人民检察院。

人民检察院认为对罪犯适用暂予监外执行不当的，应当自接到通知之日起一个月内将书面意见递交批准暂予监外执行的机关，批准暂予监外执行的机关接到人民检察院的书面意见后，应当立即对该决定进行重新核查。

第二十七条 对暂予监外执行的罪犯，依法实行社区矫正，由社区矫正机构负责执行。原关押监狱应当及时将罪犯在监内改造情况通报负责执行的社区矫正机构。

第二十八条 暂予监外执行的罪犯具有刑事诉讼法规定的应当收监的情形的，社区矫正机构应当及时通知监狱收监；刑期届满的，由原关押监狱办理释放手续。罪犯在暂予监外执行期间死亡的，社区矫正机构应当及时通知原关押监狱。

第四节 减刑、假释

第二十九条 被判处无期徒刑、有期徒刑的罪犯，在服刑期间确有悔改或者立功表现的，根据监狱考核的结果，可以减刑。有下列重大立功表现之一的，应当减刑：

（一）阻止他人重大犯罪活动的；

（二）检举监狱内外重大犯罪活动，经查证属实的；

（三）有发明创造或者重大技术革新的；

（四）在日常生产、生活中舍己救人的；

（五）在抗御自然灾害或者排除重大事故中，有突出表现的；

（六）对国家和社会有其他重大贡献的。

第三十条 减刑建议由监狱向人民法院提出，人民法院应当自收到减刑建议书之日起一个月内予以审核裁定；案情复杂或者情况特殊的，可以延长一个月。减刑裁定的副本应当抄送人民检察院。

第三十一条 被判处死刑缓期二年执行的罪犯，在死刑缓期执行期间，符合法律规定的减为无期徒刑、有期徒刑条件的，二年期满时，所在监狱应当及时提出减刑建议，报经

省、自治区、直辖市监狱管理机关审核后，提请高级人民法院裁定。

第三十二条　被判处无期徒刑、有期徒刑的罪犯，符合法律规定的假释条件的，由监狱根据考核结果向人民法院提出假释建议，人民法院应当自收到假释建议书之日起一个月内予以审核裁定；案情复杂或者情况特殊的，可以延长一个月。假释裁定的副本应当抄送人民检察院。

第三十三条　人民法院裁定假释的，监狱应当按期假释并发给假释证明书。

对被假释的罪犯，依法实行社区矫正，由社区矫正机构负责执行。被假释的罪犯，在假释考验期限内有违反法律、行政法规或者国务院有关部门关于假释的监督管理规定的行为，尚未构成新的犯罪的，社区矫正机构应当向人民法院提出撤销假释的建议，人民法院应当自收到撤销假释建议书之日起一个月内予以审核裁定。人民法院裁定撤销假释的，由公安机关将罪犯送交监狱收监。

第三十四条　对不符合法律规定的减刑、假释条件的罪犯，不得以任何理由将其减刑、假释。

人民检察院认为人民法院减刑、假释的裁定不当，应当依照刑事诉讼法规定的期间向人民法院提出书面纠正意见。对于人民检察院提出书面纠正意见的案件，人民法院应当重新审理。

第五节　释放和安置

第三十五条　罪犯服刑期满，监狱应当按期释放并发给释放证明书。

第三十六条　罪犯释放后，公安机关凭释放证明书办理户籍登记。

第三十七条　对刑满释放人员，当地人民政府帮助其安置生活。

刑满释放人员丧失劳动能力又无法定赡养人、扶养人和基本生活来源的，由当地人民政府予以救济。

第三十八条　刑满释放人员依法享有与其他公民平等的权利。

第四章　狱政管理

第一节　分押分管

第三十九条　监狱对成年男犯、女犯和未成年犯实行分开关押和管理，对未成年犯和女犯的改造，应当照顾其生理、心理特点。

监狱根据罪犯的犯罪类型、刑罚种类、刑期、改造表现等情况，对罪犯实行分别关押，采取不同方式管理。

第四十条　女犯由女性人民警察直接管理。

第二节　警戒

第四十一条　监狱的武装警戒由人民武装警察部队负责，具体办法由国务院、中央军事委员会规定。

第四十二条　监狱发现在押罪犯脱逃，应当即时将其抓获，不能即时抓获的，应当立即通知公安机关，由公安机关负责追捕，监狱密切配合。

第四十三条　监狱根据监管需要，设立警戒设施。监狱周围设警戒隔离带，未经准许，任何人不得进入。

第四十四条　监区、作业区周围的机关、团体、企业事业单位和基层组织，应当协助监狱做好安全警戒工作。

第三节　戒具和武器的使用

第四十五条　监狱遇有下列情形之一的，可以使用戒具：

（一）罪犯有脱逃行为的；

（二）罪犯有使用暴力行为的；

（三）罪犯正在押解途中的；

（四）罪犯有其他危险行为需要采取防范措施的。

前款所列情形消失后，应当停止使用戒具。

第四十六条　人民警察和人民武装警察部队的执勤人员遇有下列情形之一，非使用武器不能制止的，按照国家有关规定，可以使用武器：

（一）罪犯聚众骚乱、暴乱的；

（二）罪犯脱逃或者拒捕的；

（三）罪犯持有凶器或者其他危险物，正在行凶或者破坏，危及他人生命、财产安全的；

（四）劫夺罪犯的；

（五）罪犯抢夺武器的。

使用武器的人员，应当按照国家有关规定报告情况。

第四节　通信、会见

第四十七条　罪犯在服刑期间可以与他人通信，但是来往信件应当经过监狱检查。监狱发现有碍罪犯改造内容的信件，可以扣留。罪犯写给监狱的上级机关和司法机关的信件，不受检查。

第四十八条　罪犯在监狱服刑期间，按照规定，可以会见亲属、监护人。

第四十九条　罪犯收受物品和钱款，应当经监狱批准、检查。

第五节　生活、卫生

第五十条　罪犯的生活标准按实物量计算，由国家规定。

第五十一条　罪犯的被服由监狱统一配发。

第五十二条　对少数民族罪犯的特殊生活习惯，应当予以照顾。

第五十三条　罪犯居住的监舍应当坚固、通风、透光、清洁、保暖。

第五十四条　监狱应当设立医疗机构和生活、卫生设施，建立罪犯生活、卫生制度。罪犯的医疗保健列入监狱所在地区的卫生、防疫计划。

第五十五条　罪犯在服刑期间死亡的，监狱应当立即通知罪犯家属和人民检察院、人民法院。罪犯因病死亡的，由监狱作出医疗鉴定。人民检察院对监狱的医疗鉴定有疑义的，可以重新对死亡原因作出鉴定。罪犯家属有疑义的，可以向人民检察院提出。罪犯非正常死亡的，人民检察院应当立即检验，对死亡原因作出鉴定。

第六节　奖惩

第五十六条　监狱应当建立罪犯的日常考核制度，考核的结果作为对罪犯奖励和处罚的依据。

第五十七条　罪犯有下列情形之一的，监狱可以给予表扬、物质奖励或者记功：

（一）遵守监规纪律，努力学习，积极劳动，有认罪服法表现的；

（二）阻止违法犯罪活动的；

（三）超额完成生产任务的；

（四）节约原材料或者爱护公物，有成绩的；

（五）进行技术革新或者传授生产技术，有一定成效的；

（六）在防止或者消除灾害事故中作出一定贡献的；

（七）对国家和社会有其他贡献的。

被判处有期徒刑的罪犯有前款所列情形之一，执行原判刑期二分之一以上，在服刑期间一贯表现好，离开监狱不致再危害社会的，监狱可以根据情况准其离监探亲。

第五十八条　罪犯有下列破坏监管秩序情形之一的，监狱可以给予警告、记过或者禁闭：

（一）聚众哄闹监狱，扰乱正常秩序的；

（二）辱骂或者殴打人民警察的；

（三）欺压其他罪犯的；

（四）偷窃、赌博、打架斗殴、寻衅滋事的；

（五）有劳动能力拒不参加劳动或者消极怠工，经教育不改的；

（六）以自伤、自残手段逃避劳动的；

（七）在生产劳动中故意违反操作规程，或者有意损坏生产工具的；

（八）有违反监规纪律的其他行为的。

依照前款规定对罪犯实行禁闭的期限为七天至十五天。

罪犯在服刑期间有第一款所列行为，构成犯罪的，依法追究刑事责任。

第七节　对罪犯服刑期间犯罪的处理

第五十九条　罪犯在服刑期间故意犯罪的，依法从重处罚。

第六十条　对罪犯在监狱内犯罪的案件，由监狱进行侦查。侦查终结后，写出起诉意见书，连同案卷材料、证据一并移送人民检察院。

第五章　对罪犯的教育改造

第六十一条　教育改造罪犯，实行因人施教、分类教育，以理服人的原则，采取集体教育与个别教育相结合、狱内教育与社会教育相结合的方法。

第六十二条　监狱应当对罪犯进行法制、道德、形势、政策、前途等内容的思想教育。

第六十三条　监狱应当根据不同情况，对罪犯进行扫盲教育、初等教育和初级中等教育，经考试合格的，由教育部门发给相应的学业证书。

第六十四条　监狱应当根据监狱生产和罪犯释放后就业的需要，对罪犯进行职业技术教育，经考核合格的，由劳动部门发给相应的技术等级证书。

第六十五条　监狱鼓励罪犯自学，经考试合格的，由有关部门发给相应的证书。

第六十六条　罪犯的文化和职业技术教育，应当列入所在地区教育规划。监狱应当设立教室、图书阅览室等必要的教育设施。

第六十七条　监狱应当组织罪犯开展适当的体育活动和文化娱乐活动。

第六十八条　国家机关、社会团体、部队、企业事业单位和社会各界人士以及罪犯的亲属，应当协助监狱做好对罪犯的教育改造工作。

第六十九条　有劳动能力的罪犯，必须参加劳动。

第七十条　监狱根据罪犯的个人情况，合理组织劳动，使其矫正恶习，养成劳动习惯，学会生产技能，并为释放后就业创造条件。

第七十一条　监狱对罪犯的劳动时间，参照国家有关劳动工时的规定执行；在季节性生产等特殊情况下，可以调整劳动时间。

罪犯有在法定节日和休息日休息的权利。

第七十二条　监狱对参加劳动的罪犯，应当按照有关规定给予报酬并执行国家有关劳动保护的规定。

第七十三条　罪犯在劳动中致伤、致残或者死亡的，由监狱参照国家劳动保险的有关规定处理。

第六章　对未成年犯的教育改造

第七十四条　对未成年犯应当在未成年犯管教所执行刑罚。

第七十五条　对未成年犯执行刑罚应当以教育改造为主。未成年犯的劳动，应当符合未成年人的特点，以学习文化和生产技能为主。

监狱应当配合国家、社会、学校等教育机构，为未成年犯接受义务教育提供必要的条件。

第七十六条　未成年犯年满十八周岁时，剩余刑期不超过二年的，仍可以留在未成年犯管教所执行剩余刑期。

第七十七条　对未成年犯的管理和教育改造，本章未作规定的，适用本法的有关规定。

第七章　附　　则

第七十八条　本法自公布之日起施行。

附录二　监狱服刑人员行为规范

（2004年5月1日中华人民共和国司法部第88号令发布施行）

第一章　基　本　规　范

第一条　拥护宪法，遵守法律法规规章和监规纪律。

第二条　服从管理，接受教育，参加劳动，认罪悔罪。

第三条　爱祖国，爱人民，爱集体，爱学习，爱劳动。

第四条　明礼诚信，互助友善，勤俭自强。

第五条　依法行使权利，采用正当方式和程序维护个人合法权益。

第六条　服刑期间严格遵守下列纪律：

（一）不超越警戒线和规定区域、脱离监管擅自行动；

（二）不私藏现金、刃具等违禁品；

（三）不私自与外界人员接触，索取、借用、交换、传递钱物；

（四）不在会见时私传信件、现金等物品；

（五）不擅自使用绝缘、攀援、挖掘物品；

（六）不偷窃、赌博；

（七）不打架斗殴、自伤自残；

（八）不拉帮结伙、欺压他人；

（九）不传播犯罪手段、怂恿他人犯罪；

（十）不习练、传播有害气功、邪教。

第二章　生 活 规 范

第七条　按时起床，有秩序洗漱、如厕，衣被等个人物品摆放整齐。

第八条　按要求穿着囚服，佩戴统一标识。

第九条　按时清扫室内外卫生，保持环境整洁。

第十条　保持个人卫生，按时洗澡、理发、剃须、剪指甲，衣服、被褥定期换洗。

第十一条　按规定时间、地点就餐，爱惜粮食，不乱倒剩余饭菜。

第十二条　集体行进时，听从警官指挥，保持队形整齐。

第十三条　不饮酒，不违反规定吸烟。

第十四条　患病时向警官报告，看病时遵守纪律，配合治疗。不私藏药品。

第十五条　需要进入警官办公室时，在门外报告，经允许后进入。

第十六条　在野外劳动现场需要向警官反映情况时，在3米以外报告。

第十七条　遇到问题，主动向警官汇报。与警官交谈时，如实陈述、回答问题。

第十八条　在指定铺位就寝，就寝时保持安静，不影响他人休息。

第三章　学 习 规 范

第十九条　接受法制、道德、形势、政策等思想教育，认清犯罪危害，矫治恶习。

第二十条　接受心理健康教育，配合心理测试，养成健康心理。

第二十一条　尊重教师，遵守学习纪律，爱护教学设施、设备。

第二十二条　接受文化教育，上课认真听讲，按时完成作业，争取良好成绩。

第二十三条　接受技术教育，掌握实用技能，争当劳动能手，增强就业能力。

第二十四条　阅读健康有益书刊，按规定收听、收看广播电视。

第二十五条　参加文娱活动，增强体质，陶冶情操。

第四章　劳 动 规 范

第二十六条　积极参加劳动。因故不参加劳动，须经警官批准。

第二十七条　遵守劳动纪律，坚守岗位，服从生产管理和技术指导。

第二十八条　严格遵守操作规程和安全生产规定，不违章作业。

第二十九条　爱护设备、工具。厉行节约，减少损耗，杜绝浪费。

第三十条　保持劳动现场卫生整洁，遵守定置管理规定，工具、材料、产品摆放整齐。

第三十一条　不将劳动工具和危险品、违禁品带进监舍。

第三十二条　完成劳动任务，保证劳动质量，珍惜劳动成果。

第五章　文明礼貌规范

第三十三条　爱护公共环境。不随地吐痰，不乱扔杂物，不损坏花草树木。

第三十四条　言谈举止文明。不讲脏话、粗话。

第三十五条　礼貌称谓他人。对人民警察称"警官"，对其他人员采用相应礼貌称谓。

第三十六条　服刑人员之间互称姓名，不起（叫）绰号。

第三十七条　来宾、警官进入监舍时，除患病和按规定就寝外，起立致意。

第三十八条 与来宾、警官相遇时，文明礼让。

附录三 囚犯待遇基本原则

(联合国大会一九九〇年十二月十四日第 45/111 号决议通过并宣布)

1. 对于所有囚犯，均应尊重其作为人而固有的尊严和价值。
2. 不得以种族、肤色、性别、语言、宗教、政治或其他见解、民族本源或社会出身、财产、出生或其他状况为由而实行任何歧视。
3. 然而在当地条件需要时，宜尊重囚犯所属群体的宗教信仰和文化信条。
4. 监狱履行其关押囚犯和保护社会防止犯罪的责任时，应符合国家的其他社会目标及其促进社会全体成员幸福和发展的基本责任。
5. 除了监禁显然所需的那些限制外，所有囚犯应保有《世界人权宣言》和——如果有关国家为缔约国——《经济，社会，文化权利国际盟约》，《公民权利和政治权利国际盟约》及其《任择议定书》所规定的人权和基本自由，以及联合国其他公约所规定的其他权利。
6. 所有囚犯均应有权利参加使人格得到充分发展的文化活动和教育。
7. 应努力废除或限制使用单独监禁作为惩罚的手段，并鼓励为此而作出的努力。
8. 应创造条件，使囚犯得以从事有意义的有酬工作，促进其重新加入本国的劳力市场，并使他们得以贴补其本人或其家庭的经济收入。
9. 囚犯应能获得其本国所提供的保健服务，不得因其法律地位而加以歧视。
10. 应在社区和社会机构的参与和帮助下，并在适当顾及受害者利益的前提下，创造有利的条件，使刑满释放人员得以尽可能在最好的可能条件下重返社会。
11. 应公正无私地应用上述各项原则。

附录四 囚犯待遇最低限度标准规则

[1955 年在日内瓦举行的第一届联合国防止犯罪和罪犯待遇大会通过，由经济及社会理事会以 1957 年 7 月 31 日第 633C（XXIV）号决议和 1977 年 5 月 13 日第 2076（LXII）号决议予以核准]

序　言

1. 订立下列规则并非在于详细阐明一套监所的典型制度，它的目的仅在于以当代思潮的一般公意和今天各种最恰当制度的基本构成部分为基础，说明什么是人们普遍同意的囚犯待遇和监狱管理的优良原则和惯例。
2. 鉴于世界各国的法律、社会、经济和地理情况差异极大，并非全部规则都能够到处适用，也不是什么时候都适用，这是显而易见的。但是，这些规则应足以激发不断努力，以克服执行过程中产生的实际困难，理解到全部规则是联合国认为适当的最低条件。
3. 另一方面，各规则包含一个领域，这个领域的思想正在不断发展之中。因此，各规则的目的并不在于排除试验和实践，只要这些实验和实践与各项原则相符，并能对从全部规则原文而得的目标有所促进。中央监狱管理处若依照这种精神而授权变通各项规则，总是合理的。

4.（1）规则第一部分规定监所的一般管理，适用于各类囚犯，无论刑事犯或民事犯，未经审讯或已经判罪，包括法官下令采取"保安措施"或改造措施的囚犯。

（2）第二部分所载的规则只适用于各节所规定的特殊种类。但是，对服刑囚犯适用的 a 节各项规则，应同样适用于 b、c 和 d 各节规定的各类囚犯，但以不与关于这几类囚犯的规则发生矛盾，并对其有利者为限。

5.（1）这些规则的目的不在管制专为青少年设立的监所——例如青少年犯教善所或感化院——的管理，但是，一般而言，第一部分同样适用于这种监所。

（2）青少年囚犯这一类别最少应当包括属少年法庭管辖的所有青少年。一般而言，对这些青少年不应判处监禁。

第 一 部 分
一般适用的规则
基本原则

6.（1）下列规则应予公正执行。不应基于种族、肤色、性别、语言、宗教、政见或其他主张、国籍或社会出身、财产、出生或其他身份而加以歧视。

（2）另一方面，必须尊重囚犯所属群体的宗教信仰和道德标准。

登记

7.（1）凡是监禁犯人的场所都要置备一本装订成册的登记簿，编好页数，并登记所收每一囚犯的下列资料：

（a）关于他的身份的资料；

（b）他被监禁的原因和主管机关；

（c）收监和出狱的日期和时刻。

（2）非有效的收监令，而且收监令的详细内容已先列入登记簿，各监所不能收受犯人。

按类隔离

8. 不同种类的囚犯应按照性别、年龄、犯罪记录、被拘留的法定原因和必需施以的待遇，分别送入不同的狱所或监所的不同部分。因此，

（a）尽量将男犯和女犯拘禁于不同监所；同时兼收男犯和女犯的监所，应将分配给女犯的房舍彻底隔离；

（b）将未经审讯的囚犯同已经判罪的囚犯隔离；

（c）因欠债被监禁的囚犯和其他民事囚犯应同因犯刑事罪而被监禁的囚犯隔离；

（d）青少年囚犯应同成年囚犯隔离。

住宿

9.（1）如因犯在个别独居房或寝室住宿，晚上应单独占用一个独居房或寝室。除了由于特别原因，例如临时过于拥挤，中央监狱行政方面不得不对本规则破例处理外，不宜让两个囚犯占用一个独居房或寝室。

（2）如设有宿舍，应小心分配囚犯，使在这种环境下能够互相保持融洽。晚上应按照监所的性质，按时监督。

10. 所有供囚犯占用的房舍，尤其是所有住宿用的房舍，必须符合卫生规定，同时应

妥为注意气候情况，尤其立方空气容量、最低限度的地板面积、灯光、暖气和通风等项。

11．在囚犯必须居住或工作的所有地方：

（a）窗户的大小应以能让囚犯靠天然光线阅读和工作为准，在构造上，无论有没有通风设备，应能让新鲜空气进入；

（b）应有充分灯光，使囚犯能够阅读和工作，不致损害眼睛。

12．卫生设备应当充足，使能随时满足每一囚犯大小便的需要，并应维持清洁和体面。

13．应当供给充分的浴盆和淋浴设备，使每一囚犯能够依规定在适合气候的室温之下沐浴或淋浴，其次数依季节和区域的情况，视一般卫生的需要而定，但是，在温和气候之下，最少每星期一次。

14．监所中囚犯经常使用的各部分应当予以适当维修，经常认真保持清洁干净。

个人卫生

15．囚犯必须保持身体清洁，为此目的，应当提供为维持健康和清洁所需的用水和梳洗用具。

16．为使囚犯可以保持整洁外观，维持自尊，必须提供妥为修饰须发的用具，使男犯可以经常刮胡子。

衣服和被褥

17．（1）囚犯如不准穿着自己的衣服，应发给适合气候和足以维持良好健康的全套衣服。发给的衣服不应有辱人格或有失体面。

（2）所有衣服应当保持清洁整齐。内衣应常常更换或洗濯，以维持卫生。

（3）在特殊情况下，经准许将囚犯移至监所之外时，应当准许穿着自己的衣服或其他不惹人注目的衣服。

18．如准囚犯穿着自己的衣服，应于他们入狱时作出安排，确保衣服洁净和适合穿着。

19．应当按照当地或国家的标准，供给每一囚犯一张床，分别附有充足的被褥，发给时应是清洁的，并应保持整齐，且常常更换，以确保清洁。

饮食

20．（1）管理处应当于惯常时刻，供给每一囚犯足以维持健康和体力的有营养价值的饮食，饮食应属滋养丰富、烹调可口和及时供应的。

（2）每一囚犯口渴时应有饮水可喝。

体操和运动

21．（1）凡是未受雇从事户外工作的囚犯，如气候许可，每天最少应有一小时在室外作适当体操。

（2）青少年囚犯和其他在年龄和体力方面适宜的囚犯，在体操的时候应获得体育和文娱训练。应为此目的提供场地、设施和设备。

医疗

22．（1）每一监所最少应有一位合格医官，他应有若干精神病学知识。医务室应与社区或国家的一般卫生行政部门建立密切关系。其中应有精神病部门，以便诊断精神失常状况，适当时并予以治疗。

（2）需要专科治疗的患病囚犯，应当移往专门院所或平民医院。如监所有医院的设备，其设备、陈设、药品供应都应当符合患病囚犯的医药照顾和治疗的需要，并应当有曾受适当训练的工作人员。

（3）每一囚犯应能获得一位合格牙科人员的诊治。

23.（1）女犯监所应特别提供各种必需的产前和产后照顾和治疗。可能时应作出安排，使婴儿在监所外的医院出生。如果婴儿在监狱出生，此点不应列入出生证内。

（2）如乳婴获准随母亲留在监所内，应当设置雇有合格工作人员的育婴所，除由母亲照顾的时间外，婴儿应放在育婴所。

24. 医务人员应于囚犯入狱后，尽快会晤并予以检查，以后于必要时，亦应会晤和检查，目的特别在于发现有没有肉体的或精神的疾病，并采取一切必要的措施；将疑有传染病状的囚犯隔离；注意有没有可以阻碍培训的身体或精神缺陷，并断定每一囚犯从事体力劳动的能力。

25.（1）医官应当负责照顾囚犯身体和精神的健康，应当每天诊看所有患病的囚犯、自称染病的囚犯和请他特别照顾的任何囚犯。

（2）医官如认为继续予以监禁或监禁的任何条件已经或将会危害某一囚犯的身体或精神健康时，应当向主任提出报告。

26.（1）医官应经常视察下列各项，并向主任提出意见：

（a）饮食的分量、素质、烹调和供给；

（b）监所和囚犯的卫生和清洁；

（c）监所的卫生、暖气、灯光和通风；

（d）囚犯的衣服和被褥是否适当和清洁；

（e）如无专业人员主持体育和运动活动时，这些活动是否遵守规则。

（2）主任应当审查医官按照第25(2)和26条规则提出的报告和意见，如果他赞同所提的建议，应当立刻采取步骤，予以执行；如果所提建议不在他权力范围之内或他并不赞同，应当立刻向上级提出他自己的报告和医官的建议。

纪律和惩处

27. 纪律和秩序应当坚决维持，但是，不应实施超过安全看守和有秩序的集体生活所需的限制。

28.（1）囚犯在监所服务时，不得以任何惩戒职位雇用。

（2）但本项规则并不妨碍以自治为基础的各项制度的正当推行，在这些制度之下，囚犯按应受待遇的目的，分成若干小组，在监督之下，令其担任社会、教育或运动等专门活动或职责。

29. 下列各项应经常依法律或依主管行政机关的规章决定：

（a）违反纪律的行为；

（b）应受惩罚的种类和期限；

（c）有权执行惩罚的机关。

30.（1）依这种法律或规章，不得惩罚囚犯，且一罪不得二罚。

（2）除非已将被控的罪行通知囚犯，且已给予适当的辩护机会，不得惩罚囚犯。主管机关应彻底查明案情。

（3）必要和可行时，囚犯应准许通过口译提出辩护。

31. 体罚、暗室禁闭和一切残忍、不人道、有辱人格的惩罚应一律完全禁止，不得作为对违犯行为的惩罚。

32.（1）除非医官曾经检查囚犯身体并且书面证明他体格可以接受禁闭或减少规定饮食，不得处以此种惩罚。

（2）同样规定亦适用于其他可能有害于囚犯身心健康的惩罚。此种惩罚在任何情况下，都不得抵触或违背第31条规则的原则。

（3）医官应每日访问正在接受这种惩罚的囚犯，如认为根据身心健康的理由，必须终止或变更惩罚，则应通知典狱主任。

戒具

33. 戒具如手镣、铁链、脚铐、拘束衣等，永远不得作为惩罚用具。此外，铁链或脚铐亦不得用作戒具。除非在下列情况，不得使用其他戒具：

（a）移送囚犯时防其逃亡，但囚犯在司法或行政当局出庭时，应予除去。

（b）根据医官指示有医药上理由。

（c）如果其他管制办法无效、经主任下达命令，以避免囚犯伤害自己、伤及他人或损坏财产；遇此情况，主任应立即咨询医官并报告上级行政官员。

34. 中央监狱管理处应该决定使用戒具的方式。戒具非绝对必要时不得继续使用。

囚犯应获资料及提出申诉

35.（1）囚犯入狱时应发给书面资料，载述有关同类囚犯待遇、监所的纪律要求、领取资料和提出申诉的规定办法等规章以及使囚犯明了其权利义务、适应监所生活的其他必要资料。

（2）如果囚犯为文盲，应该口头传达上述资料。

36.（1）囚犯应该在每周工作日都有机会向监所主任或奉派代表主任的官员提出其请求或申诉。

（2）监狱检查员检查监狱时，囚犯也得向他提出请求或申诉。囚犯应有机会同检查员或其他检查官员谈话，监所主任或其他工作人员不得在场。

（3）囚犯应可按照核定的渠道，向中央监狱管理处、司法当局或其他适当机关提出请求或申诉，内容不受检查，佴须符合格式。

（4）除非请求或申诉显然过于琐碎或毫无根据，应迅速加以处理并予答复，不得无理稽延。

同外界的接触

37. 囚犯应准予在必要监视之下，以通信或接见方式，经常同亲属和有信誉的朋友联络。

38.（1）外籍囚犯应准予获得合理便利同所属国外交和领事代表通讯联络。

（2）囚犯为在所在国没有外交或领事代表的国家的国民和囚犯为难民或无国籍人时，应准予获得类似便利，同代管其利益的国家的外交代表或同负责保护这类人的国家或国际机构通讯联络。

39. 囚犯应该以阅读报章杂志和特种机关出版物、收听无线电广播、听演讲或以管理单位核准或控制的类似方法，经常获知比较重要的新闻。

书籍

40. 监所应设置图书室，购置充足的娱乐和教学书籍，以供各类囚犯使用，并应鼓励囚犯充分利用图书馆。

宗教

41.（1）如果监所囚禁的同一宗教囚犯达到相当人数，应指派或批准该宗教的合格代表一人。如果就囚犯人数而言，确实恰当而条件又许可，则该代表应为专任。

（2）第（1）款中指派的或批准的合格代表应准按期举行仪式，并在适当时间，私自前往同一宗教的囚犯处进行宗教访问。

（3）不得拒绝囚犯往访任一宗教的合格代表。但如果囚犯反对任何宗教代表前来访问，此种态度应受充分尊重。

42. 在可行范围之内，囚犯应准予参加监所举行的仪式并准予持有所属教派宗教、戒律和教义的书籍，以满足其宗教生活的需要。

囚犯财产的保管

43.（1）凡囚犯私有的金钱、贵重物品、衣服和其他物件按监所规定不得自行保管时，应于入狱时由监所妥为保管。囚犯应在清单上签名。应该采取步骤，保持物品完好。

（2）囚犯出狱时，这类物品、钱财应照数归还，但囚犯曾奉准使用金钱或将此财产送出监所之外，或根据卫生理由必须销毁衣物等情形，不在此限，囚犯应签收所发还的物品钱财。

（3）代囚犯所收外界送来的财物，应依同样办法加以管理。

（4）如果囚犯携入药剂或药品，医官应决定其用途。

死亡、疾病、移送等通知

44.（1）囚犯死亡、病重、重伤或移送一个机构接受精神治疗时，主任应立即通知其配偶（如果囚犯已婚），或其最近亲属，在任何情况下，应通知囚犯事先指定的其他任何人。

（2）囚犯任何近亲死亡或病重时，应立即通知囚犯。近亲病情严重时，如果情况许可，囚犯应准予随时单独或在护送之下前往访问。

（3）囚犯有权将他被监禁或移往另一监所的事，立刻通知其亲属。

囚犯的迁移

45.（1）囚犯被送入或移出监所时，应尽量避免公众耳目，并应采取保安措施，使他们不受任何形式的侮辱、好奇的注视或宣传。

（2）禁止用通风不良或光线不足的车辆，或使囚犯忍受不必要的肉体痛苦的其他方式，运送囚犯。

（3）运送囚犯的费用应由管理处负担，囚犯所享条件一律平等。

监所人事

46.（1）监所的正确管理依赖管理人员的正直、仁慈、专业能力、与个人是否称职，所以，监狱管理处应该对谨慎挑选各级管理人员，作出规定。

（2）监狱管理处应经常设法唤醒管理人员和公众，使其保持这项工作为极其重要的社会服务的信念；为此目的，应利用一切向公众宣传的适当工具。

（3）为保证达成上述目的，应指派专任管理人员为专业典狱官员，具有公务员身份，为终身职业，但须符合品行优良、效率高、体力适合诸条件。薪资应当适宜，足以罗致并保有称职男女；由于工作艰苦，雇用福利金及服务条件应该优厚。

47.（1）管理人员应该具有教育和智力上的适当水平。

（2）管理人员就职前应在一般和特殊职责方面接受训练，并必须通过理论和实际测验。

（3）管理人员就职后和在职期间，应该参加不时举办的在职训练班，以维持并提高他们的知识和专业能力。

48. 管理人员全体应随时注意言行、善尽职守，以身作则，感化囚犯改恶从善，以赢得囚犯尊敬。

49.（1）管理人员中应该尽可能设有足够人数的精神病医生、心理学家、社会工作人员、教员、手艺教员等专家。

（2）社会工作人员、教员、手艺教员应确定为终身职业，但不因此排除兼职或志愿工作人员。

50.（1）监所主任应该在性格、行政能力、适当训练和经验上都合格胜任。

（2）他应以全部时间执行公务，不应是兼职的任用。

（3）他应在监所房舍内或附近居住。

（4）一位主任兼管两个以上监所时，应常常不时访问两个监所；每一监所应有一位常驻官员负责。

51.（1）主任、副主任及其他大多数管理人员应能操囚犯最大多数所用或所懂的语言。

（2）必要时，应利用口译人员的服务。

52.（1）监所规模较大，需有一个以上专任医官服务时，其中至少一人应在监所房舍内或附近居住。

（2）其他监所的医官应每日到所应诊，并应就近居住，以便应诊急病而无稽延。

53.（1）监所兼收男女囚犯时，其女犯部应由一位女性负责官员管理，并由她保管该部全部的钥匙。

（2）除非有女性官员陪同，男性工作人员不得进入监所中的女犯部。

（3）女犯应仅由女性官员照料、监督。但此项规定并不妨碍男性工作人员，特别是医生和教员，在专收女犯的监所或监所的女犯部执行其专门职务。

54.（1）除非自卫、或遇企图脱逃、根据法律或规章所下命令遭受积极或消极体力抵抗，典狱官员在同囚犯的关系中不得使用武力。使用武力的官员不得超出严格必要的限度，并须立即将此事件向监所主任提出报告。

（2）典狱官员应接受特别体格训练，使他们能够制服凶恶囚犯。

（3）除遇特殊情况外，工作人员执行职务而同囚犯直接接触时，不应武装。此外，工作人员非经武器使用训练，无论如何不得配备武器。

检 查

55. 主管当局所派富有经验的合格检查员应按期检查监所，他们的任务是确保监所的管理符合现行法律规章，实现监所及感化院的目标。

第 二 部 分
对特种囚犯的规则

a. 服刑中的囚犯

指导原则

56. 下述指导原则目的在于说明按照本规则序言第1段内的陈述管理所应遵守的精神和监所应有的目的。

57. 监禁和使犯人同外界隔绝的其他措施因剥夺其自由、致不能享有自决权利，所以使囚犯感受折磨。因此，除非为合理隔离和维持纪律等缘故，不应加重此项情势所固有的痛苦。

58. 判处监禁或剥夺自由的类似措施的目的和理由毕竟在保护社会避免受犯罪之害。唯有利用监禁期间在可能范围内确保犯人返回社会时不仅愿意而且能够遵守法律、自食其力，才能达到这个目的。

59. 为此，监所应该利用适当可用的改造、教育、道德、精神和其他方面的力量及各种协助，并设法按照囚犯所需的个别待遇来运用这些力量和协助。

60. （1）监所制度应该设法减少狱中生活同自由生活的差别，以免降低囚犯的责任感，或囚犯基于人的尊严所应得的尊敬。

（2）刑期完毕以前，宜采取必要步骤，确使囚犯逐渐纳入社会生活。按个别情形，可以在同一监所或另一适当机构内订定出狱前的办法，亦可在某种监督下实行假释，来达到此项目的；但监督不可委之于警察，而应该结合有效的社会援助。

61. 囚犯的待遇不应侧重把他们排斥于社会之外，而应注重他们继续成为组成社会的成员。因此，应该尽可能请求社会机构在恢复囚犯社会生活的工作方面，协助监所工作人员。每一监所都应联系社会工作人员，由此项人员负责保持并改善囚犯同亲属以及同有用社会机构的一切合宜关系。此外，应该采取步骤，在法律和判决所容许的最大可能范围之内，保障囚犯关于民事利益的权利、社会保障权利和其他社会利益。

62. 监狱的医务室应该诊疗可能妨碍囚犯恢复正常生活的身心疾病或缺陷。为此应提供一切必要医药、外科手术、和精神病学上的服务。

63. （1）要实现以上原则，便需要个别地对囚犯施以待遇，因此并需要订立富有弹性的囚犯分组制度。所以，宜把各组囚犯分配到适于进行各该组待遇的不同监所中去。

（2）监所不必对每组囚犯都作出同样程度的保安。宜按各组的需要，分别作出不同程度的保安。开放式监所由于不作具体保安来防止脱逃，而依赖囚犯的自我约束，所以对严格选定的囚犯恢复正常生活提供最有利条件。

（3）关闭式监所的囚犯人数不宜过多，以免妨碍个别施以待遇。有些国家认为，这种监所的人数不应超过五百。开放式监所的人数愈少愈好。

（4）另一方面，监狱又不宜过小，以致不能提供适当设备。

64. 社会的责任并不因囚犯出狱而终止。所以应有公私机构能向出狱囚犯提供有效的善后照顾，其目的在于减少公众对他的偏见，便利他恢复正常社会生活。

待遇

65. 对被判处监禁或类似措施的人所施的待遇应以在刑期许可范围以内，培养他们出狱后守法自立的意志，并使他们有做到这个境地的能力为目的。此种待遇应该足以鼓励犯人自尊、培养他们的责任感。

66. （1）为此目的，应该照顾到犯人社会背景和犯罪经过、身心能力和习性、个人脾气、刑期长短、出狱后展望，而按每一囚犯的个人需要，使用一切恰当办法，其中包括教育、职业指导和训练、社会个案调查、就业辅导、体能训练和道德性格的加强，在可能进行宗教照顾的国家并包括这种照顾。

（2）对刑期相当长的囚犯，主任应于囚犯入狱后，尽早取得关于上款所述一切事项的详细报告，其中应包括医官，可能时在精神病学方面合格的医官，对囚犯身心状况的报告。

（3）报告及其他有关文件应列入个别档案之内。档案应该反映最新情况，并应加以分类，使负责人员需要时得以查阅。

分类和个别待遇

67. 分类的目的如下：

（a）将由于犯罪记录或恶劣个性，可能对人发生不良影响的囚犯，同其他囚犯隔离；

（b）将囚犯分类，以便利对他们所施的待遇，使他们恢复正常社会生活。

68. 可能时应该对不同种类的囚犯所施的待遇在不同的监所或一个监所的不同部分进行。

69. 在囚犯入狱并对刑期相当长的每一囚犯的人格作出研究后，应尽快参照有关他个人需要、能力、性向的资料，为他拟定一项待遇方案。

优待

70. 每一监所应针对不同种类的囚犯及不同的待遇方法，订定优待制度，以鼓励端正行为，启发责任感，确保囚犯对他们所受待遇感兴趣，并予合作。

工作

71. （1）监狱劳动不得具有折磨性质。

（2）服刑囚犯都必须工作，但以医官断定其身心俱宜为限。

（3）在正常工作日应交给足够的有用工作，使囚犯积极去做。

（4）可能时，所交工作应足以保持或增进囚犯出狱后诚实谋生的能力。

（5）对能够从中受益的囚犯，特别是对青少年囚犯，应该提供有用行业方面的职业训练。

（6）在符合正当选择职业方式和监所管理及纪律上要求的限度内，囚犯得选择所愿从事的工作种类。

72. （1）监所内工作的组织与方法应尽量接近监所外类似工作的组织和方法，使囚犯对正常职业生活情况有所准备。

（2）但囚犯及其在职业训练上的利益不得屈居于监所工业营利的目的之下。

73. （1）监所工业和农场最好直接由管理处而不由私人承包商经营。

（2）囚犯受雇的工作不受管理处控制时，应经常受监所工作人员的监视。除为政府其他部门工作外，工作的全部正常工资应由获得此项劳动供应的人全数交付管理处，但应考虑到囚犯的产量。

74. （1）监所应同样遵守为保护自由工人而订定的安全及卫生上的防护办法。

（2）应该订定规定，以赔偿囚犯所受工业伤害，包括职业疾病，赔偿条件不得低于自由工人依法所获条件。

75. （1）囚犯每日及每周最高工作时数由法律或行政规则规定，但应考虑到当地有关雇用自由工人的规则或习惯。

(2) 所订时数应准许每周休息一日且有足够时间依规定接受教育和进行其他活动，作为对囚犯所施待遇和恢复正常生活的一部分。

76. (1) 对囚犯的工作，应订立公平报酬的制度。

(2) 按此制度，囚犯应准予至少花费部分收入，购买核定的物件，以供自用，并将部分收入交付家用。

(3) 此项制度并应规定管理处应扣出部分收入，设立一项储蓄基金，在囚犯出狱时交给囚犯。

教育和娱乐

77. (1) 应该设法对可以从中受益的一切囚犯继续进行教育，包括在可以进行的国家进行宗教教育。文盲及青少年囚犯应接受强迫教育，管理处应予特别注意。

(2) 在可行范围内，囚犯教育应同本国教育制度结合，以便出狱后得以继续接受教育而无困难。

78. 一切监所均应提供文娱活动，以利囚犯身心健康。

社会关系和善后照顾

79. 凡合乎囚犯及其家庭最大利益的双方关系，应特别注意维持和改善。

80. 从囚犯判刑开始便应考虑他出狱后的前途，并应鼓励和协助他维系或建立同监所外个人或机构间的关系，以促进他家庭的最大利益和他自己恢复正常社会生活的最大利益。

81. (1) 政府或民间协助出狱囚犯重新自立于社会的服务处和机构都应在可能和必要范围以内，确保出狱囚犯持有正当证件，获得适当住所和工作，能有对季节和气候适宜的服装，并持有足够金钱，以前往目的地，并在出狱后一段时间内维持生活。

(2) 此类机构经核定的代表应准于必要时进入监所，会见囚犯，并应在囚犯判刑后受邀咨询囚犯的前途。

(3) 这些机构的活动应当尽可能集中或协调，以发挥最大的效用。

b. 精神错乱和精神失常的囚犯

82. (1) 经认定精神错乱的人不应拘留在监狱之中，而应作出安排，尽快将他们迁往精神病院。

(2) 患有其他精神病或精神失常的囚犯，应在由医务人员管理的专门院所中加以观察和治疗。

(3) 这类囚犯在监狱拘留期间，应置于医官特别监督之下。

(4) 监所的医务室或精神病服务处应向需要此种治疗的其他一切囚犯提供精神治疗。

83. 应该同适当机构设法采取步骤，以确保必要时在囚犯出狱后继续精神病治疗，并确保社会和精神治疗方面的善后照顾。

c. 在押或等候审讯的囚犯

84. (1) 本规则下称"未经审讯的囚犯"，指受刑事控告而被逮捕或监禁、由警察拘留或监狱监禁但尚未经审讯和判刑的人。

(2) 未经判罪的囚犯视同无罪，并应受到如此待遇。

(3) 在不妨碍法律上保护个人自由的各项规则或订定对于未经审讯的囚犯所应遵守的程序的范围内，这种囚犯应可享受特殊办法，下述规则仅叙述此项办法的基本要件。

85. (1) 未经审讯的囚犯应同已经判罪的囚犯隔离。

(2) 未经审讯的青少年囚犯应同成年囚犯隔离，原则上应拘留于不同的监所。

86. 未经审讯的囚犯应在单独房间单独睡眠，但地方上因气候而有不同习惯时不在此限。

87. 在符合监狱良好秩序的限度以内，未经审讯的囚犯可随意通过管理处或通过亲友从外界自费购买食物。否则，管理处便应供应食物。

88. (1) 未经审讯的囚犯如果服装清洁适宜，应准予穿着自己的服装。

(2) 上项囚犯如穿着监狱服装，则应与发给已经判罪的囚犯的服装不同。

89. 未经审讯的囚犯应随时给予工作机会，但不得要求他工作。如果他决定工作，便应给予报酬。

90. 未经审讯的囚犯应准予自费或由第三人支付购买不妨碍司法行政和监所安全及良好秩序的书籍、报纸、文书用具或其他消遣用品。

91. 如果未经审讯的囚犯所提申请合理且有能力支付费用，应准予他接受私人医生或牙医的诊疗。

92. 在只受司法行政、监狱安全及良好限制和监督之下，未经审讯的囚犯应准予将他被拘留的事立刻通知亲属，并应给予同亲友通讯和接见亲友的一切合理便利。

93. 未经审讯的囚犯为了准备辩护、而社会上又有义务法律援助，应准予申请此项援助，并准予会见律师，以便商讨辩护，写出机密指示，交给律师。为此，囚犯如需文具，应照数供应。警察或监所官员对于囚犯和律师间的会谈，可用目光监视，但不得在可以听见谈话的距离以内。

d. 民事囚犯

94. 在法律准许因债务或因其他不属刑事程序的法院命令而监禁人犯的国家，此项被监禁人所受限制或保安管理，不得大于确保安全看管和良好秩序所必要的限度。他们所受待遇不应低于未受审讯的囚犯，但也许可以要求他们工作。

e. 未经指控而被逮捕或拘留的人

95. 在不妨碍《公民权利和政治权利国际公约》第九条规定的情况下，未经指控而被逮捕或被监禁的人应享有第一部分和第二部分 c 节所给予的同样保护。如第二部分 a 节的有关规定可能有利于这一特定类别的被拘押的人，也应同样适用，但对于未经判定任何刑事罪名的人不得采取任何意味着他们必须接受再教育或改造的措施。

附录五　中华人民共和国监狱建设标准（建标139—2010）

（住房和城乡建设部、国家发展和改革委员会2010年9月7日批准发布）

第一章　总　则

第一条　为了正确执行刑罚，惩罚和改造罪犯，预防和减少犯罪，使监狱建设科学化、规范化、标准化，根据《中华人民共和国监狱法》等法律法规，制定本标准。

第二条　本标准是监狱建设项目决策及合理确定监狱建设水平的全国统一标准，是编制、评估和审批监狱建设项目建议书、可行性研究报告的重要依据；是有关部门审查项目初步设计和监督、检查项目建设全过程的尺度。

第三条　本标准适用于新建、扩建和改建的中度戒备和高度戒备监狱建设。本标准规定的建筑面积指标为控制指标。

第四条　监狱建设必须遵守国家有关的法律法规、规章，必须符合监管安全、改造罪犯和应对突发事件的需要，应从监狱当地的实际情况出发，与经济、社会发展相适应，达到安全、坚固、适用、经济、庄重。

第五条　监狱建设应统一规划、合理布局，并纳入当地城市和地区的总体规划，各项公用设施尽可能利用当地提供的社会协作条件。

第六条　新建监狱建设项目应一次规划，并适当预留发展用地；扩建和改建的监狱建设项目应充分利用原有可用设施，做到合理规划、设计和建造，按本标准测算的总建筑面积应含可利用的原有房屋建筑的建筑面积。有特殊要求的监狱建设项目，须单独报政府投资主管部门审批。

第七条　监狱建设除应执行本标准的规定外，还应符合国家现行的有关规范、标准的要求。

第二章　建设规模与项目构成

第八条　监狱建设规模按关押罪犯人数，划分为大、中、小三种类型。

第九条　监狱建设规模应以关押罪犯人数在1000～5000人为宜，高度戒备监狱建设规模以关押犯人数在1000～3000人为宜，不同建设规模监狱关押罪犯人数应符合下列规定：

1. 小型监狱1000～2000人；
2. 中型监狱2001～3000人；
3. 大型监狱3001～5000人；

第十条　监狱建设项目由房屋建筑、安全警戒设施、场地及其配套设施构成。

第十一条　监狱房屋建筑包括：罪犯用房、警察用房、武警用房及其他附属用房。

1. 罪犯用房包括：监舍楼、教育学习用房、禁闭室、家属会见室、伙房和餐厅、医院或医务室、文体活动用房、技能培训用房、劳动改造用房及其他服务用房等。
2. 警察用房包括：办公用房、公共用房、特殊业务用房、管理用房、备勤用房、学习及训练用房。
3. 武警用房建设项目及标准应按有关规定执行。
4. 其他附属用房包括：收发值班室、门卫接待室、辅助管理岗位人员用房、车库、仓库、配电室、锅炉房、水泵房、应急物资储备库、污水处理站等。

第十二条　监狱安全警卫设施包括：围墙、岗楼、电网、照明、大门及值班室、大门武警哨位、隔离和防护设施以及通讯、监控、门禁、报警、无线信号屏蔽、目标跟踪、周界防范、应急指挥等技术防范设施。

第十三条　监狱的场地主要包括警察及武警训练场、罪犯体训场及监狱停车场。

第十四条　配套设施主要包括消防、给排水、暖通、供配电、燃气、通讯与计算机网络、有线电视、环保、节能、道路、绿化以及警察行政办公、罪犯生活、教育、医疗、劳动改造设施设备等。

第三章　选址与规划布局

第十五条　新建监狱的选址应符合下列规定。

1. 新建监狱应选择在邻近经济相对发达、交通便利的城市或地区。未成年犯管教所和女子监狱应选择在经济相对发达、交通便利的大、中城市。

2. 新建监狱应选择在地质条件较好、地势较高的地段；新建监狱严禁选在可能发生自然灾害且足以危及监狱安全的地区。

3. 新建监狱应选择在给排水、供电、通讯、电视接收等条件较好的地区。

4. 新建监狱与各种污染源、易燃易爆危险品、高噪声、高压线走廊、无线电干扰、光缆、石油管线、水利设施的距离应符合国家有关规定。

第十六条 监狱建设用地应根据批准的建设计划，坚持科学、合理、节约用地的原则，统一规划，合理布局。新建监狱建设用地标准宜按每罪犯 $70m^2$ 测算，有特殊生产要求的劳动改造项目的监狱建设用地标准可根据实际需要报有关部门批准后确定。

第十七条 监狱的总平面布局应分为罪犯生活区、罪犯劳动改造区、警察行政办公区、警察生活区、武警营房区；各区域之间彼此相邻，有通道相连，并有相应的隔离设施。

第十八条 监狱的总平面布置应符合下列要求。

1. 监狱大门内外应留有一定的缓冲区域。

2. 在平面布置中，应按功能要求合理确定各种功能分区的位置和间距。

3. 在各功能分区中，应按功能要求合理确定各种用房的位置；用房的布置应符合联系方便、互不干扰和保障安全的原则。中度戒备监狱围墙内建筑物距围墙距离不应小于 10m，高度戒备监狱围墙内建筑物距围墙距离不应小于 15m。

4. 中度戒备监狱罪犯的学习、劳动、生活等区域应有明确的功能划分，主要建筑物之间应当以不低于 3m 高的防攀爬金属隔离网进行隔离并应有通道相连。

5. 高度戒备监狱应分设若干监区，每个监区封闭独立，应包括罪犯监舍、教育学习、劳动改造、文体活动和警察管理等功能用房，并设警察巡视专用通道；各功能用房之间应设置必要的隔离防护设施。

6. 高度戒备监狱内各监区、家属会见室、罪犯伙房、罪犯医院、禁闭室等区域之间均应以不低于 4m 高的防攀爬金属隔离网进行隔离，并用封闭通道相连；封闭通道与各区域的连通处应设置牢固的金属防护门；封闭通道内应根据监管安全的实际需要分段设置牢固的金属防护门。

7. 中度戒备监狱内的高度戒备监区应自成一区，封闭独立，且应布置在武警岗哨观察视线范围内，与其他监区、建筑物的距离不宜小于 20m，并应以不低于 4m 高的防攀爬金属隔离网进行封闭隔离。

第十九条 监狱内各建筑之间及狱内建筑与狱外建筑之间的距离应符合国家现行的安全、消防、日照、通风、防噪声和卫生防护等有关标准的规定。

第二十条 监狱的标志应醒目、统一，标志上宜有警徽及监狱名称的中文字样；在有少数民族文字规定的地区应按当地规定执行。

第二十一条 监狱内的道路应使各功能分区联系畅通、安全；应有利于各功能分区用地的划分和有机联系；应根据地形、气候、用地规模和用地四周的环境条件，结合监狱的特点，选择安全、便捷、经济的道路系统和道路断面形式。

第二十二条 新建监狱绿地率宜为 25%，扩建和改建监狱绿地率宜为 20%。

第四章 建 筑 标 准

第二十三条 监狱的建筑标准,应根据监狱建设规模、使用功能及城市规划的要求合理确定。

第二十四条 监狱综合建筑面积指标(不含武警用房),应不超过表1规定的控制指标。

表1 监狱综合建筑面积控制指标

用房类别	中度戒备监狱			高度戒备监狱	
	小型	中型	大型	小型	中型
罪犯用房(m^2/罪犯)	21.41	21.16	20.96	27.09	26.80
警察用房(m^2/警察)	36.92	35.71	34.50	42.57	41.36
其他附属用(m^2/警察)	6.33	5.19	4.31	6.33	5.19

注:本条规定的人均建筑面积指标为控制指标,在保证正常使用的前提下,可视地方财力可能适当降低。

第二十五条 监狱各种用房的建筑面积应参照表2、表3、表4确定。

表2 监狱罪犯用房建筑面积指标(m^2/罪犯)

用房类别	用房名称	中度戒备监狱			高度戒备监狱	
		小型	中型	大型	小型	中型
罪犯用房	监舍楼	4.66	4.66	4.66	9.47	9.47
	教育学习用房	1.17	1.07	0.96	1.72	1.59
	禁闭室	0.12	0.11	0.10	0.12	0.11
	家属会见室	0.81	0.81	0.81	0.59	0.59
	伙房和餐厅	1.14	1.08	1.03	1.14	1.08
	医院或医务室	0.65	0.60	0.60	1.00	0.94
	文体活动用房	1.55	1.55	1.55	0.90	0.90
	技能培训用房	2.30	2.30	2.30	2.30	2.30
	劳动改造用房	7.60	7.60	7.60	7.60	7.60
	其他服务用房	1.41	1.38	1.35	2.25	2.22
	男监合计	21.42	21.16	20.96	27.09	26.80

注:1. 女子监狱厕所增加$0.04m^2$/罪犯;女子监狱和未成年犯管教所教育学习用房面积乘以1.5系数;在冬季需要储菜地区伙房和餐厅增加$0.5m^2$/罪犯储菜用房面积。

2. 关押老病残罪犯的监狱可根据实际需要,合理调剂各功能用房面积。

3. 本表未含罪犯锅炉房的面积,如需要设置应根据具体情况另行确定。

表3 监狱警察用房建筑面积指标(m^2/警察)

用房类别	用房名称	中度戒备监狱			高度戒备监狱	
		小型	中型	大型	小型	中型
警察用房	警察办公用房	5.83	5.83	5.83	5.83	5.83
	公共用房	8.75	8.65	8.55	8.75	8.65

续表

用房类别	用房名称	中度戒备监狱			高度戒备监狱	
		小型	中型	大型	小型	中型
警察用房	特殊业务用房	7.44	6.33	5.22	7.44	6.33
	警察管理用房	3.61	3.61	3.61	7.22	7.22
	警察备勤用房	7.76	7.76	7.76	9.80	9.80
	学习及训练用房	3.53	3.53	3.53	3.53	3.53
	合计	36.92	35.71	34.50	42.57	41.36

表4 其他附属用房建筑面积指标（m²/警察）

用房类别	用房名称	中度戒备监狱			高度戒备监狱	
		小型	中型	大型	小型	中型
其他附属用房	其他附属用房	6.33	5.19	4.31	6.33	5.19

注：本表未含污水处理站的面积，如需要设置应根据具体情况另行确定。

第二十六条 监狱房屋的建筑结构形式应根据建设条件、建筑层数和建筑物使用功能综合考虑。

第二十七条 监狱围墙内建筑物高度应符合当地规划要求，且不应超过24m。

第二十八条 监狱监舍楼设计应符合下列要求。

1. 每间寝室关押男性罪犯时不应超过20人，关押女性罪犯和未成年罪犯时不应超过12人，关押老病残罪犯时不应超过8人。

高度戒备监狱每间寝室关押罪犯不应超过8人，寝室宜按5％单人间、30％四人间、65％六至八人间设置，其中单人间应设独立放风间。

2. 寝室内床位宽不应小于0.8m；床位为双层时，室内净高不应低于3.4m，床位为单层时，室内净高不应低于2.8m。监舍楼内走廊若双面布置房间，其净宽不应低于2.4m；若单面布置房间，其净宽不应低于2m。寝室窗地比不应小于1/7。

3. 采暖地区监舍楼建设，应加设机械通风系统，换气次数按有关规范计算确定；风口应采用扁长型风口，以防罪犯爬入；采暖负荷计算时应考虑通风所损失的热量。

4. 盥洗室排水立管及地漏应在设计确定的基础上加大1号管径。

5. 监舍楼内应根据实际需要设置夜间照明灯具，各房间及走廊的照明均应在警察值班室的控制之下，监舍楼内配电箱应设在每层的警察值班室内。

第二十九条 禁闭室应集中设置于监狱围墙内，自成一区，离其他建筑物距离宜大于20m，并设禁闭监室、值班室、预审室、监控室及警察巡视专用通道，禁闭监室室内净高不应低于3m，单间使用面积不应小于6m²。

第三十条 监狱内医疗用房、教学用房、伙房等应根据建设规模和监管工作需要，参照国家现行有关规范、标准，按实际需求设置。

第三十一条 监狱的家属会见室应设于监狱围墙内、监狱大门附近，并分别设置家属和罪犯专用通道。会见室中应分别设置从严、一般和从宽会见的区域及设施；其窗地比不应小于1/7，室内净高不应低于3m。

第三十二条 监狱围墙内警察用房应符合下列要求。

1. 监舍楼内应设警察值班室、谈话室，且应位于楼层出入口附近，并应设置牢固的隔离防护设施，内设警察专用通道及专用卫生间。警察值班室内应设通讯和报警装置。

2. 劳动改造用房、技能培训用房应设警察值班室、警察专用卫生间，警察值班室的门窗应有牢固的隔离防护设施，并应设通讯和报警装置。

第三十三条 监狱建筑物的耐火等级不应低于二级。劳动改造用房、仓库等耐火等级应按国家标准《建筑设计防火规范》（GB 50016）的有关规定确定。监狱建筑物设计使用年限不应少于50年。监狱建筑应按国家现行的有关抗震设计规范、规程进行设计；监狱围墙、岗楼、大门抗震设防的基本烈度，应按本地区基本烈度提高一度，并不应小于七度（含七度）；抗震设防烈度为九度（不含九度）以上地区严禁建监狱。

第三十四条 监狱建筑的装修，应遵循简朴庄重、经济适用的原则，结合监管工作实际，合理确定装修标准。各类用房原则上应采用普通装修，严禁豪华装修。微机室、会议室、监控室及气候炎热地区监狱的行政用房应设局部空调。采暖地区的监狱建筑应按国家现行的有关规定设置采暖设施。

第三十五条 监狱建筑应与周边环境相协调，并体现监狱建筑的特殊性、统一性。

第三十六条 监狱建筑应设置完备的给水、排水系统。

第三十七条 中度戒备监狱的供电电力负荷等级宜为一级，高度戒备监狱应为一级，并均应附设备用电源和应急照明器材。

第三十八条 监狱的节能、环保、卫生等各项内容应符合国家有关法规、规范、标准的规定。

第五章 安全警戒设施

第三十九条 监狱的围墙、岗楼、大门等安全警戒设施，应符合下列要求。

1. 中度戒备监狱围墙一般应高出地面5.5m，墙体应达到0.49m厚实心砖墙的安全防护要求，围墙上部宜设置武装巡逻道。围墙地基必须坚固，围墙下部必须设挡板，且深度不应小于2m，当围墙基础埋深超过2m时，可用围墙基础代替挡板。围墙转角应呈圆弧形，表面应光滑，无任何可攀登处。围墙内侧5m、外侧10m为警戒隔离带，隔离带内应无障碍。围墙内侧5m、外侧10m处均应设一道不低于4m高的防攀爬金属隔离网，网上均应设监控、报警装置。

高度戒备监狱围墙应高出地面7m，墙体应达到0.3m厚钢筋混凝土的安全防护要求，上部应设置武装巡逻道。围墙地基必须坚固，围墙下部必须设钢筋混凝土挡板，且深度不应小于2m，当围墙基础埋深超过2m时，可用围墙基础代替挡板，如遇软土等特殊地基时，围墙基础埋深应适当加深。围墙内侧10m、外侧12m为警戒隔离带，隔离带内应无障碍。围墙内侧5m及10m处、围墙外侧5m及12m处均应各设一道不低于4m高的防攀爬金属隔离网，网上均应设监控、报警装置。围墙外侧的两道隔离网之间应设置防冲撞设施。

2. 监狱围墙应设置照明装置；照明灯具的位置、距离应适当，照明灯具应配有防护罩。监狱围墙内、外侧警戒线内照明效果应良好。

3. 监狱围墙上部应设电网，其高度、电压等应按照有关标准执行。

4. 岗楼宜为封闭建筑物，四周应挑平台，平台应高出围墙1.5m以上，并设1.2m高栏杆。岗楼一般应设于围墙转折点处，视界、射界良好，无观察死角，岗楼之间视界、射界应重叠，且岗楼间距不应大于150m。岗楼应设置金属防护门及通讯报警装置。

5. 监狱大门应分设车辆通道、警察专用通道和家属会见专用通道，均应设二道门，且电动AB开闭，并应设带封顶的护栏。其中，警察专用通道和家属会见专用通道应设门禁、安检系统；车辆通道宜宽6m、高5m，车辆通道进深（AB门之间的距离）不宜小于15m，通道两端应设防冲撞装置，通道顶部和地面应设监控、探测等安检装置。

监狱大门处应设门卫值班室、武警哨位，并应设置防护装置，外门应为金属门。室内应设通讯、监控和报警装置，并设有可在室内控制大门开闭的装置。

6. 高度戒备监狱罪犯室外活动区域宜设置必要的防航空器劫持的设施。

第四十条　监狱的安全防护还应符合下列要求：

1. 室外疏散楼梯周围应设金属防护栅栏；通向屋顶的消防爬梯离地面高度不应小于3m，且3m水平距离内不应开设门窗洞口。罪犯用房楼梯的临空部位应用金属栅栏封闭。

2. 围墙内所有建筑物外窗应设金属防护栅栏，内窗宜设置防护设施。围墙内所有建筑物的门应安全、坚固。

3. 监狱围墙内所有的水、电、暖气检查口、检查井及穿越围墙的各种管道口、检查井口等处应设牢固的防护装置。

4. 监舍楼管道、电线均应暗装，出口及插座均应设带锁的金属箱；监舍楼内灯控开关应设在警察值班室内。

5. 禁闭室监室内不应设电器开关及插座，应采用低压照明（宜采用24V电压），并设置安全防护罩。照明控制应由警察值班室统一管理。

6. 高度戒备监狱围墙内建筑物使用的玻璃，应根据监管安全的实际需要，具备相应的安全性能。

第四十一条　监狱应按照有关规定，加强监狱信息化基础设施建设，按照一个平台、一个标准体系、三个信息资源库、十个应用系统的监狱信息化框架体系，完善部、省、监狱三级网络建设，建立和完善通讯、监控、门禁、报警、无线信号屏蔽、目标跟踪、周界防范、应急指挥等技术防范设施，并应与监狱同步规划、同步设计、同步建设、同步投入使用。

第六章　场地及配套设施

第四十二条　警察训练场按每人$3.2m^2$计算，罪犯体训场按每人$2.9m^2$计算。

第四十三条　监狱停车场应根据监狱业务工作的实际需要设置。

第四十四条　监狱建设所需配套设施设备参照有关规定和标准执行。

本建设标准用词说明

为便于在执行本建设标准条文时区别对待，对要求严格程度不同的用词说明如下：

1）表示很严格，非这样做不可的用词：

正面词采用"必须"，反面词采用"严禁"；

2）表示严格，在正常情况下均应这样做的用词：

正面词采用"应"，反面词采用"不应"或"不得"；

3）表示允许稍有选择，在条件许可时首选应这样做的用词：

正面词采用"宜"，反面词采用"不宜"；

表示有选择，在一定条件下可以这样做的用词，采用"可"。

附录六 监狱罪犯生活卫生管理办法（试行）

第一章 总 则

第一条 为了规范监狱罪犯生活卫生管理工作，保障罪犯合法权益，根据《中华人民共和国监狱法》等相关法律法规，结合监狱工作实际，制定本办法。

第二条 监狱人民警察直接管理罪犯生活卫生工作，实行依法、严格、文明、科学管理。

第三条 本办法适用于对罪犯生活、卫生防疫、医疗救治等活动的管理。

第四条 省、自治区、直辖市（以下简称区、市）监狱管理局和监狱应当按照有关规定确保罪犯生活费及时足额到位，专款专用。根据罪犯伙食、被服实物量标准，建立罪犯生活费正常增长的财政保障机制，满足罪犯生活卫生工作需要。

第二章 机构和职能

第五条 省（区、市）监狱管理局应当设立生活卫生管理机构，其主要职责是：

1. 拟定全省（区、市）罪犯生活卫生工作计划并指导、检查监狱的罪犯生活管理、卫生防疫和医疗救治工作；
2. 指导监狱建立罪犯生活卫生管理制度；
3. 组织做好有关业务人员培训和进修工作；
4. 主动向所在地卫生行政部门通报卫生工作情况并协调做好卫生防疫和疾病防治工作；
5. 指导监狱罪犯生活卫生信息化建设，并做好罪犯生活卫生基础数据的汇总与分析工作。

第六条 监狱应当设立生活卫生管理机构。由省（区、市）监狱管理局具体规定其职责。

第七条 省（区、市）监狱管理局和监狱应当根据本地具体情况设立监狱医疗机构，包括监狱管理局中心医院、监狱医院和监狱医务室，并依法办理执业许可证。监狱管理局应当设立或者指定专门机构负责本系统的卫生防疫工作。

监狱医疗机构配备医务人员，医务人员应当具有执业资格。

第八条 监狱管理局中心医院负责本省（区、市）行政区域内罪犯的疾病预防保健、基本医疗、转诊、急救以及对患有严重疾病罪犯的治疗；组织开展监管医学研究；负责监狱医院（医务室）医务人员和罪犯护理员的业务培训等。

第九条 监狱医院（医务室）负责对罪犯进行体检并建立健康档案；开展卫生保健知识宣传教育；为患病罪犯及时提供诊疗；处置突发公共卫生事件等。

第三章 生 活 管 理

第十条 省（区、市）监狱管理局或者监狱应当按照相关规定，统一组织罪犯生活卫生大宗物资公开招标采购。

省（区、市）监狱管理局和监狱应当制定罪犯生活物资保障应急预案，监狱应当做好罪犯生活必需物资的应急储备。

第十一条　监狱应当按照实物量标准供应罪犯伙食，科学配膳，合理调剂，杜绝浪费。

对未成年和患病罪犯，应当适当提高伙食标准。

罪犯饮用水应当符合国家规定的生活饮用水卫生标准。

第十二条　罪犯伙房每月公布罪犯伙食实物量实际消耗及伙食账目，每周公布食谱。禁止向罪犯收取任何形式的伙食费和根据罪犯分级处遇区分伙食标准。

第十三条　监狱对少数民族罪犯的特殊生活习惯，应当予以照顾。对有特殊饮食禁忌的，应当单独设置少数民族灶台。

第十四条　监狱应当建立食品采购验收、农药检测和索证制度，做好食品购入、存储、制作、发放等各个环节的管理工作，防止发生传染病和食物中毒等食源性疾病。

建立食品留样制度，留样食品必须保留48小时、由专人负责。

第十五条　对从事罪犯伙食劳动的人员，上岗前必须进行体检，办理健康证，建立健康专档，并每年进行一次体检。禁止使用不符合食品生产和加工健康标准的人员从事罪犯伙食劳动。

第十六条　监狱应当定期征求罪犯对伙食的建议。

第十七条　罪犯服刑期间一律着囚服，佩戴统一标志。

罪犯囚服由省（区、市）监狱管理局按照司法部规定的统一样式组织生产、采购和配送。

监狱应当规范罪犯被服管理，编制发放计划，按照实物量标准配发。

第十八条　监狱设置的罪犯日用品供应站用于满足罪犯日常生活消费和学习用品需要。

日用品供应站的商品售价不得高于当地同期同类商品平均零售价格。供应站收入纳入监狱财务统一管理和核算，用于改善罪犯生活卫生条件，不得挪用。

第十九条　罪犯个人钱款包括罪犯日用品补助费、入监时转入钱款、家属存汇款、劳动报酬及其他合法收入，应当纳入监狱财务统一管理和核算。

罪犯在狱内的消费计入其个人账户，实行划卡、限额消费，不得使用现金交易，严格控制高消费。监狱可以根据罪犯分级处遇等级规定其每月消费额度。

第二十条　罪犯日用品补助费的入账和消费情况应当作为监狱狱务公开的内容，及时向罪犯公开，并接受其核对和查询。

第二十一条　罪犯日常生活、学习用品，由本人保管；入监时转来的贵重物品，经罪犯本人签字确认后，由监狱统一保管。

监狱应当在罪犯刑满释放、假释、暂予监外执行、调监、死亡时，将其贵重物品和个人钱款及时办理退还或者移交手续。

第二十二条　罪犯个人合法所有的财物，除依法定程序外，不得以任何理由冻结、挪用、没收。

第二十三条　监狱组织罪犯自种、自养、自加工的产品，应当按照相关规定做好检疫检验，确保食品安全。

自种、自养、自加工产生的收益，纳入监狱财务统一管理和核算，用于改善罪犯生活和医疗防疫条件、添置生活设备、扩大自身再生产等，不得挪作他用，其内部消费核算价格不得高于监狱招标采购同等级产品价格。

第四章 卫生防疫

第二十四条 监狱实行罪犯监舍单人单床管理,统一配置监舍内设施、器具和物品,并对罪犯生活场所的设施、器具和物品实行定置管理。

监狱应当经常对罪犯生活设施进行卫生检查,保持整洁干净。

第二十五条 监狱应当保持场院平整,道路通畅,罪犯生活、劳动和学习场所清洁卫生,空地辅以花、草、低矮树木美化环境。

第二十六条 监狱应当定期安排罪犯体检、洗澡、理发、剪指甲、清洗衣服和晾晒被褥。

第二十七条 监狱应当合理安排罪犯每日起居、劳动、学习、文体活动的作息时间,倡导实行罪犯工间操制度。

第二十八条 监狱应当定期开展疾病预防知识宣传教育,加强罪犯保健意识,培养其良好卫生习惯,增强其防病能力。

第二十九条 省(区、市)监狱管理局应当与省(区、市)卫生行政部门、疾病预防控制部门协调,将罪犯的卫生保健、疾病预防控制工作纳入监狱所在地区的卫生、防疫计划,并做好传染病统计报告工作。

第三十条 监狱应当根据传染病发病规律和流行特点,定期开展卫生扫除、组织接种和服用预防药物等措施,防止各类传染病在监狱传播。

监狱发现传染病罪犯,应当立即对其进行隔离并治疗。罪犯艾滋病、结核病等主要传染病按照有关规定纳入国家免费治疗范围。

第三十一条 监狱应当把职业病防治工作纳入罪犯疾病防治工作计划,按照规定发给劳动保护用品,在罪犯上岗前和在岗期间进行职业卫生培训,普及职业卫生知识。

第三十二条 省(区、市)监狱管理局应当在省(区、市)司法行政部门和卫生行政部门的指导下制定突发公共卫生事件应急处置预案,并指导监狱制定相应预案,做好应急药品储备。

发生突发公共卫生事件的,监狱应当按照相关规定及时向当地卫生行政部门和司法行政部门报告,并按照应急预案及时妥善处置。

第五章 医疗救治

第三十三条 对患病罪犯,应当给予及时治疗。

省(区、市)监狱管理局应当协调财政部门,逐年提高罪犯医疗费财政保障标准。根据实际情况,逐步将罪犯医疗保障纳入当地居民基本医疗保障体系。

第三十四条 在确保监管安全的情况下,监狱医疗机构可以与社会医院建立合作机制,借助社会医疗资源优势,保障罪犯医疗。

第三十五条 监狱医院(医务室)应当建立巡诊制度,掌握罪犯健康状况,对患病罪犯及时提供诊疗。

第三十六条 罪犯因病就诊应当由监狱人民警察负责监管,监狱医务人员应当做好就诊记录并存入罪犯健康档案。

第三十七条 因技术、设施条件限制,诊治罪犯疾病确有困难的,由监狱聘请社会医院专家入监会诊。确需转诊的,经报省(区、市)监狱管理局批准后可以将患病罪犯转至具备条件的社会医院就诊。

第三十八条 监狱管理局中心医院对监狱医院（医务室）转来的患病罪犯，对其诊疗计费标准不得高于当地物价部门核定的社会同类医院的计费标准。

第三十九条 监狱医疗机构应当将病情、主要医疗措施、医疗风险如实告知患病罪犯、患病罪犯家属和患病罪犯所在监区的监狱人民警察；如果告知患病罪犯可能对其本人或监管安全造成不利后果的，应当告知患病罪犯家属和患病罪犯所在监区的监狱人民警察。

第四十条 监狱医疗机构在施救病情危重罪犯时，应当及时通过监狱向罪犯家属发出病危（重）通知书；需要手术或者特殊诊疗但无法取得患病罪犯意见，且家属不在现场的，由罪犯所在监狱指定的人民警察签字后及时通报驻监检察机关。

在施救罪犯过程中，监狱应当以录像、照相、记录等方式收集并固定证据。

第四十一条 罪犯在服刑期间因病死亡的，监狱应当立即通知罪犯家属和人民检察院、人民法院，并对罪犯死亡原因作出医疗鉴定。人民检察院对监狱的医疗鉴定有疑义的，可以重新对死亡原因做出鉴定。罪犯家属有疑义的，可以向人民检察院提出。

第六章 监督考核

第四十二条 省（区、市）监狱管理局和监狱应当定期或不定期开展罪犯生活卫生工作的抽查和自查，发现问题应当立即整改。

第四十三条 罪犯生活卫生工作应当建立目标责任制，并定期组织考核。

第四十四条 省（区、市）监狱管理局应当将罪犯生活卫生工作纳入监管安全和监狱领导绩效考核体系，考核结果作为评判监狱安全工作成效和监狱领导班子业绩的重要依据。

第七章 附 则

第四十五条 省（区、市）监狱管理局根据本办法制定实施细则。

第四十六条 本系统原有规定与本规定不一致的，以本规定为准。

第四十七条 本办法自 2010 年 9 月 1 日起施行

附录七 外国籍罪犯会见通讯规定

（2002 年 11 月 26 日中华人民共和国司法部令第 76 号发布起施行）

第一章 总 则

第一条 根据《中华人民共和国监狱法》和我国参加的有关国际公约及对外缔结的双边领事条约的有关规定，制定本规定。

第二条 本规定所称外国籍罪犯，是指经我国人民法院依法判处刑罚，在我国监狱内服刑的外国公民。

在监狱内服刑的无国籍罪犯，比照外国籍罪犯执行。

第三条 外国籍罪犯经批准可以与所属国驻华使、领馆外交、领事官员，亲属或者监护人会见、通讯。

第四条 办理外交、领事官员与本国籍罪犯的会见、通讯，应当遵照以下原则：与我国缔结领事条约的，按照条约并结合本规定办理；未与我国缔结领事条约但参加《维也纳领事关系公约》的，按照《维也纳领事关系公约》并结合本规定办理；未与我国缔结领事条约，也未参加《维也纳领事关系公约》，但与我国有外交关系的，应当按照互惠对等原则，根据本规定并参照国际惯例办理。

第五条 外交、领事官员或者亲属、监护人索要有关法律法规、规章的，省、自治区、直辖市监狱管理局或者监狱应当提供。

第二章 会 见

第一节 会见的申请

第六条 外交、领事官员要求会见正在服刑的本国公民，应当向省、自治区、直辖市监狱管理局提出书面申请。申请应当说明：驻华使、领馆名称，参与会见的人数、姓名及职务，会见人的证件名称、证件号码，被会见人的姓名、罪名、刑期、服刑地点，申请会见的日期，会见所用语言。

第七条 外国籍罪犯的非中国籍亲属或者监护人首次要求会见的，应当通过驻华使、领馆向省、自治区、直辖市监狱管理局提出书面申请。申请应当说明：亲属或者监护人的姓名和身份证件名称、证件号码，与被会见人的关系，被会见人的姓名、罪名、刑期、服刑地点，申请会见的日期，会见所用语言，并应同时提交与被会见人关系的证明材料。

第八条 外国籍罪犯的中国籍亲属或者监护人首次要求会见的，应当向省、自治区、直辖市监狱管理局提出书面申请，同时提交本人身份和与被会见人关系的证明材料。

第九条 外国籍罪犯的亲属或者监护人再次要求会见的，可以直接向监狱提出申请。

第二节 会见的答复

第十条 省、自治区、直辖市监狱管理局收到外交、领事官员要求会见的书面申请后，应当在五个工作日内作出准予或者不准予会见的决定，并书面答复。准予会见的，应当在答复中确认：收到申请的时间，被会见人的姓名、服刑地点，会见人的人数及其姓名，会见的时间、地点安排，并告知应当携带的证件。

外国籍罪犯拒绝与外交、领事官员会见的，应当由本人写出书面声明，由省、自治区、直辖市监狱管理局通知驻华使、领馆，并附书面声明复印件。通知及附件同时抄送地方外事办公室备案。

第十一条 省、自治区、直辖市监狱管理局收到外国籍罪犯的亲属或者监护人首次要求会见的书面申请后，应当在五个工作日内作出准予或者不准予会见的决定，并书面答复。准予会见的，应当在答复中确认：会见人和被会见人的姓名，会见的时间、地点安排，并告知应当携带的证件。

外国籍罪犯的亲属或者监护人再次要求会见，直接向监狱提出申请的，监狱应当在两个工作日内予以答复。

第三节 会见的安排

第十二条 外交、领事官员会见正在服刑的本国公民，一般每月可以安排一至二次，每次前来会见的人员一般不超过三人。要求增加会见次数或者人数的，应当提出书面申请，省、自治区、直辖市监狱管理局可以酌情安排。

亲属或者监护人会见外国籍罪犯，一般每月可以安排一至二次，每次前来会见的人员一般不超过三人。要求增加会见次数或者人数的，监狱可以酌情安排。

第十三条 每次会见的时间不超过一小时。要求延时的，经监狱批准，可以适当延长。

第十四条　会见一般安排在监狱会见室。

第四节　会见的执行

第十五条　会见人应当按照省、自治区、直辖市监狱管理局或者监狱的安排到监狱会见。

外交、领事官员因故变更会见时间或者会见人的，应当提前提出申请，由省、自治区、直辖市监狱管理局重新安排。

亲属或者监护人因故变更会见时间的，应当提前提出申请，由省、自治区、直辖市监狱管理局或者监狱重新安排；变更会见人的，应当重新办理申请手续。

第十六条　会见时应当遵守中国籍罪犯会见的有关规定。

第十七条　会见开始前，监狱警察应当向会见人通报被会见人近期的服刑情况和健康状况，告知会见有关事项。

第十八条　会见可以使用本国语言，也可以使用中国语言。

第十九条　会见人和被会见人需要相互转交信件、物品，应当提前向监狱申明，并按规定将信件、物品提交检查，经批准后方可交会见人或者被会见人。

第二十条　会见人向被会见人提供药品，应当同时提供中文或者英文药品使用说明，经审查后，由监狱转交被会见人。

第二十一条　会见人或者被会见人违反会见规定，经警告无效的，监狱可以中止会见。

第二十二条　监狱应当安排监狱警察陪同会见。

第三章　通　讯

第二十三条　监狱对外国籍罪犯与所属国驻华使、领馆外交、领事官员的往来信件，应当按照《维也纳领事关系公约》以及我国缔结的双边领事条约的规定，及时转交。

监狱对外国籍罪犯与亲属或者监护人的往来信件要进行检查。对正常的往来信件，应当及时邮寄转交；对有违反监狱管理规定内容的信件，可以将其退回，同时应当书面或者口头说明理由，并记录备案。

第二十四条　外国籍罪犯的申诉、控告、检举信以及写给监狱的上级机关和司法机关的信件，不受监狱检查。监狱应当及时转交。

第二十五条　经监狱批准，外国籍罪犯可以与所属国驻华使、领馆外交、领事官员或者亲属、监护人拨打电话。通话时应当遵守中国籍罪犯通话的有关规定。通话费用由本人承担。

第四章　附　则

第二十六条　在司法部直属监狱服刑的外国籍罪犯的会见、通讯，由司法部监狱管理机构和直属监狱根据本规定办理。

第二十七条　本规定由司法部解释。

第二十八条　本规定自发布之日起施行。

附录八　《中华人民共和国精神卫生法》节选

（2012年10月26日，由中华人民共和国第十一届全国人民代表大会常务委员会第二十九次会议通过，自2013年5月1日起施行）

第十八条　监狱、看守所、拘留所、强制隔离戒毒所等场所，应当对服刑人员，被依法拘留、逮捕、强制隔离戒毒的人员等,开展精神卫生知识宣传,关注其心理健康状况,必要时提供心理咨询和心理辅导。

第二十二条　国家鼓励和支持新闻媒体、社会组织开展精神卫生的公益性宣传,普及精神卫生知识,引导公众关注心理健康,预防精神障碍的发生。

第二十三条　心理咨询人员应当提高业务素质,遵守执业规范,为社会公众提供专业化的心理咨询服务。

心理咨询人员不得从事心理治疗或者精神障碍的诊断、治疗。

心理咨询人员发现接受咨询的人员可能患有精神障碍的,应当建议其到符合本法规定的医疗机构就诊。

心理咨询人员应当尊重接受咨询人员的隐私,并为其保守秘密。

第三十条　精神障碍的住院治疗实行自愿原则。

诊断结论、病情评估表明,就诊者为严重精神障碍患者并有下列情形之一的,应当对其实施住院治疗:

(一)已经发生伤害自身的行为,或者有伤害自身的危险的;

(二)已经发生危害他人安全的行为,或者有危害他人安全的危险的。

第五十二条　监狱、强制隔离戒毒所等场所应当采取措施,保证患有精神障碍的服刑人员、强制隔离戒毒人员等获得治疗。

参 考 文 献

[1] 郑霞泽主编. 监狱整体建设问题研究. 北京：法律出版社，2008.
[2] 王泰主编. 新编狱政管理学. 北京：中国市场出版社，2005.
[3] 于连涛等编著. 现代管理与领导艺术. 青岛：中国海洋大学出版社，2005.
[4] 蒋才洪著. 监狱精细化管理——基于实践的视角. 北京：法律出版社，2010.
[5] 新时期监狱管理实务全书. 北京：法律出版社，2009.
[6] 吴宗宪著. 当代西方监狱学. 北京：法律出版社，2005.
[7] 吴义生主编. 系统科学概论. 北京：中共中央党校出版社，1998.
[8] 汤仕忠主编. 门诊建设管理规范. 南京：东南大学出版社，2005.
[9] 易利华主编. 病区建设管理规范. 南京：东南大学出版社，2006.
[10] 许鑫荣，张劲松主编. 医院急诊医学科建设管理规范. 南京：东南大学出版社，2009.
[11] 于爱荣主编. 监狱执法管理标准化工作手册. 江苏省监狱管理局编，2011.
[12] 全国卫生专业资格考试专家委员会编写. 预防医学. 济南：山东大学出版社，2004.
[13] 黄祖瑚，李军主编. 传染病学. 北京：科学出版社，2002.
[14] 闫春梅主编. 慢性病防治一本通. 北京：中国医药科技出版社，2011.
[15] 谢忠元主编. 慢性病社区综合防治指南. 济南：山东大学出版社，2003.
[16] 王簃兰. 劳动卫生学. 北京：人民卫生出版社，1997.
[17] 程蕴林主编. 健康教育与健康保健. 南京：东南大学出版社，2004年.
[18] 郭念锋主编. 国家职业资格培训教程心理咨询师（基础知识）. 北京：民族出版社，2005.
[19] 陈荣华，陈吉庆主编. 儿科学. 北京：科学出版社，2002.
[20] 国家民委政策法规编. 少数民族宗教信仰与禁忌. 北京：民族出版社，2007.
[21] 段晓英主编. 罪犯改造心理学. 桂林：广西师范大学出版社，2010.
[22] 贾洛川主编. 罪犯劳动改造学. 北京：中国法制出版社，2010.
[23] 王志亮主编. 狱政管理学. 桂林：广西师范大学出版社，2009.
[24] 王秉中主编. 监所执法实务. 北京：法律出版社，2003.
[25] 郭建安主编. 西方监狱制度概论. 北京：法律出版社，2003.
[26] 杜雨主编. 罪犯劳动改造学. 北京：法律出版社，2002.
[27] 朱文坚. 老弱残罪犯改造的新思路. 中国审判，2006，（1）.
[28] 张洪建. 老病残罪犯的管理教育难点及对策思考. 中国司法，2010，（6）.
[29] 李晖，董颖. 对女性精神病罪犯管理救治状况的调研报告. 中国司法，2009，（11）.
[30] 中华人民共和国妇女权益保护法. 北京：法律出版社，2008.
[31] 中华人民共和国监狱法. 北京：法律出版社，2000.
[32] 中华人民共和国未成年保护法. 北京：法律出版社，2006.
[33] 孙军摄主编. 现代食品加工学. 北京：中国农业大学出版社，2002.
[34] 李立明主编. 流行病学. 北京：人民卫生出版社，2000.
[35] 温志梅，陈君石. 现代营养学. 北京：人民卫生出版社，1998.
[36] 中国营养学会. 中国居民营养膳食指南. 拉萨：西藏人民出版社，2008.
[37] 中国营养学会. 中国居民膳食营养素摄入量. 北京：中国轻工业出版社，2000.
[38] 刘翠格. 营养与健康. 北京：化学工业出版社，2006.
[39] 北京市第十一中学内部资料. 厨房冷藏室管理制度. 2004.
[40] 陈维政. 人力资源管理. 北京：高等教育出版社，2004.
[41] 蒋建平. 学生营养餐规范管理. 北京：中国科学技术出版社，2003.
[42] 杨月欣. 营养配餐和膳食评价实用指导. 北京：人民卫生出版社，2008.
[43] 周应恒等. 现代食品安全与卫生管理. 北京：经济管理出版社，2008.
[44] 唐美雯等. 中式面点技艺. 北京：高等教育出版社，2002.
[45] 许金丹. 论我国监狱制度的人道主义精神. 环球市场信息导报，2012，（6）.
[46] 马克昌主编. 刑罚通论. 武汉：武汉大学出版社，1999.
[47] 国务院新闻办公室. 中国人权状况白皮书. 北京：中央文献出版社，1991.
[48] 薛铭等. 监狱生活卫生管理信息系统的设计与实现. 计算机工程与应用，2002，（23）.
[49] 严励. 国家·社会双本位型刑事政策的探讨. 华东政法大学学报，2003，（4）.
[50] 范俭雄，张心保主编. 精神病学. 南京：东南大学出版社，2005.
[51] 章恩友编著. 罪犯心理矫治. 北京：中国民主法制出版社，2007.